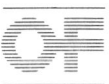

Albert J. Bernstein
Sydney Craft Rozen

Das Dinosaurier-Syndrom

Vom Umgang mit sich und anderen schwierigen Kollegen

Orell Füssli

Aus dem Amerikanischen übertragen von
Annemarie Döring

Redaktion: Werner Waldmann
Korrektur: Karl Beer

Titel der Originalausgabe: Dinosaur Brains
© 1989
Die Originalausgabe erschien 1989 bei
John Wiley & Sons, Inc., New York

© für die deutsche Ausgabe:
Orell Füssli Verlag Zürich und Wiesbaden 1990
Umschlag: H. + C. Waldvogel, Zürich
Satz, Druck und Einband: Ebner Ulm
Printed in Germany
ISBN 3 280 02000 x

Inhalt

Einleitung

Bei meinen Managementseminaren spreche ich alle Teilnehmer scherzhaft mit »Herr Dinosaurier« und »Frau Dinosaurier« an. Warum? Weil in jedem menschlichen Gehirn immer noch die Urinstinkte des Dinosauriers lauern – irrational, emotional, aggressiv – und nur darauf warten, unser Leben in den Griff zu bekommen.

Als Psychologe habe ich schon mit Tausenden solcher »Dinosaurierhirne« zu tun gehabt und feststellen müssen, daß Menschen keineswegs immer wie menschliche Wesen reagieren. Sie können sich von einer Minute auf die andere aus normalen, rationalen Geschöpfen in wahre Urzeitreptilien verwandeln. Problematisch wird es allerdings, wenn sie den rationalen Teil ihres Gehirns ignorieren und sich ausschließlich von diesen Dinosaurier-Reaktionen – ihren primitiven Denk- und Verhaltensmustern – leiten lassen.

Denken Sie nur an Ihr eigenes Berufsleben. Wie gereizt war die Stimmung in Ihrem Büro vor zwei Wochen, als Ihr Chef wieder einmal um jeden Preis seine Macht demonstrieren mußte? Erinnern Sie sich noch an die Konferenz, bei der ein cholerischer Mitarbeiter plötzlich aus der Rolle fiel und Sie vergeblich versuchten, ihn zur Vernunft zu bringen? Und an die Kopfschmerzen, die es Ihnen jedesmal bereitet, wenn Sie dringend Computerdaten brauchen und die dafür zuständige Kollegin darauf besteht, daß Ihre Sekretärin erst einmal ein Anforderungsformular in dreifacher Ausfertigung einreicht? Und wozu um alles in der Welt läßt sie Sie manchmal eine Woche lang auf einen Computerausdruck warten, der nur aus einer einzigen Seite besteht?

Halten Sie sich einmal vor Augen, wie häufig die Effizienz der Arbeit in Ihrer Firma unter Privatfehden zwischen Kollegen, Rivalitäten, eingebildeten Kränkungen und kleinlichen Streitigkeiten um Zuständigkeitsfragen leidet. Warum reagieren diese Menschen so? Was für Ziele verfolgen sie damit? Warum machen sie sich und anderen die Arbeit so viel schwerer, als sie eigentlich sein müßte? Wissen sie nicht, was sie mit ihrem Verhalten anrichten? Es sind intelligente, verantwortungsbewußte Menschen wie Sie und ich; und doch lassen sie sich von den unbewußten Instinkten und Verhaltensmustern eines Steinzeitmenschen leiten. Wie verhält man sich ihnen gegenüber am klügsten – läßt man ihnen einfach ihren Willen, oder setzt man sich mit ihnen auseinander, selbst auf die Gefahr hin, daß sie einem den Kopf abreißen?

Warum nehmen Sie es so persönlich, wenn jemand bei einer Konferenz nicht Ihrer Meinung ist oder ein Konkurrent Ihnen bei einem vielversprechenden Geschäft den Rang abläuft?

Unser Gehirn besteht, einfach formuliert, aus zwei Teilen: den primitiven Instinkten, die wir von unseren Vorfahren ererbt haben, und einem höher entwickelten, rational denkenden Teil. In diesem Buch möchte ich Ihnen zeigen, wie Sie Ihre Kollegen mit Hilfe dieses höher entwickelten Gehirnteils wieder zur Vernunft bringen und davon abhalten können, sich wie keulenschwingende Steinzeitmenschen zu benehmen. Dann wird die Arbeit in Ihrer Firma viel reibungsloser und effizienter ablaufen.

Mein Buch handelt von unbewußten, irrationalen Verhaltensweisen am Arbeitsplatz – denn die Menschen reagieren im Berufsleben nun einmal nicht immer so rational und nüchtern, wie die Managementliteratur es uns gern glauben machen möchte. Sie handeln nicht immer in ihrem eigenen Interesse – und schon gar nicht in dem ihrer Kollegen.

Sobald Sie ein wenig Übung haben, wird es Ihnen gar nicht mehr schwerfallen, ruhig und beherrscht zu bleiben, wenn die Menschen in Ihrer Umgebung übertrieben reagieren. Sie können den Umgang mit den irrationalen Verhaltensweisen anderer Menschen lernen – und sich gleichzeitig die Selbsterkenntnis aneignen, die Sie brauchen, um Ihre eigenen Dinosaurierinstinkte zu erkennen und in den Griff zu bekommen.

Das Geheimnis des Umgangs mit Menschen, die sich irrational verhalten, ist ganz einfach: Sie brauchen nur die Regeln zu kennen, von denen diese Menschen sich leiten lassen. Denn allem, was sie tun – so verrückt es Ihnen auch erscheinen mag –, liegen bestimmte Regeln und Prinzipien zugrunde. In meinem Buch möchte ich diese Regeln, die ich als »Dinosaurierlogik« bezeichne, etwas näher erläutern. Sie sind primitiv; wie in grauer Vorzeit geht es dabei um Dominanzstreben, Revierverteidigung, Sexualität, Aggression und den Kampf ums Überleben. Wenn Sie diese Regeln kennen, können Sie die Warnsignale, die Ihren eigenen Dinosaurierreaktionen vorausgehen, rechtzeitig erkennen und diese Reaktionen dann entweder unterdrücken oder in positive Bahnen lenken.

Sobald Sie die Regeln gelernt haben, werde ich Ihnen zeigen, mit Hilfe welcher Taktiken Sie Dinosaurierdenk- und Verhaltensmuster bei anderen Menschen bekämpfen können, so daß es sich mit ihnen leichter zusammenarbeiten läßt. Diese Taktiken erfordern Kreativität – man muß sich bewußt darum bemühen, die Dinge aus einem anderen Blickwinkel zu sehen als bisher. Ich stoße in meinen Managementseminaren immer wieder auf ein Problem: Menschen, die auf anderen Gebieten durchaus kreativ sind, erkennen nicht, daß sie dieselbe Kreativität auch im Umgang mit Menschen bei der Arbeit einsetzen können. Mit Hilfe dieses Buches und ein wenig Überlegung wird Ihnen klarwerden, wie Sie Probleme am Arbeitsplatz auf kreative Weise lösen können.

Es geht in diesem Buch auch um ein Phänomen, das uns leider allen nur zu bekannt ist: Streß. Das Leben eines Dinosauriers ist sehr anstrengend. Im allgemeinen ist es gar nicht die Arbeit, die uns so sehr erschöpft; Streß und die damit verbundenen Symptome (hoher Blutdruck, Kopfschmerzen, Magenbeschwerden und -geschwüre, Rückenschmerzen, Schlaflosigkeit und übermäßiger Alkohol- und Nikotinkonsum) erwachsen vielmehr aus unseren emotionalen Reaktionen auf berufliche Probleme. Ich möchte Ihnen in diesem Buch zeigen, wie Sie Streß bewältigen können, indem Sie Ihre unbewußten Impulse in den Griff bekommen, und wie man ruhig und souverän bleibt, selbst wenn alle anderen längst den Kopf verloren haben. Mit anderen Worten: Dieses Buch vermittelt Ihnen das Geheimnis des Erfolges, das Sie in normalen Managementseminaren sicher nicht so leicht lernen werden.

Jeder Mensch kann sich von einer Minute auf die andere in einen Dinosaurier verwandeln; denn diese Reaktionen laufen außerhalb unseres bewußten Denkens ab. Sie haben schon viele vielversprechende berufliche Karrieren zunichte gemacht. Ich will Ihnen helfen, mit diesem »Dinosauriersyndrom« zu Rande zu kommen – ganz gleichgültig, ob Sie selbst ein Dinosaurier sind oder das Pech haben, mit einem zusammenarbeiten zu müssen.

Bei der Zusammenarbeit mit meiner Koautorin Sydney Craft Rozen kam es öfters zu Situationen, in denen wir an uns selbst dinosaurierähnliche Verhaltensweisen feststellen mußten. Die Arbeit an diesem Buch hat uns immer wieder daran erinnert, daß man in solchen Fällen erst einmal ruhig und nüchtern nachdenken sollte, statt gleich Geschirr zu zerschlagen.

Sydney Craft Rozen ist freiberufliche Redakteurin und Autorin, die früher als Journalistin und Englischlehrerin am College tätig war und einen Bestseller über Zeitmanagement geschrieben hat. Sie hat dieses Buch zusammen mit mir verfaßt und viele der realistischen Beispiele für irrationales Dinosaurierverhalten beigesteuert, die unserem Buch seinen persönlichen Ton verleihen. Das Buch ist ebenso von ihrem wie von meinem Stil geprägt. Das Konzept des »Dinosauriersyndroms« und die Erläuterungen der psychologischen Prinzipien und Selbsthilfe-Techniken, die die Grundlage dieses Buches bilden, stammen von mir.

Das Dinosauriersyndrom ist das Ergebnis einer Zusammenarbeit zwischen Sydney Craft Rozen und mir, die ausgezeichnet funktionierte, und der einfühlsamen, klugen Unterstützung unserer Ehepartner Luahna Ude und Lee Rozen.

Und jetzt ab in den Dschungel ...

Erster Teil

Dinosauriersyndrom –
was ist das eigentlich?

1. Das Dinosaurierhirn und die Reptilienlogik

Der Dinosaurier war ein Meisterwerk der Schöpfung. Wie konnte ein Gehirn von der Größe einer Walnuß einen Körper von der Größe eines Hauses steuern?

Jeder Dinosaurier war schon von klein auf fix und fertig programmiert. Er wußte alles, was er wissen mußte: wie man sein Revier markiert und verteidigt; wie man sich in Gefahrensituationen verhält; wie man sich in der Herde eine Vormachtstellung erkämpft und wie man einen Geschlechtspartner findet. Im Mesozoikum hing der Erfolg einzig und allein vom Instinkt ab.

Obwohl die Dinosaurier schon seit 65 Millionen Jahren ausgestorben sind, weilen sie immer noch unter uns – nicht nur in Museen und auf T-Shirts, sondern auch in den Vorständen unserer bekanntesten Firmen. Ausgestorben ist nur ihr Körper; doch ihr Gehirn mit seinen Urinstinkten bildet nach wie vor das Fundament unseres Denkens.

Wo sitzt das Dinosaurierhirn, und wie funktioniert es? Kann es uns auch heute noch zum Erfolg verhelfen?

Sie können sich das menschliche Gehirn als eine Art Sandwich vorstellen: Es besteht aus der Großhirnrinde (Cortex), dem Zentrum unseres Denkens und unserer Logik, das auf dem Dinosaurierhirn (unseren Instinkten und Emotionen) sitzt. Dazwischen liegt eine schmale Schicht, das sogenannte limbische System.

Das Dinosaurierhirn beherbergt unsere Instinkte und Emotionen, die so alt sind wie die Dinosaurier: Zorn und Aggressionen, sexuelle Anziehung und Paarung, Angst und Revierverteidigung, soziale Hierarchie und Loyalität.

Das Großhirn dagegen ist jener Teil unseres Gehirns, der uns zu Menschen macht – der Bereich, in dem unser logisches Denken und unsere Assoziationen ablaufen. Wenn das Dinosaurierhirn sich unserem rationalen, systematischen, nüchternen und sachlichen Denken in den Weg stellt, wird es gefährlich – denn der Dinosaurier verläßt sich nur auf seine Impulse und Instinkte und ist logischen, vernünftigen Argumenten nicht zugänglich.

Das Dinosaurierhirn läßt sich von sieben Grundregeln leiten, der sogenannten Dinosaurierlogik. Diese sieben einfachen Regeln wendet es auf alle Situationen und Probleme an. Wir wollen uns später noch eingehender mit diesen Prinzipien beschäftigen; doch zunächst einmal möchte ich sie Ihnen kurz vorstellen, damit Sie einen Einblick in die Denkmuster dieses urzeitlichen Reptils erhalten.

Was morgen ist, kümmert mich nicht!

Dinosaurier haben vor allem die Eigenschaft, daß sie nicht warten können. All ihre Denk- und Verhaltensmuster beruhen auf Spontanität. Der Dinosaurier denkt niemals langfristig, sondern immer nur von einer Sekunde auf die andere und reagiert sehr emotional. Der typische Dinosauriermanager plant nie voraus, steht ständig unter Hochspannung und stürzt seine Mitarbeiter von einem Chaos ins andere – von Streßsymptomen wie Magengeschwüren, Kopfschmerzen, Schlaflosigkeit und unter Umständen auch übermäßigem Zigaretten- und Alkoholkonsum ganz zu schweigen.

Herr Spontanosaurus ist der Prototyp des dynamischen Managers. Er hat ständig neue Ideen und versteht es, seine Mitarbeiter zu motivieren; doch er verfolgt seine Ideen selten weiter. Wenn die Mitarbeiter seine Anregungen nicht aufnehmen und selbständig weiterentwickeln, verläuft alles rasch wieder im Sand. Er ist am glücklichsten, wenn er hektisch von einer Abteilung zur anderen rennt, neue Kontakte knüpft und Strohfeuer entfacht. Ihm fällt immer etwas Neues ein; aber er bleibt niemals lange genug am Ball, um zu überwachen, ob die Projekte, die er ins Leben ruft, auch weiterverfolgt werden und zu etwas führen. Seine Mitarbeiter wären froh, wenn sie mehr Anleitung und Unterstützung von ihm bekämen.

Bei Konferenzen schneidet er den anderen gern das Wort ab, weil er schon im voraus weiß, was sie sagen wollen. Er zieht häufig voreilige Schlüsse, und es kommt oft vor, daß er spontane, vorschnelle Äußerungen wieder zurücknehmen muß. Er ist zweifellos intelligent, und seine Vorgesetzten sind begeistert von seiner Energie und seinem Enthusiasmus. Aber sie werden ihn trotzdem nicht befördern, wenn er nicht lernt, seine Impulsivität unter Kontrolle zu halten.

Kampf, Flucht oder Handlungsunfähigkeit

Ein Dinosaurier hat nur zwei Möglichkeiten, auf bedrohliche Situationen oder Angriffe zu reagieren: Entweder er wehrt sich, oder er läuft davon. Manchmal überfordert ihn eine Gefahrensituation aber auch. Dann ist er vollkommen gelähmt und unfähig, zu handeln oder auch nur einen klaren Gedanken zu fassen. In Streßsituationen treten diese drei Verhaltensmuster am deutlichsten zutage.

Herr Aggressosaurus ist es gewöhnt, bei Leistungsbewertungen immer in den höchsten Tönen gelobt zu werden. Aber diesmal ist seine Bewertung nicht so gut ausgefallen wie sonst, und er fühlt sich angegriffen. Wütend stürmt er ins Büro seines Chefs, beginnt zu toben und droht mit gerichtlichen Konsequenzen, falls seine Leistungsbewertung nicht so abgeändert wird, daß sie sich uneingeschränkt positiv anhört.

Sein Dinosaurierhirn hat ihm befohlen: »Kämpfe bis zum letzten!«, und er erkennt nicht, daß sein Tobsuchtsanfall seiner Karriere mehr schaden wird als hundert mittelmäßige Leistungsbewertungen.

In der Abteilung von Frau Stressosaurus geht es momentan hoch her; es gibt Probleme mit der Arbeit, und alle Mitarbeiter stehen unter Streß. Sie meldet sich für einen Tag krank und hofft im stillen, daß jemand anders in ihrer Abwesenheit die Situation meistern wird. Sie will sich ihrer Verantwortung keineswegs entziehen; der Streß hat sie einfach überwältigt.

Ihr Dinosaurierhirn hat ihr geraten, ihr Heil in der Flucht zu suchen. Sie erkennt nicht, daß die Situation durch ihre Abwesenheit nur noch problematischer wird.

Herr Paralysaurus präsentiert auf einer Konferenz einen Plan. Da stellt ihm ein Mitarbeiter ein paar sehr gezielte, kritische Fragen. Als er den Mund öffnet, um sie zu beantworten, bringt er kein Wort heraus. Es hat ihm buchstäblich die Sprache verschlagen, und er kann keinen klaren Gedanken mehr fassen.

Lampenfieber ist ein gutes Beispiel für die lähmende Wirkung, die das Dinosaurierhirn auf uns ausüben kann.

Ich bin der Obersaurier! Hierarchien und Machtkämpfe

Der Dinosaurier liebt Hierarchien und versucht stets zu demonstrieren, daß er der »Obersaurier« ist – auch wenn das Organigramm der Firma in Wirklichkeit ganz anders aussieht. Er läßt sich ständig auf Machtkämpfe ein und gerät dadurch häufig in Schwierigkeiten:

»Die Besprechung findet um zehn Uhr morgens in meinem Büro statt«, kündigt der eine Abteilungsleiter an.

»Tut mir leid, aber ich kann nicht vor zwei Uhr kommen. Und da ich alle Schaubilder präsentieren muß, ist es viel einfacher, wenn wir uns in meinem Büro treffen«, erklärt der zweite Abteilungsleiter.

Also ändern die beiden ihren Plan und benachrichtigen alle Mitarbeiter. Doch um halb zwei muß Abteilungsleiter Nummer eins den Zweiuhrtermin absagen, weil ihm etwas »Dringendes« dazwischengekommen ist. »Rufen Sie alle Konferenzteilnehmer an und sagen Sie ihnen, daß die Konferenz um vier Uhr hier in meinem Büro stattfindet«, sagt er zu seiner Sekretärin. »Ich habe so viel zu tun, daß ich unmöglich meinen Schreibtisch verlassen kann.«

Beide Abteilungsleiter versuchen, ihren Herrschaftsanspruch durchzusetzen. Hier zeigt sich der »Dinosaurierinstinkt« daran, daß jeder seine Wichtigkeit betonen will, indem er den Eindruck erweckt, beschäftigter zu sein als der andere. Wenn das mit Stil und Eleganz praktiziert wird, bezeichnet man es als »die Kunst, dem anderen immer um eine Nasenlänge voraus zu sein«. Wo der Stil zu wünschen übrigläßt, ist es nichts weiter als kleinlich und albern. Unter den Manövern, mit denen diese beiden Abteilungsleiter versuchen, die Oberhand zu gewinnen, kann die Effizienz der Besprechung erheblich leiden.

Hier habe ich zu bestimmen!
Machtansprüche und Revierverteidigung

Das ist ein uraltes Verhaltensmuster. Wenn ein Dinosaurier merkt, daß ein Rivale in sein Revier einzudringen versucht, steigt sein Adrenalinspiegel sofort, und er versucht seinen Nebenbuhler mit den verschiedensten Verhaltensweisen abzuschrecken, unter Umständen sogar zu vernichten. Im Umgang mit solchen Menschen sollte man sehr direkt vorgehen, aber Auseinandersetzungen unter allen Umständen vermeiden.

Wenn Sie das Terrain eines anderen Ressortleiters betreten, bei dem Sie vermuten, daß er zur Revierverteidigung neigt, rufen Sie ihn vorher an und erklären Sie ihm, warum Sie kommen, oder schauen Sie in seinem Büro vorbei und sagen Sie ihm persönlich, was Sie in seiner Abteilung zu tun haben und wie lange Sie zu bleiben gedenken.

Viele Probleme mit solchen »Revierverteidigern« kommen nur dadurch zustande, daß man ihr Revier nicht ernst genug nimmt und die Grenzen überschreitet. Sie halten dieses Territorialdenken vielleicht für albern; doch für manche Menschen bedeutet ihr Revier Selbstbestätigung und Lebensinhalt.

Sexuelle Werbung – Liebesaffären im Büro

Wenn ein Dinosaurier ein attraktives Dinosaurierfräulein erblickt, beginnt er es sofort zu umwerben, statt sich auf seine Arbeit zu konzentrieren. Daraus kann eine wunderbare Beziehung entstehen; doch viel häufiger führt es zu sexueller Belästigung, unerwünschten Büroaffären oder unpassendem Verhalten, das den Mitarbeitern auf die Nerven geht.

Herr Romantosaurus und Frau Amorosaura treffen sich jeden Abend nach der Arbeit noch zu einem Drink in einem Lokal, um über das Projekt zu sprechen, an dem sie gemeinsam arbeiten. Eines Abends schlägt er vor, hinterher noch essen zu gehen. Dann gehen sie tanzen, und am nächsten Morgen fahren sie gemeinsam ins Büro. Jetzt treffen sie sich jeden Abend, rufen sich im Büro an, nur um »Ich liebe dich« zu flüstern, kichern, wenn sie sich »zufällig« am Kaffeeautomaten treffen, und schicken sich durch die Hauspost verschlüsselte Botschaften zu. Sie halten es für selbstverständlich, daß alle anderen ihre Beziehung genauso wunderbar finden wie sie selbst. Ihr Chef fragt sich, wann sie eigentlich arbeiten.

Diese beiden glücklich Verliebten wissen nicht, daß sie ein Spiel spielen, das schon siebzig Millionen Jahre alt ist. Sie glauben, es erfunden zu haben. Werbung und Sexualität sind die Domäne unseres Dinosaurierhirns, und es läßt sich in dieser Hinsicht nicht dreinreden. Liebesaffären am Arbeitsplatz können zu einem Problem werden, wenn man sich der Dinosaurierverhaltensmuster, die uns dabei beeinflussen, nicht bewußt ist.

Schuld sind immer die anderen!
Klagen und Schuldzuweisungen

Ein Dinosaurier hat niemals das Gefühl, daß er sich seine Schwierigkeiten selbst eingebrockt hat. Wenn etwas schiefgeht, beklagt er sich entweder, oder er schiebt jemand anderem die Schuld zu. Er sucht Verbündete und Leidensgenossen und akzeptiert keinerlei Kritik.

Klagen. *Einige Kollegen gehen jeden Abend nach der Arbeit noch in ihre Stammkneipe und unterhalten sich über die haarsträubenden Mißstände in ihrer Firma. Hinterher auf dem Heimweg ist ihnen ein wenig wohler zumute, aber auf lange Sicht betrachtet sinkt ihre Arbeitsmoral dadurch immer mehr.*

Schuldzuweisungen. *Sicher gibt es auch in Ihrer Abteilung einen Kollegen, der niemals unrecht hat. Was auch passiert – er kann Ihnen immer erklären, wessen Schuld es war. Sein Chef hat ihm keine genauen Anweisungen gegeben; seine Angestellten haben nicht auf ihn gehört; oder das Schicksal meint es eben einfach nicht gut mit ihm. Er wird Ihnen immer mit großer Überzeugung und noch größerem Enthusiasmus schildern, wie die anderen ihn daran hindern, jemals etwas Sinnvolles zustande zu bringen.*

Die Saurier brachten ihre Schmerzen sehr lautstark zum Ausdruck; dadurch warnten sie die Herde vor Gefahren oder riefen Hilfe herbei. Aber im Berufsleben führt dieses Verhalten häufig zu ganz anderen, weniger erwünschten Resultaten!

Gut sind alle, die so sind wie ich

Ein Dinosaurier teilt die Welt in zwei Kategorien ein: gut und schlecht. Gut sind natürlich alle Geschöpfe, die genauso sind wie er selbst. Im Berufsleben läßt ein Dinosaurier sich bei Entscheidungen, bei denen es eigentlich auf die Fähigkeiten und Leistungen einer Person ankommt, häufig von moralischen Werturteilen leiten, bei denen er von sich selbst ausgeht. Manchmal fühlt man sich angesichts solcher Urteile in ein Irrenhaus versetzt.

Herr Heterosaurus lehnt die Bitte eines begabten jungen Mitarbeiters um eine Beförderung rigoros ab. Als Grund gibt er an, dieser Kollege habe noch nicht genü-

22

gend Managementerfahrung. Zufällig ist dieser junge Mann homosexuell. Er ist zwar sehr intelligent, und alle äußern sich in den höchsten Lobestönen über seine Kreativität; aber es gibt irgend etwas, was Herrn Heterosaurus an diesem Mann stört. Sicher ist es nicht seine sexuelle Veranlagung ... Kurzum, er weiß selbst nicht genau, was er gegen ihn hat. Vielleicht ist er ein wenig zu exaltiert, zu theatralisch ...

Das Dinosaurierhirn dieses Vorgesetzten hat automatisch negativ auf einen Menschen reagiert, der anders ist als er selbst. Erst später sucht er nach »rationalen« Gründen für seine Entscheidung. Daran wird deutlich, daß das Dinosaurierhirn der Ursprung aller Vorurteile und aller Diskriminierung ist.

In der Welt der Dinosaurier gibt es nur Artgenossen, Feinde und Beutetiere – sonst nichts. Schwarz und Weiß sind die einzigen Farben, die der Dinosaurier kennt.

Die Dinosaurierdenkprozesse laufen zwar unbewußt ab; doch mit ein wenig Übung können Sie trotzdem leicht feststellen, welcher Teil Ihres Gehirns im Augenblick gerade das Ruder in der Hand hält – der Saurier oder Ihr Verstand. Wie das geht, möchte ich im nächsten Kapitel erläutern.

2. Wie funktioniert das Dinosaurierhirn?

Stellen Sie sich vor, daß in Ihrem Kopf zwei kleine Manager sitzen. Der eine steht für den rationalen Teil Ihres Gehirns, den Cortex; der andere repräsentiert das Dinosaurierhirn. (Das limbische System lassen wir der Einfachheit halber unberücksichtigt. Die meisten seiner Funktionen entsprechen dem Dinosaurierhirn.) Beide Manager haben dieselbe Aufgabe: Sie müssen dafür sorgen, daß Ihr Körper das tut, was Sie zum Überleben und zum Glücklichsein brauchen.

Der eine Manager, Herr Cortex, ist vernünftig, ideenreich und manchmal ein bißchen langweilig. Er kommt stets korrekt gekleidet in Anzug und Krawatte ins Büro. In seinem Zimmer stapeln sich die Bücher bis zur Decke: Fachliteratur, Nachschlagewerke, Managementbücher und Kassetten mit motivierenden Texten. Seine Schreibtischschubladen sind voller Notizen und Erledigungslisten. Diese Instruktionen, die er sich selbst erteilt, sind umfassend und in einem Ton gehalten, der keinen Widerspruch duldet; aber sie sind auch ein bißchen trocken und – wie unsere gesamte Realität – unvollständig, widersprüchlich und manchmal verwirrend.

Der zweite Manager, Herr Dinosaurus, kann alle Menschen mit Leichtigkeit für seine Ideen und Pläne begeistern, wenn er in seinem karierten Sportsakko mit großen Schritten im Büro auf und ab geht. Er ist in der Lage, binnen Sekunden alle seine Mitarbeiter in Bewegung und Aufregung zu versetzen. Sein Büro enthält Pin-up-Fotos, Karikaturen, benagte Knochen, ungespülte Kaffeetassen und Fotos, auf denen zu sehen ist, wie er berühmten Persönlichkeiten die Hand schüttelt – und auch ein paar erstaunlich schöne, einfache Gegenstände. Die Auszeichnungen, die er im Laufe seines Lebens erhalten hat, hängen gerahmt an der Wand; die Reklamationen und Verweise hält er in seiner Schublade verschlossen.

Der Dinosaurier existiert schon seit Jahrmillionen, doch er besitzt nur ein einziges dünnes Managementbuch, das all seine beruflichen Prinzipien und Praktiken umfaßt. Sie sind klar und unmißverständlich formuliert – und manchmal falsch.

Das sind die beiden Manager, die in uns stecken. Sie können ziemlich viel erreichen, wenn sie wie ein gutes Team zusammenarbeiten; doch meistens kommen sie nicht miteinander aus. Manchmal handeln wir logisch und rational wie Herr Cortex. Dann wieder lassen wir uns von unseren Gefühlen und Inspirationen leiten und provozieren unsere Mitmenschen wie Herr Dinosaurier. Nun will ich gemeinsam mit Ihnen versuchen herauszufinden, wie wir diese beiden widerstreitenden Teile unserer Persönlichkeit – den Cortex und das Dinosaurierhirn – empfinden, und wie wir uns der Widersprüchlichkeiten in unserem Inneren stärker bewußt werden können.

Unbewußte Antriebe

Es haben schon viele Theoretiker Spekulationen darüber angestellt, was unser Unbewußtes eigentlich enthält und wie es funktioniert. Freud hielt es für animalisch, voller unterdrückter sexueller Wünsche und Aggressionen. Jung war der Meinung, daß es eine Art kollektiver Weltansicht enthält, die allen Menschen gemeinsam ist. Vielleicht hatten sie beide recht. In unserem Unbewußten speichern wir weniger Erlebnisse als vielmehr Muster, mit deren Hilfe wir die Welt um uns her wahrnehmen. Zuunterst befinden sich die primitiven Verhaltensmuster des Dinosaurierhirns, die in uns allen stecken. Darüber sind die Verhaltensweisen abgespeichert, die wir in unserer Kindheit und Jugend und während unseres ganzen bisherigen Lebens erlernt haben.

Um unser Unbewußtes verstehen zu können, müssen wir wissen, wie es funktioniert. Wir werden in jeder Situation von unzähligen Informationen und Reizen überflutet, die wir unmöglich alle wahrnehmen können. Wir müssen also ein System haben, das es uns ermöglicht, uns auf das Wesentliche zu konzentrieren. Dieses System funktioniert wie eine Ansammlung von Hinweisschildern. Aber wir sind uns dieser Schilder gar nicht so sehr bewußt; uns sticht in erster Linie das ins Auge, worauf sie zeigen. So funktioniert unser Unbewußtes: Es lenkt unsere Aufmerksamkeit auf bestimmte Dinge hin und von anderen Dingen ab. Im allgemeinen sind das die Dinge, die wir beachten oder ignorieren müssen, um physisch und emotional zu überleben.

Der Dinosaurier-Teil unseres Unbewußten enthält ein paar elementare Überlebensinstruktionen:

»Angreifer in Sicht – verteidige dich oder laufe davon!«

(Zorn oder Fluchtverhalten)

»Da will jemand in dein Revier eindringen; das mußt du unter allen Umständen verhindern!«   (Gefahr)

»Potentielle Geschlechtspartnerin in Sicht – Imponiergehabe zeigen!«   (Sexualität)

»Verärgerte Vaterfigur – sofort besänftigen!«   (Angst)

Ich habe diese Instruktionen in Wörter und Sätze gekleidet, weil wir nur so über sie sprechen können. In Wirklichkeit sind sie aber nicht verbal ausformuliert, sondern kommen, wie man so schön sagt, »aus dem Bauch«. Wir erkennen sie nur an den Auswirkungen, die sie auf uns haben: Denk- und Verhaltensmuster, die sich ständig wiederholen.

Immer wenn Ihr Dinosaurierhirn das Ruder in der Hand hält, kommen Ihre Gedanken und Handlungen Ihnen so richtig, so natürlich vor und scheinen genau Ihrem wahren Ich zu entsprechen. Das liegt daran, daß diese Verhaltensmuster aus Ihrem tiefsten Inneren entspringen und schon seit Jahrmillionen einprogrammiert sind. Sie spüren es gar nicht, wenn Ihr Gehirn vom menschlichen, vernunftbetonten Denken auf das Dinosaurierdenken umschaltet; Sie tun einfach automatisch, was Ihr Dinosaurierhirn will. Da diese Denkvorgänge außerhalb Ihres Bewußtseins ablaufen, merken Sie nicht, was in diesem Teil Ihres Gehirns vorgeht und was für Entscheidungen er trifft. Ihnen kommen nur die Auswirkungen dieser Entscheidungen zum Bewußtsein. Das ist die Grundlage dessen, was die Psychologen als »unbewußte Antriebe« bezeichnen: Man tut etwas, ohne sich der Gründe dafür bewußt zu sein.

Ich bezeichne die unbewußten Entscheidungen des Dinosaurierhirns als »Reptilienreaktionen«. Wir treffen sie nicht bewußt und gelangen nicht durch Nachdenken zu ihnen, sondern sie sind schon da, ehe wir überhaupt nachdenken können. Sie sind rituell, das heißt, sie laufen nach starren, genau festgelegten Mustern ab.

Diese Denkmuster entziehen sich jeder Logik. Wenn Menschen ihre Reptilienreaktionen zu erklären versuchen, beharren sie darauf, daß gewisse Dinge eben »einfach richtig« sind, und attackieren jeden, der diese Aussage anzweifelt. Das Dinosaurierdenken läuft auf einem hohen emotionalen Erregungsniveau ab, was unser logisches, rationales Denken natürlich sehr beeinträchtigt. Kurzum: Unsere Dinosaurierreaktionen sind zwar nicht logisch begründet, aber es steckt ungeheuer viel Kraft und Überzeugung dahinter.

Diese unbewußten Denk- und Verhaltensmuster stecken in uns

allen, nicht nur in dem unmöglichen Kollegen in Ihrem Nebenzimmer. Sie sitzen unterhalb unseres bewußten Denkens und können jederzeit zutage treten. Wenn das Großhirn durch Enttäuschung, Emotionen oder Drogenkonsum (dazu gehört auch Koffein) betäubt oder lahmgelegt ist, kann jeder von uns sich plötzlich von einer Minute auf die andere wie ein Dinosaurier benehmen.

Die meisten Managementbücher berücksichtigen diese unbewußten Antriebe nicht. Sie gehen von der einfachen Annahme aus: Wenn jemand etwas tun will, dann tut er es eben. Aber was passiert, wenn unsere guten Vorsätze mit unserem Unbewußten in Konflikt geraten, darüber schweigen sie sich aus.

Im Geschäftsleben sollte man sich bei seinen Entscheidungen eher von Logik als von Emotionen leiten lassen. Emotionen dürfen dabei zwar durchaus auch eine Rolle spielen, aber nicht die wichtigste. Doch die meisten Menschen wissen gar nicht, wie sie zwischen Logik und Emotion unterscheiden sollen. Emotionale Entscheidungen beruhen meist auf deutlich erkennbaren, immer wiederkehrenden Denk- und Empfindungsmustern. Sie folgen der Reptilienlogik. Bei anderen Menschen sehen Sie diese Verhaltensmuster tagtäglich – aber sind Sie auch in der Lage, sie bei sich selbst zu erkennen?

Wie oft haben Sie sich schon geschworen, sich künftig mehr Zeit für langfristige Planung zu nehmen? Wie häufig haben Sie sich schon vorgenommen, diesmal bei der Abteilungskonferenz endlich Ihr Temperament im Zaum zu halten? Wie fühlen Sie sich, wenn einer Ihrer Mitarbeiter eine Entscheidung über Ihren Kopf hinweg trifft? Wie reagieren Sie, wenn jemand Sie statt als Abteilungsleiter versehentlich als Gruppenleiter vorstellt? Was verlockt Sie dazu, immer wieder in den dreiundzwanzigsten Stock hinaufzufahren, obwohl Sie dort eigentlich gar nichts verloren haben, und an dem Büro einer gewissen attraktiven Kollegin vorbeizugehen? Warum haben Sie bei einer Präsentation plötzlich einen »Blackout«, obwohl Sie beim Betreten des Konferenzraums noch genau wußten, was Sie sagen wollten? Weshalb kritisieren Sie Ihre Firma jeden Tag im Gespräch mit Kollegen während der Kaffeepause, halten Ihrem Chef aber eisern die Stange, wenn ein Außenstehender ihn angreift? Solche Beispiele unbewußter Motivation erleben wir jeden Tag.

Um mit diesen Dinosaurierreaktionen bei sich selbst und anderen Menschen zu Rande zu kommen, braucht man zweierlei: Kontrolle und Entscheidungsfreiheit. Wenn Sie Ihre Dinosaurierreaktionen erkennen und sie sich bewußt vor Augen halten, werden Sie Ihr Verhalten am Arbeitsplatz unter Kontrolle bekommen. Dann können Sie Ihr Großhirn einsetzen, um sich für andere, vernünftigere Reaktionen zu entscheiden.

Und nun wollen wir uns etwas eingehender mit der Arbeitsweise dieser beiden Manager – Herr Cortex und Herr Dinosaurus – beschäftigen.

Instinkte und Emotionen

Instinkte sind komplexe Verhaltensmuster, die unserem Organismus »einprogrammiert« sind. Zugvögel können auf Anhieb Tausende von Kilometern nach Süden fliegen und wieder an denselben Ort zurückkehren, ohne sich zu verirren. Kämpfe zwischen Reptilien laufen immer nach dem gleichen Schema ab. Beim Menschen zeigen sich diese instinktiven Verhaltensmuster, die mit Zorn, Angst, Territorialverhalten und sozialer Hierarchie zu tun haben, nahezu jeden Tag am Arbeitsplatz. Obwohl sie in der Regel nicht zum Erfolg führen, erscheinen sie uns hundertprozentig richtig und natürlich, weil sie aus unserem Inneren kommen. Das sind die unbewußten Programme in unserem Gehirn, die uns zu Reaktionen veranlassen, die uns manchmal selbst verblüffen – hinterher schütteln wir den Kopf und fragen uns: »Warum habe ich das eigentlich getan?«

Einen großen Teil der Aktivitäten unseres Gehirns nehmen wir eher in unserem Körper als in unserem Kopf wahr. Emotionen zum Beispiel werden zwar vom Gehirn ausgelöst, verursachen aber Veränderungen in unseren Muskeln, Hormonen und Organen. Erinnern Sie sich noch, was Sie empfanden, als Sie das letztemal befördert wurden? Diese Empfindungen erlebten Sie nicht in Worten oder Bildern, sondern Sie spürten sie irgendwo in Ihrem Körper. Diese körperlichen Reaktionen sind das Hauptwerkzeug, mit dem der Dinosaurier in unserem Inneren uns beeinflußt.

Auf lange Sicht betrachtet, kann unser Großhirn das Dinosaurierhirn durchaus unter Kontrolle bekommen, weil es intelligenter ist; doch bis es soweit ist, muß es sich mit Chaos, Unentschlossenheit und Widersprüchen auseinandersetzen. Denn das Dinosaurierhirn läßt sich nicht so ohne weiteres unterdrücken, sondern wird sich verteidigen und sagen: »Hier habe ich zu bestimmen«, vor allem in Situationen, in denen es sich bedroht fühlt, ein Territorium verteidigen zu müssen glaubt oder sexuell erregt ist.

28

Manche Menschen schalten in bestimmten Situationen automatisch auf Dinosaurierreaktionen um. Dann brüllt der Dinosaurier in ihrem Inneren: »Aus dem Weg, Herr Cortex! Ich weiß, was hier zu tun ist.« In Krisensituationen ist eine solche Reaktion manchmal notwendig; aber das Dinosaurierhirn ist imstande, aus allem eine Krisensituation zu machen.

Verhaltensforscher, die sich unter anderem auch mit Instinkten befassen, bezeichnen Reize, die instinktive Verhaltensmuster in uns hervorrufen, als »Auslöser«. Wenn wir bei anderen Menschen Reptilienreaktionen beobachten, ist das für uns der wirkungsvollste Auslöser, den es gibt.

Dinosaurier-Verhaltensmuster haben etwas sehr Provozierendes. Wenn Sie sehen, wie jemand die Beherrschung verliert oder offensichtlich mit allen Mitteln seine Machtposition zu behaupten versucht, geraten Sie leicht ins gleiche Fahrwasser, und Ihr Dinosaurierhirn gewinnt ebenfalls die Oberhand. Wenn zwei erregte Dinosaurier aufeinandertreffen, ist das in der Regel mit einem hohen Geräuschpegel verbunden; die Mauern des Bürogebäudes erzittern, aber viel erreicht wird bei diesem Spektakel im allgemeinen nicht.

Ich habe für Sie einige provozierende Dinosaurieräußerungen zusammengestellt. Wenn jemand so etwas zu Ihnen sagt, können Sie sicher sein, daß sein Dinosaurierhirn dahintersteckt, selbst wenn er sich einbildet, rational zu handeln:

>»Warum hat man mich nicht vorher gefragt . . .?«

>»Ich habe auch schon mit Herrn X und Frau Y darüber gesprochen, und wir sind *alle* der Meinung . . .«

>»Ich dachte, *ich* sei dafür zuständig . . .«

>»In unserer Firma wird das eben so gehandhabt.«

>»Früher . . .«

>»Warum dürfen manche Kollegen . . .«

Ebenso »dinosaurierverdächtig« sind Äußerungen, die das Wörtchen »immer« oder »nie« enthalten. »Sie spülen *nie* die Kaffeetassen« – »Sie versuchen *immer*, die Schuld auf andere abzuwälzen« – »*Nie* sind Sie logischen Argumenten zugänglich.«

Im Berufsleben greift man sich gegenseitig in der Regel nicht mit Zähnen und Klauen an, sondern mit Äußerungen wie den oben genannten. Vielleicht klingen sie wie eine Frage oder Meinungsäußerung; doch Ihr Dinosaurierhirn empfindet sie als Angriffe. Und wenn Sie nichts tun, um es in seine Schranken zu verweisen, wird es unweigerlich das Ruder an sich reißen: »Aus dem Weg, Herr Cortex! Jetzt bestimme ich, wo es langgeht.«

Zweiter Teil

Die Regeln der Reptilienlogik

3. Was morgen ist, kümmert mich nicht

Ein Triceratops lebt auf einem Berg am Rande eines riesigen Tals. Vor ihm liegen herrliche Ausblicke: aufregende neue Dinge zum Fressen, Wasser, Unterschlupf – ein Paradies. Begeistert setzt er sich in Bewegung. Unterwegs wird er ständig abgelenkt. Hier nimmt er einen aufregenden unbekannten Duft wahr, hundert Meter weiter untersucht er ein Büschel Gras, dann gilt es einen Kampf mit einem Rivalen zu bestehen. Das Tal dehnt sich vielversprechend vor ihm aus – aber die Zukunft muß noch warten. Er ist viel zu beschäftigt mit dem, was im Augenblick passiert.

Für einen Dinosaurier sind Entscheidungen kein Problem. Eßbares wird sofort verschlungen. Feinde tötet man oder läuft davon. Der Dinosaurier reagiert auf jedes Lebewesen und jedes Objekt sofort oder ignoriert es. Reptilien können nicht warten. Sofortige Reaktion ist ein elementares Prinzip der Dinosaurierlogik. Der Dinosaurier denkt immer nur von einer Sekunde auf die andere und ist sehr emotional.

Dinosauriermanager verbringen den größten Teil ihrer Zeit damit, Strohfeuer zu entfachen, und finden niemals Zeit für längerfristige Planung. Sie stehen emotional ständig unter Hochspannung, was häufig zu gesundheitlichen Beschwerden führt, die auf Streß zurückzuführen sind.

Aber das ist ja alles so aufregend! Impulsivität hat vieles für sich: Es gibt ständig »Action«, nichts ist kompliziert, und Zweifel und Unentschlossenheit sind Fremdwörter. Man stürzt sich auf das Fleisch und die Kartoffeln des Lebens und läßt die Brokkoli auf dem Teller liegen. Ein solcher Managementstil hat durchaus seine Vorzüge, aber auch Nachteile.

Ein impulsiver Manager ist dynamisch, ständig erregt und immer begeistert. Er steht hundertprozentig hinter allem, was er tut, und hat keine Angst davor, seine Meinung zu sagen. Er kann seine Mitarbeiter inspirieren und ist wirklich in der Lage, etwas in Bewegung zu setzen. Für eine Abteilung voller rückständiger Schlafmützen, die bei jeder Entscheidung tausend Wenn und Aber haben und denen jede Veränderung verdächtig vorkommt, kann er genau die richtige Medizin sein.

Impulsive Manager sollten jedoch lernen, zu delegieren, denn sie verlieren das Interesse an einer Sache im allgemeinen ziemlich schnell. Sie sind hervorragende Kurzstreckenläufer, aber für einen Dauerlauf fehlt ihnen die Energie und auch das Interesse. Eine Idee weiterzuverfolgen ist nicht ihre Stärke. Sie eignen sich am besten für Aufgaben von befristeter Dauer – zum Beispiel, eine Abteilung auf Vordermann zu bringen oder Mitarbeiter zu motivieren und zu begeistern. Wenn alles reibungslos läuft, sehen sie sich schon wieder nach einer neuen herausfordernden Aufgabe um.

Klarheit und Direktheit

Dinosauriermanager haben ein erstaunliches Talent, sofort zum Kern der Sache zu kommen. Das Problem ist nur, daß viele Dinge mehr als nur einen Kern haben. Manchmal setzt ein zu impulsiver Manager seine Prioritäten nicht richtig und konzentriert seine Aufmerksamkeit auf das, was ihm am meisten ins Auge sticht, und nicht auf das, worauf es eigentlich ankäme.

Ein solcher Manager hat große Probleme damit, ein ausgewogenes Gleichgewicht zwischen den verschiedenen Rollen zu finden, die er in seinem Leben spielen muß – zum Beispiel als Geschäftsmann, Mitglied eines Komitees, Ehemann und Vater. Er neigt dazu, nur die interessanten, verlockenden Aufgaben zu erfüllen, mit denen eine Rolle ihn konfrontiert; doch wenn er etwas Langweiliges oder gar Unangenehmes tun muß, schiebt er in der Regel etwas anderes vor, was angeblich wichtiger ist.

Herr Impulsaurus ist der Prototyp des dynamischen Managers. Er trifft alle Entscheidungen rasch und mühelos. Zum Glück ist er intelligent, und daher sind seine Entscheidungen im allgemeinen richtig. Aber manchmal greift er in seiner Spontanität auch daneben.

Wenn er von all den wunderbaren Projekten spricht, die er vorhat und die er alle von heute auf morgen verwirklichen möchte, läßt man sich nur allzu leicht von seiner Begeisterung anstecken. Er lügt ja auch nicht, sondern glaubt ehrlich daran, daß das, was er verkündet, wichtig ist und große Freude machen wird. Nur leider hat der Tag nicht genug Stunden, um alles zu verwirklichen, was er sich vorgenommen hat. Anfangs ist man beeindruckt von seiner Energie; doch wenn man dann feststellt, daß er seine Ideen niemals weiterverfolgt, nimmt man ihm seine großen Versprechungen nicht mehr so ohne weiteres ab.

Diesem Manager fällt es schwer, das richtige Gleichgewicht zwischen seiner Rolle als Privatmensch und der Rolle zu finden, die er im Berufsleben spielt. Privat hat er eine Reihe gescheiterter Beziehungen hinter sich, die ihm am Anfang stets großartig vorkamen; doch irgendwie hat er es nie geschafft, etwas Dauerhaftes daraus zu machen. Immer wenn er Probleme in der Liebe hat, leidet seine Arbeit darunter, und wenn er im Berufsleben unter Streß leidet, läßt er seine neue Freundin stundenlang warten.

Langeweile und Ungeduld

Nichts ist für den impulsiven Manager schwerer zu ertragen als Routine und Alltagstrott. Er neigt dazu, anderen Leuten mitten im Satz das Wort abzuschneiden, weil er »sowieso schon weiß«, was sie sagen wollen. Spontane Reptilien handeln lieber, als zu reden. Langeweile können sie einfach nicht ertragen. Das Problem ist nur, daß zivilisierte Menschen in unserer Gesellschaft eine ganze Menge Langeweile verkraften müssen. Impulsive Tatmenschen sind dazu nicht imstande. Sobald alles reibungslos läuft, langweilen sie sich und entfachen wieder ein neues Strohfeuer, um etwas Interessantes zu tun zu haben.

Solche Leute sind häufig »adrenalinsüchtig«. Manchmal brauchen sie auch anregende Mittel und Drogen – vor allem Koffein und Nikotin –, um sich ständig zu stimulieren. Sie neigen dazu, ihren »Strohfeuer-Managementstil« all ihren Untergebenen aufzuzwingen.

Herrn Krisosaurus' Spezialität ist die »Mitternachtskonferenz«. Eine solche Konferenz kann genausogut um 7 Uhr morgens stattfinden; aber er kündigt sie im allgemeinen durch eine dringende innerbetriebliche Mitteilung oder einen Telefonanruf an und fordert alle seine Mitarbeiter auf, alles stehen- und liegenzulassen und sofort herzukommen. Wenn sie dann kommen, steht er da, reibt sich die Hände, lächelt und sagt: »*Wir sind in große Schwierigkeiten geraten. Das Problem ist folgendes . . .*« *Und dann erzählt er seinen Managern von der neuesten Gefahr für die Existenz seiner Firma.*

Seine Manager stehen solchen Situationen mit gemischten Gefühlen gegenüber. Sie wissen zwar, daß es sich wirklich um eine Krise handelt; aber sie wissen auch, daß es bei der Art, wie ihr Chef sein Geschäft führt, immer Krisen geben wird. Er bringt seine Umgebung gern in Aufruhr, und er hat damit auch einen gewissen Erfolg. Aber dieser Managementstil ist sehr anstrengend für seine Angestellten, die schließlich auch noch ihre tägliche Arbeit erledigen müssen und außerdem Familien und andere außerberufliche Verpflichtungen haben.

Einige seiner besten Leute haben gekündigt, sobald sie bei ihm genug gelernt hatten, um wirklich gute, erfahrene Manager zu sein. Aber er ist mit seinem jungen, bei Krisen ständig einsatzbereiten Team im Grunde genommen ganz zufrieden; und schließlich gehört ihm die Firma, also kann er tun, was er will.

Streßsymptome

Da Dinosauriermanager ständig unter Hochspannung stehen, neigen sie zu Streßproblemen. Man nimmt an, daß das Herzinfarktrisiko bei impulsiven Menschen, die häufig Aggressionen gegen andere Menschen haben, Enttäuschungen schwer verkraften können und zu Ungeduld und Reizbarkeit neigen, besonders hoch ist. Die ausgeglicheneren, vielleicht auch intuitiveren und ein bißchen reiferen unter den impulsiven Managern erleiden weniger häufig Herzinfarkte.

In Maßen sind impulsive Verhaltensmuster für alle beruflichen Leistungen unerläßlich. Ohne Impulsivität bringt man einfach nichts in Bewegung. Impulsive Menschen sind gute Unternehmer; doch selbst der beste Unternehmer muß häufig nüchterne, rationale Entscheidungen treffen.

Das Schwierigste für einen impulsiven Menschen ist es, zu warten. Wenn er warten muß, läßt er sich oft zu voreiligen Handlungen hinreißen.

Frau Cholerosaura wurde vor einem halben Jahr – genauer gesagt, vor einem halben Jahr und zehn Tagen, wie sie entrüstet betont – als Produktionsassistentin eingestellt und hat immer noch keine Gehaltserhöhung bekommen. Sie kann das nicht verstehen, zumal ihr Kollege, der erst seit vier Monaten da ist, bereits befördert wurde. Sie weiß, daß sie etwas unternehmen muß, und zwar sofort. Sobald sie drei Aspirin genommen hat, um ihre rasenden Kopfschmerzen loszuwerden, wird sie schnurstracks ins Büro ihres Chefs marschieren und ihn um eine Erklärung bitten.

Regelmäßige körperliche Betätigung, vernünftige Ernährung und Verzicht auf übermäßigen Konsum anregender und beruhigender Medikamente sind wichtige Voraussetzungen für die Streßbewältigung. Aber das braucht natürlich seine Zeit. Ein impulsiver Mensch dagegen möchte sofort Ergebnisse sehen. Die meisten neigen zwar nicht direkt zum Drogenmißbrauch, aber viele kurbeln ihre Energie morgens mit ein paar Tassen Kaffee an und entspannen sich abends bei ein paar Drinks vom Streß des Tages. Auf lange Sicht führt das zu einer Verminderung bestimmter Chemikalien und Nährstoffe im Gehirn, und darunter leidet die Fähigkeit des Großhirns, das Dinosaurierhirn in Schranken zu halten. Und was noch wichtiger ist: Menschen, die sich ständig durch Alkohol, Nikotin, Kaffee oder Tabletten manipulieren, haben gar nicht die Möglichkeit, sich auf natürlichem Wege selbst zu stimulieren oder zu entspannen, sondern können das bald nur noch mit äußeren Hilfsmitteln.

Wer sich ständig in einem Zustand der Erregung befindet, verschleißt seinen Körper und seinen Geist vorzeitig. Menschen, die unter Streßbeschwerden leiden, lassen ihr Leben in der Regel zu sehr von ihrem Dinosaurierhirn lenken.

Ethische Probleme

Das gilt natürlich nicht für alle impulsiven Menschen; doch für manche Adrenalinsüchtige gibt es keine legale Tätigkeit, die ihnen so viel Aufregung und Nervenkitzel verschafft wie unrechtmäßig erworbenes Geld. Das Dinosaurierhirn hat häufig Probleme mit der Ethik.

Alle Ethik beruht darauf, die Bedürfnisse mehrerer verschiedener Interessengruppen gegeneinander abzuwägen und dann zu entscheiden, welche am ehesten befriedigt werden müssen. Wenn das Dinosaurierhirn sich in voller Aktion befindet, ist ein solcher komplizierter Denkprozeß schlichtweg unmöglich. Denn der Dinosaurier kann sich jeweils nur auf eine einzige Sache konzentrieren. Manchmal führt das zu Entscheidungen, die unmoralisch sind.

Herr Kriminalosaurus ist Abteilungsleiter. Da von ihm erwartet wird, daß seine Abteilung Profit macht, steht er unter einem ständigen Erfolgszwang. Einmal hat er eine Lieferung an eine Behörde versehentlich zweimal berechnet, und es ist nicht aufgefallen. Der Betrag wurde doppelt bezahlt. Daraufhin begann er bei seinen nächsten Rechnungen an diese Behörde hier und da kleine Posten einzufügen, die gar nicht bestellt und auch nicht geliefert worden waren: DM 20 für einen Hammer, DM 10 für Nägel, DM 37,75 für Muttern und Schrauben. Er stellte fest, daß man solche Posten leicht in eine Rechnung einschmuggeln kann, wenn sie nur lang genug ist, weil dann nicht jeder Posten genau nachgeprüft wird. Anfangs waren diese kleinen Unredlichkeiten nur Mittel zum Zweck: Der Profit seiner Abteilung steigerte sich dadurch, und er stand nicht mehr unter so großem Druck. Doch später faszinierte ihn dieses Spiel mit dem Feuer ganz einfach. Sechs Jahre später, als die Behörde eine Rechnungsprüfung vornahm, hatte es mit der Faszination dann allerdings ein Ende.

Sind Sie ein impulsiver Mensch?

Alle Menschen neigen hin und wieder zu impulsivem Verhalten. Doch die meisten impulsiven Menschen betrachten sich gar nicht als impulsiv. Sie halten sich in der Regel für intelligenter als ihre Mitmenschen, haben es im Leben aber trotzdem nicht leicht, denn ihnen fehlt der Überblick. Sie sehen nicht, welchen Platz sie in den großen Gesamtzusammenhängen der Firma einnehmen und welche Auswirkungen ihre Handlungen auf andere Menschen haben.

Wie können Sie feststellen, ob Sie ein impulsiver Mensch sind oder nicht? Es gibt einige typische Anzeichen für Impulsivität:

Finden Sie Ihre Arbeit oft langweilig? Erledigen Sie bestimmte Aufgaben häufig nicht, weil sie Ihnen zu uninteressant sind, obwohl sie eigentlich unumgänglich wären?

Hat man Ihnen schon mehr als zweimal vorgeworfen, daß Sie gegebene Versprechen nicht einhalten, sondern einfach vergessen?

Haben Sie Schwierigkeiten, Ideen und Pläne auch langfristig weiterzuverfolgen?

Hören Sie anderen Menschen häufig nicht zu?

Mußten Sie schon öfter als ein- oder zweimal eine wichtige Entscheidung revidieren, weil Sie dabei etwas unberücksichtigt gelassen hatten, was sich später als wichtig erwies?

Das impulsive Dinosaurierhirn zeichnet sich durch unreife, jugendliche Verhaltensmuster aus. Da unsere Kultur sehr jugendorientiert ist, wirkt dieser Stil auf uns äußerst attraktiv. Impulsiven, dynamischen Menschen, die viel Energie haben und vieles zustande bringen, verzeiht man auch vieles. Viele Menschen sind aufgrund impulsiver Handlungen zu Helden hochstilisiert worden.

Die meisten impulsiven Menschen werden früher oder später »erwachsen« und legen ihre Impulsivität ab; doch in welchem Alter sie das tun, ist individuell sehr verschieden. Manche Leute bleiben bis ins achtzigste Lebensjahr hinein Teenager.

Was können Sie dagegen tun, wenn Sie ein bißchen zu impulsiv sind?

1. *Lernen Sie den Grad Ihrer Erregung genau zu überwachen.* Achten Sie auf Ihre Herzschläge. Wenn man erregt ist, klopft das Herz im allgemeinen schneller. Wenn Sie joggen oder Aerobic betreiben, wissen Sie sicher, welche Pulsfrequenz Sie im Ruhezustand haben. (Bei Männern beträgt der Durchschnittswert 72, bei Frauen 78 Pulsschläge pro Minute.) Fühlen Sie unauffällig Ihren Puls. Wenn Sie merken, daß Ihr Herz schneller zu schlagen beginnt, ist es vielleicht am besten, sich erst einmal hinzusetzen und zu entspannen. Treffen Sie in erregtem Zustand möglichst keine Entscheidungen – und wenn Sie es doch tun müssen, zwingen Sie sich dazu, sie genau zu überdenken. Weitere Anzeichen erhöhten Stresses sind: Anspannung der Nackenmuskulatur, Kopfschmerzen, Zittern, ein Gefühl der Beklemmung in der Brust und nervöses Herumzappeln oder Herumspielen mit den Fingern.

2. *Erkennen Sie die warnenden Anzeichen der Überlastung rechtzeitig.* Bestimmte Verhaltensweisen, Gedanken, ja sogar Träume können darauf hindeuten, daß Ihr Dinosaurierhirn zu aktiv ist. Im allgemeinen sind das Verhaltensweisen, die Ihnen selbst ungewöhnlich oder sogar ein bißchen merkwürdig vorkommen. Typische Warnsignale sind: übermäßige Vergeßlichkeit, dumme Fehler (zum Beispiel, wenn Sie die Teedose in den Kühlschrank stellen oder versuchen, Ihr Büro mit dem Autoschlüssel abzuschließen) oder emotionale und physische Veränderungen, beispielsweise Kopfschmerzen, Magenbeschwerden, plötzliche seltsame kulinarische Gelüste oder Alpträume.

Sie müssen sich darüber im klaren sein, daß Überlastung Ihre Entscheidungsfähigkeit beeinträchtigt. In Kapitel 18 werde ich ausführlich darauf eingehen, wie man Streß in seinen verschiedenen Erscheinungsformen erkennt und mit ihm fertig wird.

3. *Eignen Sie sich ein paar Entspannungstechniken an.* Die Auswahl ist groß: Selbsthypnose, Meditation, körperliche Betätigung, Biofeedback, Massage, asiatische Kampfsportarten. Alle Menschen, die im Geschäftsleben stehen, müssen in der Lage sein, sich jederzeit in einen Zustand der Entspannung zu versetzen, und genau wissen, wann sie entspannt und wann sie gestreßt und erregt sind. Sie müssen fähig sein, ihre körperlichen Reaktionen bei Bedarf einzudämmen, sobald sie feststellen, daß sie sich in einem angespannten Zustand befinden. Die meisten Menschen brauchen sich nur hinzusetzen, ein paarmal tief einzuatmen, ihre Gedanken zu ordnen und sich vorzunehmen, erst dann zu handeln, wenn sie ruhiger geworden sind. Im Kapitel 18 gehe ich ausführlicher auf Entspannungstechniken ein.

4. *Lernen Sie, zielorientiert zu denken.* Sie sollten bei der Arbeit jederzeit in der Lage sein, innezuhalten und sich zu fragen: Worum bemühe ich mich gerade? Worin besteht mein Ziel? Und dann überprüfen Sie, ob Ihre Aktivitäten diesem Ziel auch wirklich förderlich sind. Es ist eine sinnvolle Strategie, sich die miteinander widerstreitenden Zielsetzungen in Ihrem Leben einmal bewußtzumachen (zum Beispiel Ihre Ziele im Hinblick auf Ihre Mitarbeiter, Ihre beruflichen Konkurrenten, Ihre Familie) und ein Gefühl für das harmonische Gleichgewicht zu bekommen, das Sie zwischen diesen Zielen finden müssen.

5. *Achten Sie auf typische Dinosaurier-Denkmuster.* Je mehr Sie über das Dinosaurierhirn wissen, um so eher werden Sie es – bei sich und anderen – erkennen, sobald es in Aktion tritt. Mit anderen Worten: Wenn Sie den Verdacht haben, daß Sie ein impulsiver Managertyp sind, sollten Sie dieses Buch wirklich ganz bis zu Ende lesen – nicht nur die zwei oder drei Kapitel, die Sie vielleicht im Augenblick gerade interessieren.

6. *Räumen Sie den Menschen, zu denen Sie Vertrauen haben, das Recht ein, Ihr Verhalten und Ihre Entscheidungen zu kritisieren.* Impulsive Menschen umgeben sich gern mit anderen impulsiven Leuten und bekommen von ihnen natürlich kein kritisches Feedback, sondern nur begeisterte Zustimmung: »Eine phantastische Idee – das müssen wir unbedingt gleich in Angriff nehmen!« Akzeptieren Sie Ihre Neigung zur Impulsivität und versuchen Sie sie zu kompensieren, indem Sie Beziehungen zu Menschen pflegen, die besonnener und vorsichtiger sind als Sie. Bitten Sie diese Leute, Sie darauf hinzuweisen, wenn Ihr Dinosaurierhirn wieder einmal den Sieg über Ihre Vernunft davongetragen hat. Hören Sie dann auch auf sie und ändern Sie Ihr Verhalten dementsprechend (oder versuchen Sie es wenigstens in 50 Prozent der Fälle zu tun).

7. *Akzeptieren Sie Kritik als wertvolle Anregung.* Selbst wenn Sie sicher sind, daß die Kritik nicht sachlich ist, sondern sich gegen Sie persönlich richtet, ist es besser, diese Tatsache einfach zu ignorieren.

8. *Lernen Sie, Langeweile zu ertragen.* Üben Sie, tatenlos herumzusitzen oder so lange bei einer uninteressanten Aufgabe zu bleiben, bis Sie sie erledigt haben. Lesen Sie statt Robert Ludlum Romane aus dem neunzehnten Jahrhundert.

Wie geht man mit impulsiven Mitarbeitern um?

Wenn Sie mit impulsiven Menschen zusammenarbeiten müssen, seien Sie sanft und geduldig mit ihnen. Loben Sie ihre Stärken und weisen Sie sie freundlich und feinfühlig auf ihre Schwächen hin. Geben Sie ihnen Aufgaben, bei denen sie ihre Ideen und ihre Energie einsetzen können. Impulsive Menschen sind hervorragend dazu geeignet, ein Projekt ins Leben zu rufen oder eine Krise zu meistern. Achten Sie darauf, daß diese Mitarbeiter stets ein klar umrissenes, vorrangiges Ziel vor Augen haben.

Setzen Sie sie nicht dort ein, wo es um zwischenmenschliche Probleme geht und der feinfühlige Umgang mit anderen Mitarbeitern von entscheidender Wichtigkeit ist. Sie haben ganz und gar kein Talent dazu, Konflikte zwischen Mitarbeitern zu lösen: im Gegenteil – sie würden alles nur noch schlimmer machen. Sie sind auf kurzfristige Aktionen programmiert, können flammende Reden halten und andere Leute inspirieren; doch das angeknackste Selbstbewußtsein eines Mitarbeiters zu stärken oder zwischen zwei einander bekämpfenden Parteien zu vermitteln, ist nicht ihre Stärke.

Vermeiden Sie es, solche Menschen in irgendeiner Weise anzugreifen. Stellen Sie von vornherein feste Spielregeln für die Zusammenarbeit mit ihnen auf. Bedienen Sie sich einer kreativen Fragetechnik – setzen Sie Ihre Fragen nicht nur dazu ein, Informationen von Ihrem Mitarbeiter einzuholen, sondern versuchen Sie ihn mit Ihren Fragen dazu zu bringen, daß er einmal eine Nachdenkpause einlegt oder sich über seine Prioritäten klar wird. (Stellen Sie beispielsweise Fragen wie: Was ist am wichtigsten? Was muß als erstes getan werden? Was kann noch ein bißchen warten?)

Impulsive Menschen neigen dazu, schnell zu sprechen, so daß die anderen nur schwer zu Wort kommen. Wenn Sie die Aufmerksamkeit eines solchen Menschen wecken möchten, beginnen Sie ebenso laut und schnell zu sprechen wie er. Dann verlangsamen Sie Ihre Sprechgeschwindigkeit allmählich und sprechen wieder etwas leiser. Wenn Sie von Anfang an leise und langsam sprechen, wird Ihr Dinosaurier-Mitarbeiter Sie einfach überfahren.

Zu guter Letzt sollten Sie schon zu Ihrer eigenen Sicherheit erkennen lernen, wann das Dinosaurierhirn Ihres Mitarbeiters beide Ruder fest in der Hand hat, damit Sie rechtzeitig in Deckung gehen und ihn die Fehler machen lassen können, die jetzt sowieso nicht mehr zu verhindern sind.

4. Kampf, Flucht oder Handlungsunfähigkeit

Ein paar Sekunden lang stehen die beiden Riesen einander zögernd gegenüber. Sie knurren sich an; aber keiner rührt sich. Ihre winzigen Gehirne kämpfen mit der einzigen freien Entscheidung, die die Natur ihnen einräumt: kämpfen oder davonlaufen. In der Dinosaurierwelt gibt es kein Pardon. Wer eine falsche Entscheidung trifft, findet sich bald im Magen seines Gegners wieder.

Das menschliche Nervensystem ist ziemlich komplex; es steht nicht nur mit unserem Gehirn in Verbindung, sondern auch mit dem Herzen, den Drüsen, den Muskeln, ja fast allen Teilen unseres Körpers. Viele Reaktionen unseres Gehirns nehmen wir stärker in unserem Körper als in unserem Kopf wahr.

Fast allen Dinosaurier-Verhaltensmustern liegt ein Phänomen zugrunde, das man als sympathetisches Nervensystem bezeichnet. Dieses System ermöglicht es uns, auf Bedrohungen sofort mit physischer Aktivität zu reagieren. Diese Reaktion besteht in der Regel entweder im Kampf oder in der Flucht; doch ich bezeichne sie als die »Kampf-, Flucht- oder Erstarrungsreaktion«, da wir in manchen Streßsituationen auch förmlich erstarren und handlungsunfähig werden.

Wenn wir uns einer Gefahr gegenübersehen, beginnt unser Herz rascher zu schlagen; wir atmen schnell und flach und nehmen mehr Sauerstoff auf; unsere Muskeln spannen sich an, die Blutgefäße in der Nähe der Hautoberfläche ziehen sich zusammen, und das Blut wird in die Muskeln gelenkt, die es jetzt am nötigsten brauchen, weil sie die Reaktion ausführen müssen. Unsere Nebennieren arbeiten auf Hochtouren und versetzen unserem Körper einen Adrenalinstoß. Wir konzentrieren uns ganz auf die einfachen, primitiven Verhaltensmuster des Dinosaurierhirns: Kämpfen oder Davonlaufen.

Sobald das Zentrum unserer Impulse sich vom Großhirn auf das Dinosaurierhirn verlagert, können wir eigentlich gar nicht mehr richtig denken. Wir reagieren nur noch oder brechen unter der Streßbelastung innerlich zusammen und sind völlig unbeweglich – Blackout.

Erinnern Sie sich noch an das letzte Mal, als Sie heftig auf die Bremse Ihres Autos traten, weil Ihnen ein Hindernis im Weg war? Ihr Herz hämmerte wie verrückt, und wahrscheinlich dauerte es mindestens fünf Minuten, bis Sie Ihr Steuerrad nicht mehr umklammert hielten, als sei es der letzte Rettungsanker. In diesem Augenblick existierten für Ihr Gehirn nur noch zwei Dinge: das Hindernis vor Ihnen und Ihre körperliche Reaktion darauf – der Tritt auf die Bremse.

Das war die Kampf-, Flucht- oder Erstarrungsreaktion. Diesmal hat sie Sie gerettet, denn in dieser Situation war eine rasche körperliche Reaktion erforderlich. Doch Sie erleben diese Reaktion leider auch tagtäglich bei der Arbeit – und dort sind die Gefahren, mit denen Sie konfrontiert werden, in der Regel nicht physischer Art, sondern stellen eher Bedrohungen für Ihr Selbstwertgefühl dar. Wenn Sie nun versuchen, Ihre Psyche mit Hilfe von Verteidigungsmechanismen zu schützen, die eigentlich zum Schutz Ihres Körpers gedacht sind, wird es problematisch. Die Dinosaurier hatten mit dem Selbstwertgefühl noch keine Probleme – wahrscheinlich wußten sie nicht einmal, was das ist!

Das Dinosaurierhirn neigt dazu, die Welt voller potentieller Bedrohungen zu sehen. Während eines typischen Arbeitstages gibt es hundert Situationen, in denen wir das Gefühl haben können, bedroht zu sein oder in einem schlechten Licht dazustehen. Unser Dinosaurierhirn hat ein paar einfache Regeln aufgestellt, die uns vor Spott und anderen Gefahren für unser Selbstwertgefühl schützen sollen:

Sei stets perfekt!

Sei immer auf der Hut. Die anderen haben es auf dich abgesehen!

Traue niemals einem Vorgesetzten!

Gib nie zu, daß du im Unrecht bist!

Auge um Auge, Zahn um Zahn!

Wehre dich, wenn du angegriffen wirst!

Gefahr in Sicht – geh in Deckung!

Wenn wir uns diese Regeln bewußtmachten und über sie diskutierten, würden wir sicherlich merken, wie fragwürdig sie sind; aber wir reden eben nicht darüber. Wir handeln nur danach.

Frau Defensosaura weiß, daß ihr Chef sie nicht leiden kann. Er hat sie schon öfters kritisiert und ihr auch bereits einige Befugnisse entzogen. Als er in ihrer letzten Leistungsbewertung schrieb, im Hinblick auf den Umgang mit Mitarbeitern müsse sie noch an sich arbeiten, fand sie es an der Zeit, sich ihm gegenüber endlich einmal durchzusetzen. Sie ging sofort zum stellvertretenden Direktor der Firma und beklagte sich bei ihm darüber, wie unfair ihr Chef sie behandelte. Sie brachte auch eine innerbetriebliche Mitteilung in Umlauf, in der sie gegen ihre Leistungsbewertung protestierte, und hält jetzt alle Handlungen ihres Chefs, die ihrer Meinung nach gegen sie gerichtet sein könnten, schriftlich fest.

Ihre defensiven Aktionen haben genau zu dem Ergebnis geführt, vor dem sie am meisten Angst hatte: Ihr Chef ist jetzt noch unzufriedener mit ihr und greift noch energischer durch. Natürlich hat sie das Gefühl, daß er damit nur sein wahres Wesen zeigt und daß sie sich jetzt noch verbissener verteidigen muß als bisher.

Es ist unmöglich, dieser Frau klarzumachen, daß sie an dem Konflikt mit ihrem Chef nicht ganz unschuldig ist. Sie rekapituliert im Geist immer wieder die Liste all der Ungerechtigkeiten, die ihr Chef ihr zugefügt hat. Und sie regt sich von Mal zu Mal mehr darüber auf und fühlt sich immer bedrohter.

Diese Geschichte veranschaulicht eine typische Funktionsweise des Dinosaurierhirns. Frau Defensosaura hat sich bei ihrem Verhalten von ihrem Dinosaurierhirn leiten lassen; ihr Chef hat nur auf ihre Reptilienlogik reagiert. Dadurch sah sie sich wiederum in ihren Dinosaurierwahrnehmungen bestätigt und regte sich noch mehr auf. Ihr Adrenalinspiegel stieg, ihr Herz klopfte – kurzum, ihr Körper war bereit zu handeln. Doch ihre Handlungen waren ihrer Karriere alles andere als förderlich.

Das Dinosaurierhirn hat auch seine guten Seiten: Zum Beispiel ist es nicht nachtragend. Sobald der Konflikt vorüber ist, ist die Sache erledigt und vergessen. Allerdings stellt uns die Kampf-, Flucht- oder Erstarrungsreaktion noch vor ein weiteres Problem, das mit unserem Großhirn zu tun hat. Das menschliche Gehirn ist nämlich ein sehr komplexes Informationsverarbeitungssystem, das einen entscheidenden Fehler hat: Es kann nicht zwischen Realität und Phantasie unterscheiden. Um den psychologischen Fachbegriff zu benutzen: Unser Gehirn ist verrückt.

Das menschliche Gehirn ist darauf vorprogrammiert, sich mit Dingen auseinanderzusetzen, die noch nicht zu Ende geführt sind. Das ist wichtig für unser Überleben, denn wenn wir etwas tun und dabei abgelenkt werden, müssen wir in der Lage sein, unsere Tätigkeit hinterher wiederaufzunehmen. Das Problem ist nur, daß zwischenmenschliche Beziehungen eigentlich nie beendet sind, wenn wir sie nicht selbst abbrechen.

Die meisten Menschen beschäftigen sich innerlich immer wieder mit einer negativen Situation und hoffen sie dadurch zu verarbeiten oder den Konflikt zu lösen. Aber sie erreichen meist nur das Gegenteil: Sie regen sich immer mehr darüber auf und messen der Situation größere Wichtigkeit bei, als ihr eigentlich zukommt. Je mehr wir über eine negative Situation nachdenken, um so wichtiger erscheint sie uns. Jedesmal, wenn wir sie in Gedanken resümieren, verändern wir die Details ein bißchen mehr, so daß sie mit unserem vorgefaßten Bild von der Welt übereinstimmen. Goethe hat einmal gesagt: Wenn unser Stolz und unser Gedächtnis miteinander kämpfen, siegt immer der Stolz. Unsere Grübeleien bestärken uns nur in unserer Gewißheit, daß die Welt so ist, wie wir sie sehen. Also reagieren wir dementsprechend, und unsere Handlungen bringen uns noch mehr Streßprobleme ein.

Nehmen wir an, Sie haben eine Auseinandersetzung mit Ihrem Chef. Sie müssen sich während dieses Konflikts nicht nur mit den Reaktionen Ihres Dinosaurierhirns auseinandersetzen; auch Ihr Großhirn macht sich vor dem Gespräch mit dem Chef Sorgen und grübelt anschließend noch darüber nach. Und da Ihr Gehirn nicht weiß, ob das Geschehene sich wirklich oder nur in seiner Phantasie abgespielt hat, entsteht die gleiche physische Reaktion. Auf diese Weise sind Sie unter Umständen rund um die Uhr erregt und aufgewühlt. Deshalb ist Streß im Berufsleben ein so großes Problem. Selbst wenn Sie das Büro längst verlassen haben, beschäftigt die Situation, die Sie aufgeregt hat, Sie unter Umständen noch lange weiter. Unter dem zermürbenden Streß der Kampf-, Flucht- oder Erstarrungsreaktion leiden Sie nicht nur während der Auseinandersetzung mit Ihrem Chef, sondern auch morgens beim Frühstück, auf dem Heimweg im Auto, abends beim Fernsehen und nach Mitternacht, wenn Sie nicht einschlafen können. Dann spielt Ihnen der Fernsehbildschirm in Ihrem Inneren die grausigsten Horrorfilme vor.

In Kapitel 18 werde ich Ihnen zeigen, wie man diesen Defekt unseres Zentralnervensystems gezielt dazu einsetzen kann, seinen Erregungspegel zu senken. Außerdem erfahren Sie, wie man Streß reduzieren kann. Doch zuerst wollen wir uns noch ein wenig mit den Verteidigungsmechanismen des Dinosaurierhirns beschäftigen. Wir alle verfallen hin und wieder in die drei Reaktionen »Kämpfen, Flüchten oder Erstarren«, wobei der Intensitätsgrad dieser Reaktionen individuell verschieden ist. Doch manche Menschen verlassen sich nahezu ausschließlich auf eine dieser drei Reaktionen, und dann wird es gefährlich.

Kampf

Kämpfernaturen sehen überall Konkurrenzsituationen – selbst bei den unwichtigsten Dingen. Was sie auch tun – sie wollen immer gewinnen. Selbst wenn sie mit ihren Kindern spielen, fällt es ihnen schwer, auch einmal der Verlierer zu sein. Solche Menschen sind lieber im Recht als glücklich.

Außerdem stehen sie ständig unter Zeitdruck. Sie lassen sich von den impulsiven Verhaltensmustern des Dinosauriergehirns beherrschen, und deshalb erfüllt jede Enttäuschung und jede Verzögerung sie mit Zorn. Wenn ihnen bei dem Ziel, das sie im Augenblick verfolgen, ein Hindernis im Weg ist, werden sie zornig, beginnen zu toben oder versuchen es sogar zu zerstören.

Solche Kämpfernaturen reagieren im allgemeinen übersensibel auf alles, was eine Bedrohung für sie darstellen könnte. Sie nehmen alles persönlich und sind nachtragend wie Elefanten. Für sie gibt es bei jeder Streitfrage, und sei sie auch noch so unbedeutend, einen Gewinner und einen Verlierer; und Sie können sicher sein, daß der Kämpfertyp niemals der Verlierer sein wird.

Für solche Menschen ist es unmöglich, eine Kränkung hinzunehmen. Für sie ist es ein ungeschriebenes Gesetz, jedes erlittene Übel auf Heller und Pfennig heimzuzahlen. Sie rechnen ständig damit, von den anderen Menschen enttäuscht oder angegriffen zu werden – und wie wir gesehen haben, führen sie das mit ihrem Verhalten dann auch tatsächlich herbei.

Kämpfernaturen erwarten vor allen anderen, daß sie sich nach *ihren* Spielregeln richten. Sie führen Sprüche im Munde wie: »Das Leben ist ein Kampf. Da ist sich jeder selbst der Nächste, und eine Krähe hackt der anderen die Augen aus« oder »Man muß die anderen mit ihren eigenen Waffen schlagen«. Sie neigen zu aggressivem Auftreten und greifen im allgemeinen jeden an, der es wagt, sie zu kritisieren.

Und doch halten aggressive Menschen sich häufig gar nicht für aggressiv – vielleicht, weil ihnen nie jemand zu sagen gewagt hat, daß sie es sind. Nach Lee Iacoccas Autobiographie zu urteilen, muß er ein äußerst aggressiver Mensch sein. Interessanterweise schreibt er in seinem

Buch aber nur wenig darüber, wie seine Aggressivität auf seine Mitmenschen wirkt. Kein Wunder – würden *Sie* es wagen, Lee Iacocca zu sagen, daß er aggressiv ist?

Bei solchen Kämpfertypen ist das Herzinfarktrisiko ziemlich hoch. Wenn Sie auch zu diesen Menschen gehören, sollten Sie auf Ihre Gesundheit achten. Wenn Ihr Dinosaurierhirn ständig schreit: »Kämpfen, kämpfen, kämpfen!«, sollten Sie diese Tendenz erkennen und lernen, ihr nur dann nachzugeben, wenn es sinnvoll ist.

1. Fragen Sie sich immer: »Was gewinne ich, wenn ich mich in dieser Situation auf einen Konkurrenzkampf einlasse? Wäre das, was ich dabei gewinnen kann, mir auch wirklich wichtig? Lohnt es sich, das Risiko einzugehen, mir den anderen Menschen dadurch eventuell zum Feind zu machen?« Machen Sie sich bewußt, daß nicht die Welt feindselig ist, sondern Sie selbst.

2. Achten Sie auf den Grad Ihrer Anspannung und Erregung. Wenn Ihr Herz klopft, Ihre Atmung flach und heftig ist, Ihre Nackenmuskeln angespannt und Ihre Hände zu Fäusten geballt sind, sollten Sie sich dazu zwingen, den Mund zu halten. Was Sie in dieser Verfassung sagen, wird Ihnen nur in den seltensten Fällen etwas nützen, meistens sogar schaden. Gehen Sie in ein anderes Zimmer, nehmen Sie sich eine andere Arbeit vor, und regen Sie sich ab. Es ist in solchen Situationen sehr hilfreich, eine Technik zur körperlichen Entspannung zu beherrschen. Eine der vielen Entspannungsmethoden werde ich in Kapitel 18 ausführlich beschreiben.

3. Hören Sie auf Ihren »inneren Dialog« und achten Sie auf typische Dinosaurierformulierungen wie »Das darf doch nicht wahr sein ...«, »Ich habe ihm doch schon hundertmal gesagt ...« oder »Das ist doch wirklich die Höhe«. Wenn Ihr innerer Bildschirm Ihnen solche Dialoge vorführt, sollten Sie auf ein anderes Programm umschalten.

4. Zwingen Sie sich dazu, auch einmal die anderen gewinnen zu lassen. Machen Sie Gebrauch von Ihrem Großhirn: Verbündete zu gewinnen, ist häufig eine wirkungsvollere Strategie, als alle anderen zu besiegen. Die Dinosaurier brauchten keine Verbündeten, aber für Sie sind Freunde vielleicht irgendwann doch nützlich.

5. So simpel es auch klingen mag: Zwingen Sie sich, zu lächeln und den anderen Menschen etwas Nettes zu sagen. Alle Tiere verfügen über angeborene Signale, mit denen sie ihren Artgenossen zu verstehen geben, daß sie ihnen nicht feindlich gesonnen sind. Beim Menschen sind Lächeln und eine ausgestreckte Hand die wichtigsten Freundschaftssignale. Ein Lächeln ist mit Aggressivität unvereinbar. (Ja, ich weiß, es gibt auch eine Ausnahme – Ironie. In diesem Fall kann man durchaus feindselige Gefühle haben und trotzdem lächeln. Doch im allgemeinen werden Sie immer weniger Zorn und Aggressionen empfinden, je häufiger Sie lächeln und Ihren Mitmenschen Nettigkeiten sagen. Probieren Sie es doch einmal aus!)

Flucht

Diese Reaktion zielt darauf ab, einer Bedrohung aus dem Weg zu gehen. Sie kann die verschiedensten Formen annehmen: Aufschieben, Vergessen, Flucht oder Krankheit. Wer flüchtet, entscheidet sich für die einfachere Alternative, selbst wenn er weiß, daß die schwierigere für ihn besser wäre. Solche Menschen sind im allgemeinen sehr unentschlossen.

Herr Zögerosaurus ist sehr intelligent. Alle seine Kollegen wissen das, und er selbst weiß es auch. Er könnte viel mehr erreichen, als Produktmanager zu sein. Er hat schon oft davon gesprochen, daß er sich um einen anderen Posten bewerben möchte, bei dem er mehr Verantwortung hat, und es sind ihm auch schon mehrfach Beförderungen innerhalb seiner Firma angeboten worden. Doch zwei Tage, bevor er seine neue Stellung antreten sollte, lehnte er sie immer ab, weil er wußte, daß er ihren Anforderungen nicht gewachsen sein würde. Einmal gab er eine solche Stellung sogar nach einer Woche wieder auf und bat, wieder an seinen alten Arbeitsplatz zurückversetzt zu werden. Er erklärte, er könne Leistungsdruck einfach nicht verkraften, und er sehe auch nicht ein, warum: »Wozu brauche ich eine Stellung, bei der ich großem Streß ausgesetzt bin? Ich bin kein ehrgeiziger Mensch.«

Und doch schielt er immer wieder sehnsüchtig nach besseren Positionen, die er haben könnte, und Möglichkeiten, all die ungenutzten Fähigkeiten zu entfalten, die in ihm stecken. Aber alle seine Kollegen wissen, daß er niemals über seine jetzige Position hinauskommen wird.

Die meisten Menschen leben in dem Wahn, daß das Leben sie vor eine richtige und eine falsche Alternative stellt und sie in der Lage sein müssen, im voraus zu erkennen, welche Entscheidung die richtige ist.

Aber in Wirklichkeit ist das Leben viel komplizierter. Es gibt nicht einfach nur »richtig« und »falsch«. Wir müssen uns für etwas entscheiden und dann durch unser Engagement dafür sorgen, daß es die richtige Entscheidung ist. Jede Alternative kann richtig sein, wenn wir sie dazu machen. Probleme gibt es nur, wenn man nie den Mut hat, sich zu entscheiden, oder unentschlossen zwischen mehreren Alternativen hin und her schwankt, statt sich auf eine einzige zu konzentrieren.

Es gibt noch ein anderes weit verbreitetes Fluchtverhaltensmuster: Man ist einfach zu beschäftigt und schiebt das als Ausrede vor, um nicht tun zu müssen, wovor man Angst hat. Diese Taktik beherrschen impulsive, dynamische Menschen besonders gut. Ihr Dinosaurierhirn weist sie ständig auf neue »Krisen« und »dringende Aufgaben« hin, so daß sie gar nicht dazu kommen, die wirklich wichtige Arbeit zu erledigen, die für sie am schwierigsten und bedrohlichsten ist.

Immer, wenn man Herrn Dynamosaurus fragt, wie es ihm geht, sagt er: »Viel zu tun. Ich weiß gar nicht, wie ich mit meiner Arbeit fertig werden soll.« Er ist ständig mit irgend etwas Neuem beschäftigt, und dem äußeren Eindruck nach zu urteilen, hat man das Gefühl, daß er tatsächlich viel schafft. Doch in Wirklichkeit beschäftigt er sich mit tausend kleinen, unwichtigen Aufgaben, die leicht sind und infolgedessen keine Bedrohung für ihn darstellen. Der wichtige Verkaufsbericht, den er am Ende des Quartals abgeben muß, liegt unter einem Stapel belangloser Notizen vergraben. Wahrscheinlich wird er um eine Verlängerung der Abgabefrist bitten müssen, weil er einfach zu beschäftigt ist, um den Bericht rechtzeitig zu Ende zu schreiben.

Sein wirkliches Problem liegt darin, daß er allen anderen Dingen Vorrang vor der Fertigstellung des schwierigen Berichts eingeräumt hat, der eine wirklich herausfordernde Aufgabe für ihn ist. Deshalb ist Zeitmanagement für viele Menschen ein so großes Problem. Eigentlich ist es nicht schwer, sich seine Zeit einzuteilen, denn sie ist genau berechenbar. Jeder Tag hat 24 Stunden. Das eigentliche Problem besteht darin, seine Prioritäten richtig zu setzen.

Ihr Dinosaurierhirn redet Ihnen ständig ein, zuerst einmal die einfachsten Aufgaben zu erledigen, die keine Bedrohung für Sie darstellen – oder das zu tun, womit Sie am meisten Aufsehen erregen können. Das Geheimnis des Zeitmanagements besteht darin, diese Strategie des Dinosaurierhirns zu erkennen und sich durch sie nicht manipulieren zu lassen.

Es gibt noch eine weitere beliebte Fluchttaktik: Wir gehen einfach davon aus, daß wir gar nicht in der Lage sind, zu handeln, weil die Situation sich unserer Kontrolle entzieht.

Herr Passivosaurus weiß, wie man Immobilien verkauft; aber im Augenblick ist der Markt sehr instabil. Die Zinssätze sind starken Schwankungen unterworfen, und die Branche hat sich von der Rezession noch nicht richtig erholt. Und nicht nur das: Schließlich hängt alles davon ab, was für Beziehungen man hat, und Herr Passivosaurus ist neu im Geschäft. Diese Gedanken gehen ihm durch den Kopf, wenn er in seinem Büro sitzt und darauf wartet, daß jemand anruft.

Was tun Sie, wenn Sie ein Mensch sind, der dazu neigt, Schwierigkeiten aus dem Weg zu gehen? Die Antwort ist ganz einfach, aber sie wird Ihnen nicht gefallen. Sie müssen Prioritäten setzen und sich dann auch daran halten. Und wenn Ihr Dinosaurierhirn Ihnen einredet, sich für eine bestimmte Alternative zu entscheiden, und Sie wissen, daß es die einfachste ist, sagen Sie zu ihm: »Führe mich nicht in Versuchung, Satan« und ignorieren Sie seine Ratschläge einfach.

Üben Sie einmal eine Zeitlang (ungefähr ein halbes Jahr), Entscheidungen zu fällen und eisern bei ihnen zu bleiben, ganz egal, was geschieht. Ihr Dinosaurierhirn muß lernen, daß die Entscheidungen Ihres Großhirns wichtig sind und daß Sie sich nicht von ihnen abbringen lassen. Beginnen Sie mit kleinen Dingen und wagen Sie sich dann nach und nach an immer wichtigere Entscheidungen heran.

Handlungsunfähigkeit

Viele Menschen werden in bedrohlichen Situationen völlig unbeweglich und handlungsunfähig oder wagen es nicht, zu handeln, weil sie viel zu große Angst haben. Das ist wahrscheinlich die gefährlichste der drei beschriebenen Reaktionen, denn sie deutet darauf hin, daß Sie überfordert sind und dem Ansturm der vielen Reize von außen nicht mehr standhalten können. Ihr Erregungspegel steigt so sehr an, daß Sie sich tatsächlich wie ein Dinosaurier verhalten. Vielleicht springen Sie auf und verlassen fluchtartig das Zimmer; oder Ihr Geist flieht, während Sie selbst zitternd sitzen bleiben.

Wenn Sie sehr häufig in dieses Verhaltensmuster verfallen, brauchen Sie die Hilfe eines Fachmanns. Es würde den Rahmen dieses Buches sprengen, auf ausgesprochene Phobien einzugehen. Ich kann Ihnen hier lediglich zeigen, wie Sie mit Situationen fertig werden, die so bedrohlich auf Sie wirken, daß Sie darauf hin und wieder mit einem »totalen Blackout« reagieren.

Die verbreitetste Form dieser Reaktion ist die Angst davor, in aller Öffentlichkeit eine Rede zu halten oder als Vertreter unangemeldet Kunden zu besuchen.

Frau Phobosaura kann einfach kein Wort herausbringen, wenn ihr mehr als drei oder vier Leute zuhören. Dann kann sie keinen klaren Gedanken fassen und vergißt, was sie sagen wollte. Ihr Chef weiß das. Deshalb setzt er sie nie für Präsentationen ein. Er ist ein guter Manager, der es versteht, die Stärken seiner Mitarbeiter zu nutzen. Also gibt er ihr im allgemeinen Aufgaben, bei denen sie im Hintergrund bleiben kann. Er merkt gar nicht, daß er sie mit seinem Verhalten noch für ihre Angst belohnt.

Wie kann man solche Ängste in den Griff bekommen? Hier ein paar allgemeine Richtlinien:

1. Vor allen Dingen schieben Sie Ihre Angst nicht als Entschuldigung vor, etwas nicht tun zu müssen. Wenn Sie vor etwas Angst haben, zwingen Sie sich dazu, es trotzdem zu tun. Anfangs wird Ihnen das sehr unheimlich vorkommen, doch je häufiger Sie es üben, um so leichter wird es. Werden Sie sich Ihrer inneren Stimme bewußt, die versucht, Sie zur Flucht zu bewegen. Weisen Sie sie in ihre Schranken.

2. Erlernen Sie eine Entspannungstechnik und üben Sie sie immer wieder.

3. Und vor allem steigern Sie sich nicht in Ihre Angst hinein. Strukturieren Sie die bedrohliche Situation in Gedanken so um, daß sie Ihnen nicht mehr so feindlich vorkommt. Je häufiger Sie sich sagen: »Ich kann nicht«, um so wahrer wird es. Richten Sie Ihr Augenmerk statt dessen darauf, was Sie in dieser Situation an Positivem tun *können*, und bauen Sie darauf.

Die beiden ersten beschriebenen Reaktionen – Kampf und Flucht – haben durchaus auch etwas Positives: Wenn Sie klug und wohlüberlegt mit ihnen umgehen, können Sie sich dadurch Schwierigkeiten vom Hals halten. Wenn Sie den Kampf-Impuls in sinnvolle Bahnen lenken, kann er Ihre Motivation erhöhen und Sie vor Leuten schützen, die Sie eventuell übervorteilen möchten. Ihr Fluchtinstinkt kann Ihnen sagen, wann es besser ist, nicht starr auf seiner Position zu beharren, sondern flexibel und nachgiebig zu sein. Doch Angst und Handlungsfähigkeit nützen Ihnen nur in den seltensten Fällen etwas. Wenn Ihr Großhirn diese Reaktion nicht unter Kontrolle bekommt, wird sie Ihnen garantiert Streß und große Probleme einbringen.

5. Ich bin der Obersaurier!

Aller Augen sind auf den alten Anführer der Herde gerichtet. Er ist überall der erste und bekommt deshalb auch von allem das Beste: Futter, Weibchen – alles, was das Leben an Schönem zu bieten hat. Aber er muß auch seinen Preis dafür zahlen: Wenn man der Obersaurier ist, muß man ständig wachsam sein.

Ein junges Männchen nähert sich ihm mit gefletschten Zähnen und einem Knurren tief hinten in der Kehle. Es hat sich schon lange auf diesen Tag vorbereitet, indem es andere junge Sauriermännchen angriff und sie besiegte. Es hat dabei zwar Narben davongetragen; trotzdem ist es bereit, es jetzt auch mit dem Anführer der Herde aufzunehmen. Nach ein paar Sekunden ist der Kampf in vollem Gange. Sieg bedeutet Macht. Niederlage Tod oder Verbannung. In der Dinosaurierwelt kann nur einer herrschen.

Das Dinosaurierhirn glaubt fest an folgende Grundsätze:

1. Es gibt eine genau festgelegte Hackordnung, und um in dieser Hierarchie nach oben zu gelangen, muß man hart im Nehmen, ehrgeizig und aggressiv sein.

2. Das Geschäftsleben ist ein unbarmherziger Kampf ums Überleben. Wenn in diesem Kampf jemand auf der Strecke bleibt, beweist das nur, daß er eben nicht das Zeug zum Überleben hatte. Um ihn ist es nicht schade.

3. Es gibt nur eine einzige Regel: »Der Starke überlebt.«

4. Jeder Konflikt – selbst ein noch so unbedeutender – ist ein Machtkampf. Der Obersaurier hat in jeder Hinsicht zu bestimmen und ist überall der erste.

5. Der Obersaurier schmeißt nicht nur den Laden – der Laden *gehört* ihm. Er stellt Gesetze für seine Untergebenen auf, an die er selbst sich aber nicht zu halten braucht.

Das Großhirn sieht die Sache ganz anders:

1. Blindwütige Aggressivität ist nicht der einzige Weg, um etwas zu erreichen.

2. Hemmungsloses, aggressives Konkurrenzverhalten innerhalb einer Firma kommt uns alle teuer zu stehen: Es führt zu Entfremdung und Mißtrauen zwischen den Kollegen, und außerdem wird dabei ungeheuer viel Energie verschwendet. Häufig ist es schwierig, gleichzeitig in seinem eigenen Interesse *und* im Interesse der Firma zu handeln.

3. Die Aggressionen und Zornausbrüche, zu denen es bei solchen Machtkämpfen kommt, reiben die Mitarbeiter und die Firma unnötig auf.

Ist Konkurrenzkampf der einzige Weg nach oben, oder zahlt auch Teamgeist sich aus? Wenn es um diese Frage geht, hat jede Firma eine andere Philosophie und jeder Managementbuchautor eine andere Meinung. Es gibt keine einfache Antwort und kein Patentrezept.

Es ist ein wunderbares Prinzip, seine Macht mit anderen zu teilen; aber man kann eine Firma nun einmal nicht auf Abstimmungsbasis führen. Bestimmte Menschen müssen an der Spitze stehen und Entscheidungen treffen, die sich auf alle anderen auswirken – gleichgültig, ob sie durch Wahl, Ernennung oder Konkurrenzkampf an die Macht gelangt sind.

Was wir als »Ehrgeiz« bezeichnen, ist in Wirklichkeit Dominanzstreben. Es entspringt dem Dinosaurierhirn. Wenn die Menschen nicht den Antrieb hätten, an die Spitze zu gelangen, würde die ganze Firmenhierarchie in sich zusammenstürzen wie ein Kartenhaus. Das Problem des Dinosaurierhirns liegt nur darin, daß es glaubt, Konkurrenzkampf sei der einzige Weg, der zum beruflichen Aufstieg führt. Dieser Glaube, daß, wenn einer gewinnt, zwangsläufig ein anderer verlieren muß, ist ein gefährlicher Trugschluß. Viele Firmen stufen Kooperation jetzt positiver ein als interne Konkurrenzkämpfe.

Status versus Führerschaft

Ein frühes Werk von Paul Klee zeigt die Begegnung zwischen zwei Männern, von denen jeder glaubt, der andere habe einen höheren Status als er selbst. Die beiden verbeugen sich voreinander, und jeder achtet genau darauf, wie tief der andere sich verneigt. Das ist eine gute Veranschaulichung dessen, was bei einem Dominanzkonflikt vor sich geht.

Wenn Sie einen Machtkampf austragen, scheint alles andere plötzlich unwichtig zu werden. Es fällt Ihnen schwer, noch an etwas anderes zu denken als daran, wer die Vormachtstellung hat. Einige anerkannte Managementbuchautoren haben diese Dinosaurier-Hemmungslosigkeit unterstützt und gaben in ihren Büchern Rezepte, wie man durch kluge Manipulation und Verhalten, das Macht signalisiert, nach oben kommt. Dahinter steckt eine ganz einfache Theorie: Wenn man sich so verhält, als hätte man das Sagen, wird man von den anderen Menschen auch so behandelt. Einem solchen Menschen fügt man sich, und er hat gute Chancen, bald befördert zu werden.

Doch dieses einfache Erfolgsrezept birgt auch seine Gefahren. Nicht alle Leute wirken bei dieser Strategie überzeugend. Ich habe schon Manager beobachtet, deren Versuche, mächtig und respektgebietend zu wirken, kläglich fehlschlugen. Einmal fiel mir bei einer Konferenz ein junger leitender Angestellter auf, der sehr finster blickte und in einer ganz bestimmten Weise die Stirn runzelte. Er sah aus wie Snoopy aus den »Peanuts«, der auf seiner Hundehütte sitzt und so tut, als sei er ein Geier. Nach der Besprechung fragte ich ihn, was dieser Blick zu bedeuten habe. Er gab zu, sein »Autoritätsgesicht« aufgesetzt zu haben.

Der Umgang mit machthungrigen Dinosauriern ist geradezu lächerlich einfach: Man darf sich nicht auf einen Machtkampf mit ihnen einlassen. Lassen Sie sie ruhig lauter sprechen als alle anderen, den Kollegen das Wort abschneiden oder am Tisch immer den Platz einnehmen, wo sie von allen gesehen werden. Wenn sie sich aufplustern, um respektgebietend zu wirken, lassen Sie ihnen ihren Spaß. Ihnen muß nur bewußt sein, daß Sie einen machthungrigen Menschen vor sich haben, und Sie dürfen ihm in Fragen, die Ihnen wichtig erscheinen, nicht nachgeben. In den meisten Fällen können Sie gewinnen, indem Sie einer Auseinandersetzung aus dem Weg gehen: Denn Dinosaurier, die sich zanken, wirken im allgemeinen nicht sehr überzeugend. Das Dinosaurierhirn solcher Menschen ist der Meinung, wenn Sie in einem Punkt nachgeben, werden Sie es auch in allen anderen tun. Das muß aber nicht unbedingt sein.

Lassen Sie sie ruhig ihr Imponiergehabe an den Tag legen, lehnen Sie sich zurück und genießen Sie die Show. Aber in wichtigen Dingen müssen Sie Ihre Meinung sagen und Ihren Standpunkt auch durchzusetzen wissen.

Sicher möchte Herr Cortex in seiner Firma aufsteigen – das wollen schließlich alle. Nur verhält er sich vollkommen anders als seine Kollegen. Oberflächlich betrachtet, scheint er alles falsch zu machen. Das fängt schon damit an, daß er in einer Welt voller grauer Nadelstreifenanzüge in einem Tweedjackett herumläuft.

Während seine Kollegen ständig versuchen, sich zu profilieren und zu zeigen, wie intelligent sie sind, benimmt er sich wie ein Sportler in einem Team. Er versucht immer, andere Leute in seine Projekte mit einzubeziehen, und legt Wert darauf, daß alle im rechten Licht dastehen – nicht nur er selbst. Er fragt alle nach ihrer Meinung, statt sie niederzubrüllen und die ganze Aufmerksamkeit für sich zu beanspruchen. Wenn jemand einen kreativen Vorschlag macht, ist er der erste, der sagt: »Das ist eine gute Idee. Das machen wir!«

Er beteiligt sich nicht am Bürotratsch und verbündet sich mit niemandem; er scheint mit allen gut auszukommen. Seine ehrgeizigen jungen Kollegen arbeiten gern mit ihm zusammen, weil er immer bereit ist, sein Verdienst mit anderen zu teilen. Insgeheim finden es viele ganz schön dumm von ihm, daß er sich nicht mehr in den Vordergrund rückt.

Als die Position des stellvertretenden Direktors frei wurde, waren alle sehr erstaunt darüber, daß ausgerechnet Herr Cortex sie bekam – mit allem hatten sie gerechnet, nur damit nicht. Um ein Pflaster auf die Wunde ihrer gekränkten Eitelkeit zu legen, sagten sie, er sei nur eine Kompromißlösung gewesen, weil die Firmenleitung sich nicht auf einen der profilierteren jungen Mitstreiter hatte einigen können. Aber Herr Cortex wußte es besser. Er weiß, daß Führen nichts mit Dominanzstreben zu tun hat.

Während alle anderen sich wie Konkurrenten benahmen, die miteinander um eine Führungsrolle wetteifern, zeigte er wahres Führungsverhalten. Niemand empfand ihn als besondere Bedrohung. Seine Vorgesetzten sahen in ihm einen Mann mit vorbildlichem Teamgeist, einen Organisator und Manager, der seine Aufgaben bewältigt, ohne sich allzusehr mit zeitraubender Firmenpolitik zu beschäftigen.

Obwohl Herr Cortex ungefähr im gleichen Alter war wie seine Kollegen, gab er sich bewußt älter und reifer. In einer Herde erkennt man die jungen Saurier daran, daß sie ständig miteinander rivalisieren. Statt aggressiv zu sein und sich um jeden Preis profilieren zu wollen, verfolgte Herr Cortex die Strategie, sich so zu verhalten wie ein souveränes, vernünftiges altes Sauriermännchen. Und er hatte Erfolg damit.

In der Firma, in der Herr Cortex arbeitete, wurde sein faires, kooperatives Verhalten gegenüber seinen Mitarbeitern honoriert; doch es gibt auch Firmen, in denen ein solcher Mann sein Leben lang die zweite Geige gespielt hätte. In manchen Firmen muß man sich aggressiv verhalten, um nach oben zu kommen. Wie würde es einem Mann wie Herrn Cortex in Ihrer Firma ergehen? Achten Sie darauf, wer in Ihrer Firma befördert wird, und richten Sie Ihr Verhalten danach aus.

Firmenkultur

Die Firmen unterscheiden sich nicht nur in ihrer Vorstellung davon, wie man an die Spitze kommt, sondern auch in den Erwartungen, die sie an ihre Führungskräfte stellen. Solche Traditionen und allgemein anerkannten Wertvorstellungen innerhalb einer Firma sprechen sich bei den Angestellten sehr rasch herum; das geht im allgemeinen so vor sich:

Ein neuer Portier sitzt an seinem Schreibtisch in der Empfangshalle der Firmenzentrale. Er hat die Aufgabe, niemanden hereinzulassen, der keinen Mitarbeiterausweis trägt. Eines Tages kommt der Aufsichtsratsvorsitzende der Firma in Hemdsärmeln herein. Der Pförtner hält ihn an und läßt ihn erst weitergehen, nachdem er sich ausgewiesen hat.

Wird die Vorschriftstreue dieses Pförtners honoriert, oder wird er gefeuert?

Wenn er gefeuert wird, besagt das, daß gewisse Leute sich nicht an die Firmenvorschriften zu halten brauchen, und wenn man versucht, sie dazu zu zwingen, gerät man in große Schwierigkeiten. Wird der Wächter dagegen befördert oder für sein korrektes Verhalten belohnt, ist das ein Zeichen dafür, daß in dieser Firma Vorschriften grundsätzlich für alle gelten.

Wenn Sie sich in einer Firmenhierarchie, in der ein sehr ausgeprägtes Konkurrenzdenken herrscht, nicht wohl fühlen, brauchen Sie nicht unbedingt gleich zu kündigen. Es gibt auch noch eine andere Möglichkeit. In den meisten Unternehmen gibt es Abteilungen, die eigentlich nicht Teil der Firmenhierarchie sind – zum Beispiel die Personalabteilung, die PR-Abteilung, die Rechtsabteilung und die Abteilung für Informationen. Sie kosten Geld, ohne welches einzubringen. In solchen Abteilungen macht die Arbeit häufig mehr Spaß, weil der Konkurrenzdruck nicht so groß ist. Überlegen Sie sich, ob Sie sich nicht in eine dieser Abteilungen versetzen lassen möchten.

Aber wenn es hart auf hart kommt, werden in diesen Abteilungen auch am ehesten Stellungen und Kosten eingespart, weil man sie in der Regel nicht als Teil der »eigentlichen« Firma betrachtet. Hüten Sie sich davor, sich in eine dieser Abteilungen versetzen zu lassen, wenn Sie beruflich aufsteigen möchten. Firmen entledigen sich unliebsamer Mitarbeiter häufig, indem sie ihnen eine höhere Position in einer weniger wichtigen Abteilung zuweisen, was in Wirklichkeit eher einer Degradierung als einem Aufstieg gleichkommt.

Konkurrenzverhalten

Hemmungsloses Konkurrenzverhalten ist etwas Destruktives. Das Dinosaurierhirn ist darauf programmiert, daß die Menschen miteinander um die Vorherrschaft kämpfen, wenn die Hierarchieverhältnisse nicht eindeutig feststehen. In manchen Firmen gilt dieser mörderische Konkurrenzkampf als gutes Managementtraining – ja, im Grunde genommen als das einzig sinnvolle Training überhaupt. In anderen Unternehmen wird extremes Konkurrenzverhalten nicht so gern gesehen.

Herr Konkurrosaurus handelt nach dem Motto: »Wenn man sich schon auf ein Spiel einläßt – warum sollte man dann nicht auch gewinnen?« Das gilt für jede Situation, selbst die unwichtigste. Er verficht eine eiserne Sparpolitik und hat nur die Bilanz des laufenden Quartals vor Augen. Wenn sie nicht so gut ist, wie sie sein sollte, spart er, wo er nur kann.

In Konferenzen stellt er andere gern bloß und muß immer das letzte Wort haben. Er bedient sich eines pseudomilitärischen Slangs und wählt seine Metaphern fast ausschließlich aus dem Bereich des Sports. Er versäumt keine Gelegenheit, um den anderen zu zeigen, wer der Boß ist. Aber wenn sein Chef in der Nähe ist, wird er plötzlich erstaunlich liebenswürdig und beflissen. In der Umgangssprache bezeichnet man solches Verhalten als »Radfahren«: nach unten treten und nach oben einen Buckel machen.

Dieser Mann gewinnt zwar viele kleine Kämpfe, aber er verliert dafür einen Krieg. Seine Mitarbeiter haben kein Vertrauen zu ihm, sind ihm gegenüber nicht loyal; sie wissen, daß sie alle ersetzbar sind, also sind sie auf der Hut und konzentrieren sich nur auf ihr eigenes Überleben innerhalb der Firma. Die Kollegen, die in der Firmenhierarchie auf der gleichen Stufe stehen wie er, betrachten ihn als einen Menschen, der ihnen sofort in den Rücken fallen würde, wenn sich eine Gelegenheit dazu ergäbe.

In der Firma, bei der er zuerst arbeitete, stieg er rasch auf, wurde aber dann plötzlich nicht mehr weiterbefördert. Er begriff die unausgesprochene Botschaft, die dahintersteckte, und bewarb sich bei einer anderen Firma. Dort wiederholte sich das gleiche. Sosehr er sich auch bemühte – und kaum jemand hat sich so sehr bemüht wie er –, er blieb immer die Nummer zwei.

Er ist der Prototyp eines Dinosauriers, der verbissen um die Vorherrschaft kämpft und dabei auch meist den Sieg davonträgt. Doch eines hat er nicht berücksichtigt: In der Welt der Dinosaurier bringt man seine Rivalen einfach um, doch in unserer menschlichen Zivilisation muß man mit den Menschen, auf denen man herumtrampelt, häufig weiter koexistieren, und es kann sein, daß sie es einem eines Tages heimzahlen. Einer allein ist vielleicht nicht stark genug, um es mit einem solchen Saurier-Prachtexemplar aufzunehmen, doch wenn sich mehrere verbünden, haben sie durchaus eine Chance. Wenn Sie mir nicht glauben, fragen Sie doch Julius Caesar! Herr Konkurrosaurus dominierte zwar überall, konnte aber nicht wirklich führen. Denn wer eine führende Position bekleidet, muß Führungsqualitäten haben. In einer Tierherde ist nur einer der Anführer, und alle anderen folgen ihm; in der Dinosaurierwelt gibt es so etwas wie »mittleres Management« nicht. Im Berufsleben kann man durchaus mit gleichgestellten Kollegen um eine Führungsposition wetteifern; aber seine Untergebenen muß man führen. Herr Konkurrosaurus strebte zwar um jeden Preis eine Führungsrolle an, führte seine Mitarbeiter aber nicht, sondern unterdrückte sie nur.

Nun wollen wir uns einmal überlegen, wie man das Dominanzstreben des Dinosaurierhirns in sinnvolle, positive Bahnen lenken kann. Selbst ein Mensch mit ausgeprägtem Konkurrenzverhalten in einer Firma, in der ebenfalls ein harter Konkurrenzkampf herrscht, muß nicht unbedingt destruktiv sein.

Frau Cortexosaura ist intelligent und ehrgeizig und möchte beruflich aufsteigen. Wie die meisten ehrgeizigen Menschen würde sie am liebsten immer gewinnen; aber sie weiß, daß manche Spiele wichtig und andere weniger wichtig sind, und sie hält ihren Ehrgeiz stets so lange in Schranken, bis sie die Situation genau durchdacht hat und sicher ist, daß es ihr auch etwas bringen wird, wenn sie gewinnt. Sobald sie sich einmal zum Kämpfen entschlossen hat, rollen die Köpfe. Sie zieht niemals ihren Revolver, wenn sie nicht wirklich vorhat, jemanden zu töten.

Wenn sie nicht gerade mit jemandem eine Auseinandersetzung hat, ist sie eine loyale, treue Freundin. Sie hat sich gründlich Gedanken darüber gemacht, worauf es in ihrer Firma ankommt: Geschäftstüchtigkeit, reibungsloser Arbeitsablauf, Loyalität gegenüber den Vorgesetzten, neue Ideen, die aber nicht allzu revolutionär sein dürfen, und ein gewisser Respekt vor der Firmenleitung.

Wenn ein anderer Manager einen dummen Fehler macht, nutzt sie das nicht aus, um sich selbst in ein gutes Licht zu rücken, sondern investiert viel Zeit, um ihm aus seiner schwierigen Lage herauszuhelfen, denn sie glaubt, daß seine Loyalität ihr auf lange Sicht mehr einbringen wird als seine Feindschaft.

Einmal deutete ein anderer Manager in einer Konferenz an, ihre Abteilung arbeite nicht sehr effizient. Ruhig stand sie auf und sagte: »Vielleicht haben Sie recht. Ich will mich Ihrer Kritik nicht verschließen. Wie wäre es, wenn wir uns auf ein paar Bewertungskriterien einigen und ein Jahr lang vergleichen, welche Abteilung besser funktioniert – meine oder Ihre?«

Diesen Kampf mußte sie gewinnen – und sie gewann ihn auch. Sie hat Erfolg, weil sie ihr Dinosaurierhirn gezielt einsetzt: Sie läßt sich von ihm motivieren, aber nicht leiten. Bei der Setzung ihrer Ziele verläßt sie sich auf ihren Verstand. Ihr Dinosaurierhirn ist für sie zwar ein mächtiger Verbündeter, aber ihr Großhirn hat stets beide Ruder fest »in der Hand«.

In den meisten Firmen kommt man mit einem solchen Verhalten am weitesten, obwohl es natürlich auch ein paar Unternehmen gibt, in denen man so sein muß wie Herr Cortex, um vorwärtszukommen. Passen Sie Ihr Verhalten an die Firmenpolitik an, die Sie aufgrund der Gerüchte in der Firma und ihrer eigenen Beobachtungen gut einschätzen können.

Um in dem Kampf um die Vorherrschaft auf lange Sicht Sieger zu bleiben, muß man Dinosaurierhirn und Großhirn miteinander kombinieren: Das Großhirn muß destruktive Aggressionen in konstruktive Erfolgsstrategien verwandeln.

6. Machtkämpfe und Revierverteidigung

Ein urtümliches, gepanzertes Geschöpf mit drei Hörnern grast auf einer sonnigen Wiese. Bedächtig markiert es sein Revier mit Kothaufen, die so groß sind wie Honigmelonen. Dieses Land und alles, was darauf wächst, gehört ihm. Sogar die Luft darüber gehört ihm. Und wenn ihm jemand diesen Anspruch streitig machen will, soll er es nur versuchen. Wenn du dich mit mir anlegen willst, komm ruhig her, grunzt der Saurier. Ich warte nur darauf!

Wenn Menschen ihr Revier verteidigen, wirken sie komisch auf andere Leute und manchmal sogar auf sich selbst; aber sie lassen es trotzdem nicht. Wenn es um ihr Territorium geht, hört für sie jeder Spaß auf. Dieses Verhalten ist in vielen Menschen so tief verankert, daß wir es begreifen und berücksichtigen müssen, um beruflich erfolgreich zu sein.

Zunächst einmal wollen wir dieses Revierverhalten in seiner einfachsten Form untersuchen. Schauen Sie sich einmal Ihren Schreibtisch an. Wie wäre Ihnen zumute, wenn Sie eines Morgens in Ihr Büro kämen und feststellten, daß jemand die Gegenstände auf dem Schreibtisch umgeräumt hat? Oder noch schlimmer: Wie würden Sie reagieren, wenn Sie ein paar Kollegen zu einer Besprechung in Ihr Büro bäten und einer von ihnen sich auf dem Platz hinter *Ihrem* Schreibtisch niederließe?

Dann wären Sie in einer sehr prekären Situation. Ein Teil Ihrer selbst würde Ihnen wütend zuflüstern: »Das ist mein Stuhl! Er hat kein Recht, sich dort hinzusetzen!« Und ein anderer, vernünftigerer Teil würde sagen: »Stell dich nicht so an. Das ist doch nur ein Stuhl.«

Der innere Aufruhr, den Sie in dieser Situation empfänden, ist sehr mächtig und irrational. Er entspringt direkt unserem Dinosaurierhirn. Wir sind darauf programmiert, bestimmte Regionen als unser Eigentum zu betrachten. Wir markieren sie mit unseren Besitztümern – an den Wänden unseres Büros hängen wir Bilder und Kalender auf, und neben unserem Ruhesessel zu Hause stapeln wir Zeitschriften wie *Die Wirtschaftswoche* oder *Das Managermagazin* auf, die allen anderen eindeutig zu verstehen geben, daß das *unser* Revier ist.

Auch Namen spielen in diesem Zusammenhang eine wichtige Rolle. Das Dinosaurierhirn kennt keinen Unterschied zwischen dem Namen eines Gegenstandes und dem Gegenstand selbst. Was empfinden Sie, wenn jemand Sie mit der falschen Berufsbezeichnung vorstellt? Oder wenn jemand Ihr Auto einfach als grau bezeichnet, obwohl es in Wirklichkeit »metallicfarben« ist? Wenn ein Außenstehender in Ihr Revier eindringt, fühlen Sie sich automatisch angegriffen. Das ist zwar keine rationale Reaktion, aber dafür eine sehr heftige. Wir kommen uns albern vor, wenn wir uns so benehmen, aber wir tun es trotzdem.

Revier und Privatsphäre

Dieses Revierdenken bezieht sich auch auf den Ort, an dem wir uns gerade befinden. Sie wissen sicher aus eigener Erfahrung, wie unangenehm es Ihnen ist, wenn ein anderer Mensch Ihnen zu nahe kommt; Sie fühlen sich nur wohl in Ihrer Haut, wenn er einen Mindestabstand von einem knappen Meter einhält. Wie groß die Distanz im einzelnen sein sollte, hängt von dem Kulturraum ab, in dem Sie aufgewachsen sind. Amerikaner und Engländer erwarten im allgemeinen einen etwas größeren Abstand als Menschen aus anderen Kulturräumen und empfinden es als unangenehm, in unmittelbarer Nähe fremder Menschen zu stehen oder gar Körperkontakt mit ihnen zu haben.

In einigen arabischen Ländern heißt es, wenn man zu einem Menschen Vertrauen habe, solle man ihm so nahe kommen, daß man seinen Atem spüren kann. Wenn Sie bei dieser Vorstellung innerlich zurückschaudern, wissen Sie, wie emotionsgeladen das Problem des Reviers und der Privatsphäre ist.

Manche Menschen kommen ihrem Gegenüber bewußt zu nahe – sie setzen dieses Verhalten als Strategie ein, um den anderen einzuschüchtern und zu beherrschen. Wenn Ihnen so etwas passiert, erkennen Sie die Absichten Ihres Gesprächspartners im allgemeinen ganz intuitiv; aber es ist häufig schwierig, ein solches Problem, das mit unserem Dinosaurierhirn zu tun hat, ruhig und emotionslos zur Sprache zu bringen.

Manche Menschen treten regelmäßig zu nahe an Sie heran oder berühren Sie, um Sie auf diese Weise unter Kontrolle zu halten oder aus dem inneren Gleichgewicht zu bringen. Wenn Sie dann zurückweichen, wird das als Signal der Unterwürfigkeit interpretiert. Es ist sehr unangenehm, mit solchen Menschen zu sprechen; meistens kann man gar nicht genau sagen, was einen an ihnen eigentlich stört. Denn im allgemeinen denken wir nicht darüber nach, wie nahe ein Mensch uns kommt oder wie häufig er uns berührt, und wir sprechen auch nicht darüber, weil es uns albern vorkommt. (Das bedeutet aber nicht, daß man solche Dinge grundsätzlich nicht zur Sprache bringen kann; manchmal ist es sogar angebracht.) Meistens handeln solche Leute ganz unbewußt; sie folgen den Eingebungen ihres eigenen Dinosaurierhirns. Wenn man sie auf ihr Verhalten anspricht, kann es sein, daß sie es einfach leugnen.

Um die unangenehmsten Situationen zu vermeiden, unterhält man sich mit solchen Dinosauriertypen am besten im Sitzen. Man kann aber auch das gleiche Spielchen spielen wie sie und sie ihrerseits zum Zurückweichen zwingen; dann kommuniziert man direkt mit ihrem Dinosaurierhirn. (Wenn Ihr Gegenüber nicht gerade Mundgeruch hat, ist das nicht die schlechteste Methode.) Den Privatraum eines Menschen auf diese Weise zu verletzen, wenn er zornig ist, empfiehlt sich allerdings nicht unbedingt, denn er wird das als Bedrohung auffassen.

Auch wenn jemand sich bei einer Besprechung auf ihren Stuhl setzt, um Sie aus Ihrem inneren Gleichgewicht zu bringen, müssen Sie sich dieses Tricks bewußt sein und Ihr Großhirn einsetzen, um die Situation zu analysieren und ruhig zu bleiben. Sie können ein Gespräch über einen Vertrag, bei dem es um mehrere Millionen geht, nicht einfach unterbrechen, um Ihren Verhandlungspartner darauf hinzuweisen, daß er auf Ihrem Stuhl sitzt! Statt dessen sollten Sie sich ganz ruhig auf einen anderen Stuhl setzen und sich auf das Thema der Besprechung konzentrieren – nicht auf den empörten Protest Ihres Dinosaurierhirns.

Bei Revierfragen spielt die Größe eine wichtige Rolle. Je größer Ihr Büro oder Ihr Schreibtisch ist und je imposanter Ihre körperliche Statur wirkt, um so mehr Autorität strahlen Sie aus. Aus vielen Büchern können Sie lernen, wie Sie sich im Geschäftsleben, in dem jeder Dinosaurier gegen den anderen kämpft, mit Hilfe von einschüchterndem Verhalten und Revierverteidigung durchsetzen können. Eine Strategie besteht zum Beispiel darin, Mitarbeiter zu Besprechungen oder Verhandlungen in Ihr Büro zu bitten, weil Sie in Ihrem eigenen Revier gegenüber Ihrem Besucher eine Art »Heimvorteil« haben. Doch ich möchte Ihnen in diesem Buch lieber zeigen, wie man sich solcher Dinosaurierverhaltensweisen bewußt werden und dadurch unnötige Konflikte vermeiden kann, statt sich nur mit Hilfe ständiger subtiler Machtkämpfe durchzusetzen.

Von außen betrachtet wirkt dieses Territorialverhalten ausgesprochen albern. Für die Beteiligten ist es aber alles andere als albern. Denken Sie nur an Auseinandersetzungen um Zuständigkeitsbereiche, wie Sie sie sicher auch schon häufig miterlebt haben. Außenstehende schütteln häufig den Kopf darüber und sagen: »Diese Leute streiten sich immer um die unbedeutendsten Kleinigkeiten.« Für die Beteiligten dagegen geht es um Leben und Tod. Revierverteidigung ist für sie eine Überlebensfrage.

In unserem modernen Geschäftsleben geht es in der Regel weniger um räumliche Territorien, sondern meist um Zuständigkeiten, Befugnisse, Budgets und Informationen. Dennoch scheint sich unser Territorialverhalten immer noch nach den gleichen Regeln zu richten, die auch für die räumliche Revierverteidigung gelten: Es ist nur eine begrenzte Menge davon vorhanden; alles ist bereits in festen Händen; und wenn junge Dinosaurier ein eigenes Revier haben wollen, müssen Sie es anderen wegnehmen. Solche Kämpfe können sich sehr destruktiv auswirken, nicht nur für die Karriere der jungen Saurier, sondern auch für den wirtschaftlichen Erfolg der Firma.

Das Revierdenken ist auch daran schuld, daß es vielen leitenden Angestellten so schwerfällt, zu delegieren. Delegieren bedeutet, einen Teil seines Reviers jemand anderem zu überlassen; man gibt einem Mitarbeiter eine Aufgabe und die damit verbundene Autorität, die eigentlich einem selbst zusteht. Führungskräfte müssen Aufgaben und Befugnisse delegieren, da sie sonst unter der Last ihrer Arbeit ersticken würden; doch viele möchten am liebsten alles selbst erledigen, um nur ja nichts von ihrer Autorität aus der Hand zu geben. Auf dieses Problem werde ich in Kapitel 23 noch näher eingehen.

Wenn unser Revier bedroht ist, erscheint es uns plötzlich viel wertvoller als vorher. In Krisenzeiten klammern sich viele Menschen blindlings an Positionen, die sie eigentlich schon längst hätten aufgeben sollen – einfach aus dem Grund, weil sie bedroht sind. Viele kompetente Leute scheinen in dem Wahn zu leben, daß sie niemals eine bessere Stellung finden können als die, die sie im Augenblick haben. Man muß sie erst förmlich hinauswerfen, ehe sie sich nach etwas Neuem umsehen, selbst wenn sie ihre Fähigkeiten in einer anderen Position viel besser entfalten könnten.

Wenn Sie mitten in der Nacht aufwachen und denken: »Was soll ich nur machen, wenn ich meine Stellung verliere?«, dann ist das unter Umständen ein Anzeichen dafür, daß Sie über eine Veränderung nachdenken sollten. Sobald eine Position zu einer Art Besitz für Sie geworden ist, besteht die Gefahr, daß Ihre Fähigkeiten dabei verkümmern und die Arbeit zu einem bloßen Ritual wird. Eine solche Situation tut in der Regel weder Ihnen noch Ihrer Firma gut, vor allem, wenn Sie nicht einfach nur an einer Stellung, sondern an einer Karriere interessiert sind.

Revierdenken kann aber auch etwas Positives sein; es kann einem Selbstbewußtsein geben. Die Menschen brauchen das Gefühl, daß ihre Arbeit wichtig ist und ganz bestimmte Fähigkeiten erfordert – daß sie nicht von jedem erledigt werden kann und daß sie damit einen wichtigen Beitrag für das Wohl ihrer Firma leisten. Die Gefühle der Zugehörigkeit und Loyalität, die ebenfalls dem Dinosaurierhirn entspringen, sind eine wichtige Voraussetzung für die Motivation. Darauf werde ich in Kapitel 17 noch näher eingehen.

Wie man mit »Revierverteidigern« umgeht

Die beste Lösung besteht darin, dieses Verhalten einfach als notwendiges Übel zu akzeptieren. Wenn Sie es nicht ernst nehmen, können Sie in große Schwierigkeiten kommen.

Frau Territosaura leitet die Abteilung, die für Unternehmensdaten zuständig ist. In ihrem kleinen Reich fühlt sie sich als unumschränkte Herrscherin und hat ganz bestimmte Regeln dafür aufgestellt, auf welche Weise das Informationsmaterial beantragt werden muß (im allgemeinen mit einem Antragsformular in dreifacher Ausfertigung, das nur an sie persönlich gerichtet sein darf).

Eine Kollegin braucht eine ganz bestimmte Information sehr schnell, und da sie gute Beziehungen zu einer Mitarbeiterin dieser Abteilung hat, beschließt sie, sich direkt an diese Frau zu wenden.

Wenn Frau Territosaura von diesem Affront erfährt, wird sie entweder einen großen Skandal machen, der Kollegin die benötigten Informationen verweigern oder – und das ist am wahrscheinlichsten – es ihr künftig sehr schwermachen, weitere Informationen von ihrer Abteilung zu bekommen.

Wie geht man mit einem Kollegen um, der sein Revier so erbittert verteidigt?

1. *Weichen Sie zurück.* Dringen Sie nicht in das Revier Ihres Kollegen ein – oder falls Sie bereits eingedrungen sind, verlassen Sie es sofort wieder. Verhandeln Sie von der Grenze aus mit ihm. Denn solange Sie sich in seinem Revier befinden, ist er viel zu aufgeregt, um sich auf ein vernünftiges Gespräch mit Ihnen einzulassen. Er ist nur von dem einen Gedanken besessen: Sie wieder zu vertreiben. Richten Sie sich genau nach den Regeln, die dieser Dinosaurier aufgestellt hat. Füllen Sie ein Antragsformular aus, rufen Sie an, besprechen Sie die Angelegenheit unter vier Augen – je nachdem, welchen Zugang zu seinem Revier er vorschreibt. Wenn sie versuchen, sich durch ein »Hintertürchen« hineinzuschleichen, erreichen Sie damit vielleicht kurzfristig Ihr Ziel; aber auf lange Sicht wird es für Sie in Zukunft viel schwieriger sein, mit diesem Kollegen zurechtzukommen.

2. *Geben Sie deutlich zu erkennen, daß Sie das Revier Ihres Kollegen anerkennen.* Eine gute Taktik besteht darin, seine Position zu erwähnen. »Ich brauche dringend ein paar Informationen. Sie als Leiterin der Abteilung für Unternehmensdaten werden mir sicher rasch weiterhelfen können.«

3. *Und vor allem: Lachen Sie nicht!* Nehmen Sie das Revierverhalten des anderen ernst. Denken Sie daran – für ihn ist es eine Überlebensstrategie.

Herr Revierosaurus ist der Computerexperte der Firma. Alle wissen, daß er der einzige ist, der sich mit den komplizierten neuen Programmen auskennt. Jeder, der Computerdaten braucht, wendet sich automatisch an ihn. Und er ist immer so hilfsbereit, daß sich keiner beklagt, auch wenn es manchmal recht lange dauert, bis man die Informationen bekommt. Doch als einige Abteilungsleiter versuchten, sich selbst in das System einzuarbeiten, und entdeckten, daß es gar nicht so undurchschaubar war, wie Herr Revierosaurus ihnen immer eingeredet hatte, reagierte er sehr empfindlich. Und als ein Abteilungsleiter ihn um Informationsmaterial bat, verweigerte er es ihm mit der Begründung, das sei für jemanden, der sich mit Computern nicht auskenne, viel zu kompliziert. Es kann sehr gefährlich sein, zuviel zu wissen – das gilt nicht nur für Krimis und Wildwestfilme!

Das Dinosaurierhirn dieses Mannes betrachtet die Computer als sein Revier. Wenn jeder etwas davon verstünde, würde er ja an Autorität einbüßen! Was für die Firma das Beste ist, darum geht es hierbei nicht. Sein Dinosaurierhirn empfand die Bemühungen der Abteilungsleiter als Bedrohung, und er wehrte sich gegen sie, indem er beleidigt reagierte und sich hinter Scheinargumenten verschanzte, um keine Informationen aus der Hand geben zu müssen.
Dieser Mann hat sich in eine gefährliche Position hineinmanövriert:

Er wehrt sich gegen den Fortschritt. Sein Dinosaurierhirn redet ihm ein, daß das seine einzige Überlebenschance ist. Sein Großhirn könnte ihm verraten, daß er mehr Format beweisen und sich darüber hinaus eine Autoritätsposition verschaffen könnte, wenn er sich erböte, ein Computerfortbildungsseminar für die Mitarbeiter der Firma zu organisieren und zu leiten; aber auf diese Idee kommt er wahrscheinlich gar nicht.

Solches Revierverhalten wirkt auf andere Menschen kleinlich und lächerlich. Wer sich so verhält, wird häufig nicht ernst genommen; die anderen versuchen unter Umständen immer wieder, einen solchen Menschen zu provozieren und seine Grenzen zu überschreiten. Auch diese Reaktion ist alles andere als rational; sie entspringt ebenfalls dem Dinosaurierhirn.

In jedem von uns steckt ein kleiner Napoleon; wir alle haben den angeborenen Drang, hin und wieder auszuprobieren, ob die Grenzen fremder Reviere auch wirklich unüberschreitbar sind. Und wenn der andere sich nicht wehrt, geht sein Revier in unseren Besitz über. Deshalb gibt es im Berufsleben so viele Machtkämpfe. Sie sind unvermeidlich – also müssen Sie die Spielregeln kennen. Ich will in diesem Kapitel aber auch darauf eingehen, wie man solche Kämpfe umgehen kann.

Ein Mensch mit großem Durchsetzungsvermögen kann im Lauf der Jahre viele solcher Machtkämpfe gewinnen und wichtige Befugnisse innerhalb einer Firma an sich reißen. Meistens geht es dabei um Informationen oder Geldmittel; räumliche Reviere spielen nur hin und wieder eine Rolle.

Anfangs hat ein solcher Mensch beim Ausbau seiner Machtposition großen Erfolg und erhält von allen Seiten Beifall. Doch sobald sein Imperium größer und älter wird, kann sein Territorium sich leicht zu einer kleinen Enklave innerhalb der Firma entwickeln, deren Ziele mit denen des Unternehmens nicht immer im Einklang stehen.

Das Hauptziel eines solchen Menschen besteht darin, seine Machtposition zu behalten und immer weiter auszubauen. Doch wenn ein solches Imperium zu groß wird, steht es unter Umständen nicht nur der Produktivität der Firma, sondern auch der Karriere anderer Mitarbeiter im Weg. Wer ein solches Imperium besitzt, kann gewisse Arbeitsabläufe innerhalb der Firma verlangsamen und hat so viele verschiedene Bereiche unter seiner Kontrolle, daß den anderen allmählich klar wird: Wenn wir aufsteigen wollen, muß dieses Imperium zerstört werden. Dadurch entstehen Aggressionen, die der Herrscher des Imperiums wiederum mit aggressivem Verhalten beantwortet.

Viele vielversprechende Karrieren bleiben bei solchen Machtkämpfen auf der Strecke – aber wie verhält man sich einem alten Obersaurier gegenüber, der der Firma nichts mehr nützt, sondern nur noch eine Belastung für sie ist? Die Geschäftsleitung entzieht ihm im allgemeinen nicht gern eine seiner Befugnisse, weil er eigentlich nichts getan hat, um eine solche Degradierung zu verdienen – zumindest nicht vom Standpunkt der leitenden Angestellten aus. Meist wird ein solcher alter Imperator von jüngeren Rivalen zur Strecke gebracht, die sich ihr eigenes Territorium aufbauen wollen.

In der Einkaufsabteilung der Firma Reptil & Co herrscht Chaos. Schon seit Menschengedenken herrscht dort der Einkaufsleiter, Herr Imperiosaurus, und hat sich sein eigenes kleines Reich aufgebaut. Alles, was man braucht – vom Computer über den Firmenwagen bis hin zur Büroklammer – muß man bei der Einkaufsabteilung beantragen. Und wie und wann dieser Bitte nachgekommen wird, hängt davon ab, was Herr Imperiosaurus von dem betreffenden Kollegen oder dessen Abteilung hält.

Für alles braucht man die Unterschrift dieses Einkaufsleiters; keiner trifft eine Entscheidung ohne seine Zustimmung. Und die leitenden Angestellten seiner Abteilung haben seinen Führungsstil inzwischen auch schon übernommen. Das Ergebnis: Die Einkaufsabteilung ist ein mächtiges kleines Imperium innerhalb der Firma, das seine eigenen Gesetze hat und nicht in erster Linie den Nutzen der Firma, sondern ihren eigenen Nutzen im Auge hat.

Herr Imperiosaurus hütet jeden Pfennig des Unternehmens, als sei es sein eigener. Er versucht Ausgaben, die er für unnötig hält, einen Riegel vorzuschieben und hat auch einen Ordner mit überflüssigen oder unsinnigen Anträgen angelegt, mit dessen Hilfe er unbotmäßige Kollegen beschämt oder ihnen zu demonstrieren versucht, daß die Firma schon längst bankrott gegangen wäre, wenn er nicht aufgepaßt hätte. Selbst die Kollegen, die ihn nicht leiden können, müssen zugeben, daß er etwas von seiner Arbeit versteht. Er scheint Hunderte von Inventaraufstellungen, Katalogen und Preislisten im Kopf zu haben.

Früher hielt die Geschäftsleitung große Stücke auf Herrn Imperiosaurus, weil er die Ausgaben niedrig hielt und die Geschäftsbücher immer mit peinlicher Genauigkeit führte. Erst in den letzten Jahren ist dem Generaldirektor klargeworden, wieviel die »Tüchtigkeit« dieses Mitarbeiters die Firma kostet. Die Angestellten müssen häufig wochenlang ohne wichtige Arbeitsgeräte auskommen, und das kostet viel Zeit und unnötigen Arbeitsaufwand – von der Arbeitsmoral der Mitarbeiter ganz zu schweigen.

Es erhebt sich die Frage, ob Herr Imperiosaurus gut oder schlecht für die

Firma ist. Wenn die Firma mit ihren Finanzen haushalten muß, ist er eindeutig wichtig für sie. Allerdings ist er im Lauf der Jahre immer konservativer und rückständiger geworden; seine Sparsamkeit ist in Kleinlichkeit ausgeartet. Man könnte eine lange Liste von Kollegen aufstellen, die er aus der Firma hinausintrigiert hat, weil sie ihm unliebsam waren; er hat ein ungeheures Talent, Menschen, die ihm nicht genehm sind, schlechtzumachen.

Mittlerweile hat die Geschäftsleitung erkannt, daß Herr Imperiosaurus ein Problem für die Firma ist; aber sie scheut sich davor, einzugreifen und die Befugnisse eines Mannes einzuschränken, der eine so mächtige Abteilung leitet. Sie beschränkt sich darauf, ihn nicht mehr so vehement in Schutz zu nehmen wie früher und zu warten, bis Mitarbeiter in niedrigeren Positionen es mit ihm aufzunehmen versuchen.

Eine Leiterin einer kleineren Abteilung, die erst seit kurzer Zeit in der Firma arbeitete, versuchte ihn zur Strecke zu bringen; doch ihre Klagen über seine Kleinlichkeit und Bösartigkeit stießen auf taube Ohren. Sie hatte nicht genügend Verbündete, die sie in ihrem Kampf gegen Herrn Imperiosaurus' festverwurzelte Machtposition unterstützten.

Ein anderer Kollege versuchte ihn einfach zu umgehen, indem er Arbeitsmaterialien aus der Portokasse oder aus anderen Budgets zu finanzieren versuchte. Doch Herr Imperiosaurus kam ihm immer auf die Schliche und wies darauf hin, daß diese Anschaffungen kostspielig und unnötig seien. Auch dieser Versuch, das Imperium zu stürzen, schlug fehl.

Inzwischen wollte auch die Firmenleitung Herrn Imperiosaurus loswerden. Einem Mitarbeiter, der taktisch besonders klug vorging, gelang es schließlich, seine Machtposition ins Wanken zu bringen. Dieser Mann griff ihn niemals direkt an. Er füllte alle Antragsformulare gewissenhaft aus und ließ sich nie eine Gelegenheit entgehen, Herrn Imperiosaurus in aller Öffentlichkeit seine Anerkennung auszusprechen. Er setzte viele der Strategien ein, die ich Ihnen in diesem Buch für den Umgang mit notorischen Revierverteidigern empfehle: Ärgern Sie sich nicht über sie und lassen Sie ihnen ihren Willen.

Aber dieser Mann wollte Herrn Imperiosaurus zu Fall bringen. Er wußte: Wenn er einen legitimen Weg fand, wie die Firma die Einkaufsabteilung bei der Anschaffung von Arbeitsgeräten künftig umgehen konnte, würde seine Macht gebrochen sein.

Nach eingehender Überlegung kam ihm der rettende Gedanken: die Erstellung eines »experimentellen« Projektbudgets. Ein Projektleiter sollte eine bestimmte Geldsumme erhalten, mit der er sein Projekt finanzieren und auch Arbeitsgeräte und -materialien anschaffen konnte.

Wie erwartet, protestierte Herr Imperiosaurus gegen diesen Vorschlag; er hielt *dieses Budget für eine vollkommen überflüssige Geldverschwendung. Wer außer ihm hatte alle Preise und Informationen über Arbeitsmaterialien im Kopf? Der Kollege gab ihm recht und schlug ihm vor, er solle das Budget für das Projekt selbst festsetzen. Er wußte, daß er seine Machtposition untergraben konnte, wenn es ihm gelang, unter der obersten Grenze dieses Budgets zu bleiben. Und wenn sein System des Projektbudgets sich bewährte, dann hatte die Firma die Möglichkeit, ihre Arbeitsmaterialien künftig immer auf diesem Weg zu finanzieren, und konnte die Einkaufsabteilung umgehen. Wenn er dagegen auch nur eine Mark mehr ausgab, als im Budget vorgesehen war, wußte er, daß er verloren hatte. Dann würde Herr Imperiosaurus mit seinem alten System den Sieg davontragen.*

Er erzählte niemandem etwas von seinem geheimen Plan. Bei dem Projekt erwies er sich als wahrer Sklaventreiber – er sparte und holte aus seinen Leuten heraus, was er nur konnte. Doch als es ihm gelang, dreitausend Mark unter dem festgesetzten Budget zu bleiben, wußte er, daß er das Spiel gewonnen hatte. Bald hatte sein Projektbudget sich in der ganzen Firma durchgesetzt.

Die Party, die zur Feier von Herrn Imperiosaurus' Abschied gegeben wurde, war die glanzvollste, die in der Firma Reptil & Co. jemals stattgefunden hatte. Bei ihr wurde an nichts gespart!

Was sich in dieser Firma zugetragen hat, ist eine Tragödie im klassischen Sinn. Jedes Imperium trägt den Keim seiner Zerstörung bereits in sich. Das Geheimnis besteht darin, daß man solchen Imperien nur mit Hilfe ihrer eigenen Gesetze beikommen kann. Wenn sie ein Imperium zu Fall bringen möchten, müssen Sie sich der Regeln bedienen, die in ihm gelten. Einem System, das der Einsparung von Geldern dient, muß zum Beispiel nachgewiesen werden, daß es Geldverschwendung ist. (Dem Kollegen, der den Sieg über Herrn Imperiosaurus davontrug, war es gelungen, zu beweisen, daß die Einkaufsabteilung nur eine völlig überflüssige Vermittlerfunktion hatte.) Eine Abteilung, die angeblich den effizienten Arbeitsablauf innerhalb der Firma sicherstellt, kann man ad absurdum führen, indem man zeigt, daß sie ineffizient ist. Das ist harte Arbeit, denn man muß viele Fakten und Informationen zusammentragen, um seine Behauptungen zu beweisen. Ich wünsche Ihnen die Kraft dazu!

Ein anderes Problem solcher Imperien besteht darin, daß sie selten bis in die nächste Generation hinein bestehen. Wenn Sie mir nicht glauben, denken Sie daran, wie es Karl dem Großen und König Lear ergangen ist!

Wie Führungskräfte die Bildung
von Imperien verhindern können

Firmen müssen solches Territorialverhalten unter Kontrolle halten, um das Schlimmste zu verhindern. Die Geschäftsleitung sollte am besten schon eingreifen, ehe ein Imperium zu einer Quelle großer Konflikte geworden ist. Dabei kann man folgendermaßen vorgehen:

1. *Nehmen Sie das Revierdenken der Menschen ernst.* Seien Sie sich darüber im klaren, daß Ihre Angestellten das Gefühl haben, daß ihre Stellungen ihnen gehören. Wenn Sie ihnen plötzlich andere Aufgaben zuteilen, ihnen einen Teil ihrer beruflichen Privilegien entziehen oder irgend etwas anderes an ihrem gewohnten Arbeitsablauf verändern, werden sie das so empfinden, als nähmen Sie ihnen einen Teil ihrer selbst weg.

2. *Denken Sie daran, daß man dieses Territorialverhalten auch zum Positiven wenden und zum Wohl der Firma einsetzen kann.* Dazu ist aber sorgfältige Planung erforderlich; wenn Sie nicht vorausplanen, werden die Machtkämpfe innerhalb der Firma ein Eigenleben entwickeln. Solche Rivalitäten sind eher die Norm als die Ausnahme. Es muß also von vornherein klargestellt werden, wer welche Befugnisse hat, sonst werden sich Ihre Angestellten praktisch um alles streiten. Widerstehen Sie der Versuchung, einfach zu sagen: »Macht es unter euch selbst aus«, denn damit ergreifen Sie die Partei der Aggressivsten, und das ist vielleicht nicht unbedingt das Ziel, das Sie erreichen möchten.

Natürlich muß man den Mitarbeitern die ihrer Aufgabe angemessene Autorität und Befugnis erteilen; man darf aber keine Voraussetzungen für die Entstehung von Imperien schaffen. Der Mittelweg ist leider eine schwierige Gratwanderung. Die einzigen, die wirklich die Befugnis haben, diese schwierige Aufgabe zu erfüllen, sind der Generaldirektor und vielleicht auch noch der Vorstand einer Firma – und diese Leute haben ihre Position im allgemeinen selbst durch systematischen Ausbau ihrer Machtposition erreicht!

3. *Die Größe der einzelnen Abteilungen sollte sich nach den Bedürfnissen der Firma richten.* In vielen Firmen wird der Status eines Managers nach der Größe seiner Abteilung beurteilt. Diese Gleichsetzung von Größe und Status ist ein Ansporn für die Abteilungsleiter, ihre Abteilungen zu vergrößern, indem sie ihnen Befugnisse und Mitarbeiter angliedern, die dort eigentlich gar nicht hingehören.

Im Idealfall würde eine Firma die Befugnisse ihrer Mitarbeiter danach festlegen, wer was tun muß, um bestimmte Ziele zu erreichen. Diese Praxis würde in der ganzen Firma akzeptiert und ihre Befolgung ständig überwacht werden. Das Wohl der Firma hätte Vorrang vor den persönlichen Wünschen und Empfindungen der Mitarbeiter. Gehälter und Beförderungen würden sich nach der Leistung richten und nicht danach, wie viele Geldmittel ein Manager zur Verfügung hat oder wie viele Mitarbeiter ihm unterstehen. Aber das ist in vielen Firmen leider nur schwer durchführbar.

4. *Achten Sie darauf, ob es in Ihrer eigenen Firma bereits Imperien gibt.* Solche Imperien können Sie zum Beispiel entdecken, indem Sie ein paar neue Projekte von der Idee bis zur Durchführung genau verfolgen. Vielleicht stellen sie dabei fest, daß alle Projekte zwangsläufig durch ganz gewisse Abteilungen laufen und daß neue Projekte immer auf denselben Schreibtischen blockiert werden.

Wenn Sie merken, daß sich in Ihrer Firma ein Imperium zu bilden beginnt, müssen Sie sich mit dem Herrscher dieses Imperiums zusammensetzen und ihm unter Umständen im Interesse der Firma einige der Befugnisse, die er an sich gerissen hat, wieder »abkaufen«. Als Gegenleistung können Sie ihm zum Beispiel eine Gehaltserhöhung, ein neues, größeres Büro oder irgendein anderes Machtsymbol anbieten, das es ihm ermöglicht, sein Gesicht zu wahren.

Wenn Sie ihm einfach nur einen Teil seiner Autorität wegnehmen, wird er zornig werden, sich degradiert fühlen oder Rachepläne schmieden. In manchen Fällen kann man sich eines Imperiums nur entledigen, indem man dem Herrscher seine Macht entzieht; doch es gibt auch viele Fälle, in denen man zu einem für beide Seiten akzeptablen Vergleich kommen kann.

5. *Führen Sie in Ihrer Firma ein »Dienst-am-Kunden-Modell« ein.* Mit diesem System, das ich in Kapitel 16 beschreibe, kann man viele der schwierigen Probleme umgehen, die sich aus dem Revierdenken und Dominanzstreben der Mitarbeiter ergeben, denn dadurch werden die einzelnen Abteilungen einander stärker verantwortlich. Die Lösung besteht wie immer darin, mit Hilfe des Großhirns das Beste aus dem Dinosaurierhirn zu machen!

7. Liebesaffären im Büro

In einem abgelegenen Regenwald beginnt der Monsun. Der Riesendinosaurier begibt sich auf die Suche nach einer Partnerin. Er bläht sich auf und stolziert schnaubend vor den Weibchen auf und ab, bis er eines findet, das für seine Reize empfänglich ist. Die beiden sondern sich von der Herde ab und beginnen mit ihrem komplizierten Werbungsritual. Ihre winzig kleinen Gehirne kennen jetzt nur noch einen einzigen Gedanken: den Partner und das, was als nächstes kommt.

Er nähert sich ihr. Sie weicht zurück. Sie bekämpfen sich mit gespielter Aggression. Sie berühren sich gegenseitig. Er bringt ihr kleine Geschenke: Nahrung und Material zum Bau eines Nestes. Sie nimmt sie an.

Plötzlich findet mit lautem Gebrüll und heftigem Getrampel die Paarung statt. Die Erde bebt förmlich.

Am nächsten Tag ist wieder alles beim alten.

Büroromanzen können für die Beteiligten etwas Phantastisches sein. Zwei Menschen, die sich lieben, können sich gegenseitig wunderbar ergänzen und unterstützen. Der eine versteht die Projekte und Probleme des anderen, bestärkt ihn in seinem Vorhaben, sich um eine Beförderung zu bemühen, regt seine Kreativität an und hört sich nach einem schweren Tag all seine Sorgen und Kümmernisse an.

Liebe am Arbeitsplatz kann aber auch zu Konflikten sexueller Belästigung und zur Zerstörung bereits bestehender Beziehungen führen. Und es kann dadurch viel kostbare Zeit verschwendet werden. Wenn eine solche Büroaffäre vorüber ist, ist man häufig so gekränkt, zornig oder eifersüchtig, daß es einem schwerfällt, ja manchmal sogar unmöglich ist, sich auf seine Arbeit zu konzentrieren. Nur allzuoft sehen die Beteiligten hinterher ein, daß diese Beziehung ein Fehler war. Und doch verlieben sich tagtäglich Menschen am Arbeitsplatz ineinander und bilden sich ein, keine andere Wahl zu haben.

Die Gesetze und Verhaltensmuster der Sexualität kommen nicht aus dem Herzen, sondern aus unserem Dinosaurierhirn, und das Werbungsritual ist dort schon vom Anfang bis zum Ende programmiert.

Durch geschickten Einsatz von Hormonen kann das Dinosaurierhirn den Menschen seine einfachen jahrtausendealten Befehle aufzwingen, sie für manche Dinge blind machen und bewirken, daß ihr Denken unaufhörlich nur um einen einzigen Gegenstand kreist. Es kann sie vor den Augen aller Kollegen in Teenager verwandeln. Wie immer kann das Dinosaurierhirn sehr aufregend sein, für Vergnügen sorgen – und dem Geschäft schaden.

Es ist schwierig, rational mit der Liebe umzugehen; doch wenn die Liebe am Arbeitsplatz zuschlägt, ist es besonders wichtig, dem Großhirn die Kontrolle darüber anzuvertrauen oder es zumindest um Rat zu fragen. Das Problem besteht jedoch darin, daß liebeskranke Reptilien vollkommen blind sind. In den Anfangsstadien der Verliebtheit glaubt fast jedes Paar, seine Beziehung sei das einzig Wahre und entziehe sich daher den allgemeinen Spielregeln, die für das Verhalten am Arbeitsplatz gelten.

Eine Büroromanze entsteht nicht einfach aus heiterem Himmel heraus und muß auch nicht unbedingt ein destruktives Ende haben. Sie braucht gar kein Ende zu haben, wenn beide Partner sich der Werbungsrituale bewußt sind, nach denen ihre Beziehung abläuft, und ihr Verhalten ganz bewußt steuern. Die im Dinosaurierhirn programmierten Verhaltensmuster sind durchaus erkennbar und vorhersehbar. Es sind die Regeln, die ein Dinosaurier befolgt, um ein Weibchen zu finden. In diesem Kapitel möchte ich erklären, wie man solche Muster erkennt und wie man einen kühlen Kopf behält, wenn man sein Herz an einen Kollegen oder eine Kollegin verloren hat.

Büroaffären aus der Dinosaurierperspektive

Erstes Stadium: Ich sehe

Beobachtung. Das Werbungsritual beginnt, wenn zwei Menschen einander auffallen. Ein ganz bestimmter Mensch wirkt auffallender, irgendwie dreidimensionaler als die anderen. Häufig versucht unser Großhirn Gründe zu erfinden, warum dieser Mensch uns plötzlich so besonders ins Auge sticht.

In dieser Zeit legen wir häufig große Energie und Selbstsicherheit an den Tag. Wenn Menschen dabei sind, sich zu verlieben, können sie häufig rascher denken und mehr Arbeit bewältigen als sonst, denn das

Dinosaurierhirn kann uns mehr Auftrieb geben als alles andere. Es hängt von uns ab, ob wir unser Großhirn einsetzen, um diese Energie in produktive, sinnvolle Bahnen zu lenken.

Scherzhaftes Geplänkel. Nachdem zwei Menschen einander aufgefallen sind, beginnen sie sich gegenseitig zu necken, miteinander zu konkurrieren oder einander mit spielerischer Aggression zu bekämpfen. Jetzt kommt ein Element der Aggressivität und Eroberung ins Spiel, das seine Parallele in dem Trieb des Dinosauriers hat, seinen Partner zu beherrschen, ehe es zur Paarung kommt. Dieses Konkurrenzverhalten kann für beide Seiten positiv sein: In diesem Stadium sind sie aufgrund der Hormonspritzen, die ihr Dinosaurierhirn ihnen ständig verpaßt, häufig scharfsinniger und kreativer als sonst.

Imponiergehabe. Dieses Stadium beginnt, wenn die Beteiligten sich bemühen, »einen guten Eindruck zu machen«. Jetzt verhalten sie sich plötzlich ganz anders; manchmal ertappen sie sich dabei, daß sie darüber nachdenken, was sie an dem Tag, an dem sie ihren Angebeteten oder ihre Angebetete voraussichtlich sehen werden, anziehen sollen. Dieses Imponiergehabe hält so lange an wie die Werbungsphase. Beide Beteiligten tun jetzt viel mehr für ihr Äußeres als früher, spielen mit dem Gedanken, sich etwas Neues zum Anziehen zu kaufen, oder nehmen sich vor abzunehmen. (Eine Diät hat in dieser ersten Phase der Verliebtheit im allgemeinen große Aussicht auf Erfolg. Meistens hat die Liebe in diesem Stadium eine appetitzügelnde Wirkung.)

Jetzt merken die Kollegen allmählich, daß diese beiden Menschen sich zueinander hingezogen fühlen. Manche Leute haben sich in diesem Stadium noch so gut im Griff, daß niemandem etwas auffällt; aber in der Regel ist das nicht so.

Zweites Stadium: Ich will

Absonderung von der Herde. Wenn das Saurierweibchen das Imponiergehabe des Männchens mit einem Zeichen des Interesses beantwortet, beginnt das zweite Stadium der Büroaffäre. Jetzt überlassen die beiden ihre Zusammentreffen nicht mehr dem Zufall, sondern beginnen sie bewußt zu planen. Anfangs trifft man sich nur beim Mittagessen und in der Kaffeepause, dann auch nach der Arbeit. Das kann eine Zeit sein, in der die beiden Kollegen sich gegenseitig sehr intensiv unterstützen, Gedanken über bestimmte berufliche Probleme austauschen und die Dinge dadurch aus einer ganz neuen Perspektive sehen. Und in all das mischt sich die süße Wonne des Verliebtseins.

Phantasie. Dieses Stadium zeichnet sich unter anderem dadurch aus, daß die beiden nicht nur möglichst viel Zeit miteinander verbringen, sondern sich den anderen auch vorstellen, wenn er gerade nicht da ist.

Diese Tagträumerei kann die Arbeit angenehmer und aufregender gestalten, aber auch eine große Ablenkung sein und auf die anderen unprofessionell wirken. In der Phantasie ist der geliebte Partner immer häufiger da; man richtet sein Verhalten immer mehr auf diesen nur in der Vorstellungskraft vorhandenen Menschen aus. Die Phantasievorstellungen, die einen zu diesem Zeitpunkt bewegen, müssen noch nicht unbedingt etwas mit Sex zu tun haben. In diesem Stadium beginnen das Dinosauriergehirn und das Großhirn miteinander zu kämpfen:

Großhirn: »Immer mit der Ruhe. Das geht nicht. Ich habe im Augenblick keine Zeit für eine neue Beziehung. Das lohnt sich nicht.«
Dinosaurierhirn: »Aber sie ist so reizend, und dein Leben verläuft in so sicheren, langweiligen Bahnen. Nimm noch einen Schluck Adrenalin. Ich will! Ich will!«

Da hilft nur eines: die Liebesbesessenheit des Dinosaurierhirns zu genießen und sich vor Augen zu halten, daß die Liebe ihre Zeit und ihren Ort hat – aber von neun Uhr morgens bis fünf Uhr abends ist die Arbeit wichtiger.

Verabredungen am Arbeitsplatz. Wenn die Zuneigung auf Gegenseitigkeit beruht, bemühen die beiden sich jetzt ganz gezielt, sich möglichst häufig zu treffen und miteinander zu sprechen. Es gibt ganz bestimmte Orte und Uhrzeiten, zu denen sie sich immer wieder begegnen.

In diesem Stadium sollten sie sich sorgfältig überlegen, wie sie sich vor den Kollegen verhalten sollen. Es sollte selbstverständlich sein, daß sie sich nicht in aller Öffentlichkeit gegenseitig berühren oder necken oder einander andere Zeichen der Zuneigung geben. Die Dinosauriergehirne der anderen achten auf solche Zeichen und werden sofort genau wissen, was los ist. Sie werden sich vielleicht selbst wundern, wie sie eigentlich darauf kommen – aber sie werden die Situation instinktiv richtig einschätzen.

Vertrauen. Jetzt lernen die beiden Verliebten sich näher kennen. Sie nekken sich immer seltener und stellen fest, daß sie sich gegenseitig große emotionale Unterstützung geben. Das freut sie, denn es gibt ihnen ein Gefühl der Geborgenheit. Die Beziehung muß jetzt noch nicht unbedingt sexueller Art sein, um die beiden zu befriedigen.

Private Anrufe zu Hause. Wenn jemand Gründe findet, den anderen zu Hause anzurufen, ist das ein eindeutiges Zeichen dafür, daß jetzt eine Affäre beginnt. Im allgemeinen ruft man aus einem sehr wichtigen geschäftlichen Grund an, der auf gar keinen Fall bis morgen warten kann. Hierbei gibt es allerdings einen heiklen Punkt: Wenn einer der beiden verheiratet ist, wird das der erste und letzte Anruf dieser Art sein.

Kleine Aufmerksamkeiten. Dinosaurier haben die Neigung, ihrer Zukünftigen kleine Zeichen ihrer Zuneigung zu überbringen. Das ist ein instinktives Werbungsverhaltensmuster. Zu diesen Zeichen gehören kleine Briefchen, ein paar persönliche Zeilen, die an geschäftliche Mitteilungen angehängt werden, und andere kleine Aufmerksamkeiten.

Berührungen. Das Dinosauriergehirn wird viele Möglichkeiten finden, unverfänglich wirkende physische Kontakte zu dem oder der Angebeteten herzustellen. Man legt zum Beispiel scheinbar beiläufig die Hand auf den Arm des anderen oder massiert ihm den schmerzenden Nacken. Es gehört zum Ritual, die entstehende Liebesbeziehung geheimzuhalten, also müssen diese Berührungen möglichst selbstverständlich wirken; sie sind es aber nicht. (Wer würde sich schon darum reißen, einem x-beliebigen Kollegen den Nacken zu massieren?)

Wenn diese Berührungen von einem intensiven Blickkontakt begleitet sind, ist der Punkt erreicht, an dem es kein Zurück mehr gibt. Jetzt ist man dem Stadium nahe, in dem die Beziehung eindeutig sexuell wird. Bis jetzt konnte sich noch jeder der beiden zurückziehen, ohne den anderen zu verletzen. Doch von jetzt an wird ein Rückzieher als Zurückweisung empfunden.

Drittes Stadium: Ich erreiche mein Ziel

Sexualität kommt ins Spiel. Jetzt wünscht sich einer der beiden Beteiligten einen sexuellen Kontakt. Beide haben nun eindeutige Anhaltspunkte für das Interesse des anderen und fragen sich: »Meint er es auch wirklich so? Ist er (oder sie) genauso interessiert wie ich? Woran bin ich eigentlich?« Sie sind geradezu besessen von dem Wunsch, Klarheit über eine Situation zu gewinnen, die für ihr Dinosaurierhirn längst sonnenklar ist: Hier ist ein Werbungsritual im Gange, und beide verhalten sich nach den Regeln dieses Rituals. Aber was wird als nächstes passieren? Das Dinosauriergehirn weiß es längst, doch das Großhirn stirbt fast vor Spannung.

In diesem Stadium beginnt man häufig ganz offen seine Besitzansprüche zu zeigen. Das beginnt oft mit unschuldig wirkenden Fragen wie: »Wo warst du eigentlich gestern?« oder »Findest du Frau X attraktiv?« Doch man sieht darin kein Problem, sondern empfindet ein wenig Besitzgier von seiten seines oder seiner Angebeteten als eine Bestätigung, als Kompliment. In dieser seelischen Verfassung ist unser kritisches Denken nahezu völlig außer Gefecht gesetzt.

Jetzt sollten sich beide darüber im klaren sein, was für Konsequenzen es haben wird, wenn sie sich auf eine sexuelle Beziehung einlassen, und was diese Beziehung für sie bedeuten kann. Jeder sollte genau abwägen, was für Auswirkungen sie auf seine Karriere haben wird, und sich überlegen, wie er die Probleme, die sich daraus für die Arbeit ergeben könnten, möglichst gering halten kann. Wenn man zu diesem Zeitpunkt noch den Kopf aus der Schlinge zieht, kränkt man den anderen zwangsläufig – aber manchmal muß man zwischen zwei Übeln abwägen und das geringere wählen.

Emotionalität. Häufig führt jetzt einer der beiden unbewußt irgendein aufwühlendes äußeres Ereignis herbei oder regt sich über irgend etwas so auf (berufliche Schwierigkeiten genügen vollauf als Anlaß), daß er den anderen unbedingt sehen und das Problem mit ihm besprechen muß. Aus dieser emotionsgeladenen Situation ergibt sich häufig der erste sexuelle Kontakt.

Viertes Stadium: Ich habe mein Ziel erreicht

Der erste sexuelle Kontakt hat stattgefunden. Sobald Sex ins Spiel kommt, kann das Dinosaurierhirn von Hormonen förmlich berauscht sein. Man schwebt wie auf Wolken, ist verliebt in die Liebe und denkt: »Es ist genau wie im Film. Das habe ich mir immer schon gewünscht. Es ist die ideale Beziehung.« Natürlich – zu diesem Zeitpunkt ist die Beziehung tatsächlich ideal, denn beide können alles, was nicht ganz so perfekt oder wunderbar ist, zu Hause lassen und ihrem Geliebten ausschließlich ihre Schokoloadenseite präsentieren.

Jetzt hat das Dinosaurierhirn die beiden Liebenden fest im Griff. Sie fühlen sich wie Teenager, und häufig verhalten sie sich auch so. Sie stehlen sich vom Arbeitsplatz weg, um sich heimlich zu treffen, verstecken sich hinter geschlossenen Bürotüren, berühren sich unter dem Tisch verstohlen mit den Füßen und umarmen sich auf dem Korridor, wenn sie glauben, daß es niemand sieht. Und sie geben sich der Illusion hin, daß keiner etwas von ihrer Beziehung ahnt, weil sie so diskret sind. In Wirklichkeit sind sie alles andere als diskret.

Das Dinosaurierhirn ist stolz auf seine Eroberung und möchte gern vor allen anderen damit angeben. Das ist im Berufsleben aber ein großer Fehler. Niemand braucht von den intimen Details einer Büroaffäre etwas zu wissen. Wenn man sich in aller Öffentlichkeit küßt oder von seiner Liebschaft erzählt, kann man seinem Ruf in der Firma sehr schaden.

Sobald es zu den ersten sexuellen Kontakten gekommen ist, muß das Paar sich darüber klarwerden, wie es nun weitergehen soll. In manchen Fällen kommen beide zu dem Schluß, daß sie eigentlich gar keine Büroaffäre haben möchten und beschließen, das Verhältnis sofort zu beenden. Doch eine solche Beziehung kann auch etwas Positives sein, wenn sie wirklich reiflich überlegt ist. Zwei Liebende, die in derselben Firma arbeiten, können sich gegenseitig eine große Stütze sein. Sie teilen dann nicht nur ihr Privatleben, sondern auch ihr berufliches Revier miteinander. Sie können lernen, zusammenzuarbeiten, wobei jeder innerhalb dieser Zusammenarbeit bestimmte Bereiche abstecken sollte, die in erster Linie sein Ressort sind. Es ist durchaus möglich, eine private und eine berufliche Beziehung miteinander zu verbinden; doch dann braucht unbedingt jeder einen gesonderten Machtbereich.

Der geliebte Partner wird Teil des eigenen Reviers. Wenn eine Büroaffäre ihren Höhepunkt erreicht hat, bemüht der Partner, der innerhalb der Firma den höheren Status innehat, sich häufig, die Dinge so zu arrangieren, daß das Objekt seiner Anbetung sich mehr in seiner Nähe befindet – etwa, indem er es in seine Abteilung versetzen läßt. Das ist aber sehr kurzsichtig.

Natürlich ist die Versuchung groß, den Geliebten oder die Geliebte in sein eigenes berufliches Revier einzugliedern. Trotzdem sollte man es auf gar keinen Fall tun. Schon der bloße Anschein von Vetternwirtschaft kann sehr problematisch sein. Und noch schwieriger wird es, wenn die

Beziehung endet und der Ex-Partner dann weiterhin in derselben Abteilung arbeiten muß.

Nur allzu leicht gibt man der Versuchung nach, sich auf eine Beziehung zu einem oder einer Untergebenen einzulassen. Man glaubt, daß der andere einen anziehend findet, obwohl man in Wirklichkeit vielleicht nur hofiert wird, weil man eine höhere Position bekleidet. Man sollte seine Stellung nie auf diese Weise ausnutzen. Es ist nicht gut, mit einem Untergebenen eine private Beziehung aufzunehmen; das kann beiden Karrieren sehr schaden. Ihr Dinosauriergehirn sendet vielleicht eindeutige Signale aus und redet Ihnen ein, daß Sie diesen Mitarbeiter oder diese Mitarbeiterin attraktiv finden; doch Sie müssen diesen Signalen mit Hilfe Ihres Großhirns Widerstand leisten.

Ständiges Auf und Ab. Die schwierigste Phase einer solchen Beziehung ist häufig das Stadium, in dem ein ständiges Auf und Ab herrscht, weil beide Partner sich noch nicht ganz darüber im klaren sind, was sie eigentlich wollen. An einem Tag wagen sie sich einen Schritt weiter vor; am nächsten ziehen sie sich wieder zurück. Das ist bei einer Büroaffäre die destruktivste Zeit. Dieses Problem hat den Büroliebschaften auch einen so schlechten Ruf eingetragen. In dieser Phase fällt es den beiden Partnern besonders schwer, Arbeit und Liebe voneinander zu trennen und beides zum geeigneten Zeitpunkt zu seinem Recht kommen zu lassen. Ihr Dinosauriergehirn flüstert ihnen ein: »Es ist mir ganz egal, ob wir jetzt gerade in einer Besprechung sind oder nicht; dieses Problem muß sofort geklärt werden!«

Fünftes Stadium: Ich gehe oder ich bleibe

Früher oder später hält selbst in die leidenschaftlichste Büroromanze die Realität Einzug. Die Gründe dafür sind äußerst vielfältig: Sie reichen von der ersten kleinen Kränkung – einem vergessenen Geburtstag oder einer abgesagten Verabredung – bis hin zu schwerwiegenderen Problemen, zum Beispiel, wenn der eine Partner verheiratet ist oder ihm Zweifel kommen, ob er die Affäre fortsetzen möchte. Das ist die Zerreißprobe für die Beziehung, denn häufig haben anfangs beide in ihrem Partner eine Art Traumwesen gesehen und keinen lebendigen Menschen mit menschlichen Problemen.

Der Reiz des Neuen schwindet dahin. Die Spannung vor der Paarung, die aus dem Dinosauriergehrin entspringt, läßt nun, nachdem die ersten sexuellen Kontakte stattgefunden haben, allmählich nach. Am einfachsten ist es, wenn diese Ernüchterung bei beiden Partnern gleichzeitig eintritt. Aber das ist leider nur selten der Fall. Wenn die Beziehung weiterbestehen soll, muß sie eine stärkere Basis haben als den bloßen Reiz des Neuen.

An diesem Punkt muß man sich ernsthaft die Frage stellen: »Ist meine Beziehung zu diesem Menschen wirklich das, was ich mir vorgestellt habe?« Ob sie von Dauer sein wird oder nicht, kann man jetzt noch nicht sagen, denn die Liebe braucht Zeit, um sich zu entwickeln und zu wachsen. Aber ob sie mit Sicherheit *nicht* von Dauer sein wird, das läßt sich jetzt schon absehen. Wenn nicht beide Partner bereit sind, auch Schwierigkeiten zu aktzeptieren, dann ist die Beziehung zur Kurzlebigkeit verurteilt.

In diesem Stadium kann das Privatleben der beiden Partner tiefgreifende Auswirkungen auf ihre Karriere haben. Jetzt müssen Entscheidungen getroffen werden, und das ist problematisch, denn das Dinosauriergehirn kann mit Druck und Streß nicht gut umgehen. Daher muß jetzt das Großhirn die Regie übernehmen, wenn die Beziehung weiterbestehen soll. Nur das Großhirn kann die Basis für eine dauerhafte Liebesbeziehung – Einfühlungsvermögen, Respekt und Kompromißbereitschaft – schaffen. Ohne sie sind wir dem Reptil in unserem Inneren ausgeliefert, das besitzgierig und eifersüchtig ist und letzten Endes destruktiv handelt.

Liebesaffären zwischen verheirateten Partnern

Wer verheiratet ist und sowohl einem Ehepartner als auch einem oder einer Geliebten gegenüber Verpflichtungen hat, befindet sich in einer besonderen Streßsituation. Für solche Probleme gibt es kaum einfache Lösungen. Je länger man den Konflikt ungelöst weiterbestehen läßt, um so mehr kann er einen von der Arbeit ablenken. In einer solchen Situation muß man sich eindeutig über seine Prioritäten klarwerden, eine möglichst rationale Entscheidung treffen und dann dabei bleiben. Unser Dinosaurierhirn will immer das haben, was im Augenblick gerade attraktiv und erreichbar ist, selbst wenn es sich damit Probleme einhandelt.

Wenn der Ehepartner bisher noch nichts von der Beziehung weiß, kann man ziemlich sicher sein, daß er/sie es früher oder später herausfinden wird. Das Dinosauriergehirn ist nicht in der Lage, einen solchen

Konflikt zu lösen. Es will beides haben. Um ein ständiges unentschlossenes Hin und Her zu vermeiden, muß man seinem Großhirn die Entscheidung überlassen. Und man muß dann auch konsequent zu dieser Entscheidung stehen – es gibt keinen anderen Weg. Auch das schaffen wir nur mit Hilfe unseres Großhirns.

In Kapitel 25 werde ich Ihnen einige Möglichkeiten zeigen, wie man erkennen kann, ob eine Beziehung am Arbeitsplatz wirklich erfolgversprechend ist oder ob es sich nur um eine vorübergehende Affäre handelt. An dieser Stelle möchte ich erst einmal darauf eingehen, wie man sich verhalten muß, wenn man beschlossen hat, die Beziehung zu beenden.

Wie man eine Büroaffäre beendet

Wenn eine Beziehung endet und beide Partner sich darüber im klaren sind, daß es keinen Sinn mehr hat, sie fortzusetzen, kann eine sehr schmerzliche Trauerphase folgen, in der man unglücklich, apathisch oder zornig ist, vielleicht auch unter Schlafstörungen und Appetitlosigkeit leidet und sich nicht richtig auf seine Arbeit konzentrieren kann.

Wenn eine Büroaffäre vorüber ist, gibt es häufig Scherben, und zumindest einem der beiden Partner fällt die undankbare Aufgabe zu, diese Scherben aufzusammeln – sowohl in beruflicher als auch in emotionaler Hinsicht. Die Ausschließlichkeit, mit der das Dinosauriergehirn sich darauf konzentriert hat, seinen Wunschpartner zu umwerben und zu verführen, hat sich häufig ungünstig auf die berufliche Karriere ausgewirkt. Hier sind einige Tips, wie man vom Dinosaurierhirn wieder auf das Großhirn umschalten kann, wenn eine Büroaffäre unglücklich endet:

Erste Strategie: Bestandsaufnahme

1.   Zunächst einmal muß man feststellen, wie sehr die Büroromanze dem Image geschadet hat. Dazu zieht man am besten einen guten Freund zu Rate. Man muß sich Klarheit darüber verschaffen, wie viele Kollegen von der Affäre wissen. Die meisten Außenstehenden sehen eine Liebesbeziehung bereits dann voraus, wenn die beiden Beteiligten noch gar keine Ahnung davon haben, was auf sie zukommt. Ermuntern Sie Ihren Freund, Ihnen nichts zu verschweigen und auch von allen peinlichen Einzelheiten, abfälligen Bemerkungen und Gerüchten zu berich-

ten. Sie müssen alles wissen. Stellen Sie fest, wie viele Kollegen über diese Liebesbeziehung im Bilde sind und was über sie geredet wird.

2. Was auch immer Sie erfahren – gehen Sie stillschweigend davon aus, daß in Wirklichkeit alles noch um dreißig Prozent schlimmer ist, als Ihre Vertrauensperson Ihnen berichtet. Selbst Ihr bester Freund wird Ihnen die übelsten Gerüchte und seine eigenen schlimmen Befürchtungen verschweigen.

3. Um festzustellen, wie sehr diese Beziehung Ihrer Karriere geschadet hat, wenden Sie sich mit kleinen Bitten an ein paar Mitarbeiter und stellen Sie fest, ob Ihnen diese Bitten genau in der gleichen Weise erfüllt werden wie bisher.

4. Wenn Sie einen verständnisvollen Chef oder Berater haben, sollten Sie ihn einweihen. Aber Vorsicht: Wenn Sie in dieser Situation um einen Rat bitten, dann müssen Sie Ihn auch befolgen. Falls eine Versetzung in eine andere Abteilung oder einen anderen Arbeitsbereich sich ohne allzu große Probleme ermöglichen läßt, ist das häufig die beste Lösung.

5. Wenn jemand, der in der Firmenhierarchie über Ihnen steht, Ihnen sagt, daß diese Affäre Ihrer Karriere geschadet hat, oder wenn Ihre Bitte um etwas an sich völlig Selbstverständliches nicht erfüllt oder mit einer merkwürdigen Reaktion beantwortet wird, dann ist es wahrscheinlich an der Zeit, sich woandershin versetzen zu lassen.

6. Wenn Sie beschließen, an Ihrem jetzigen Arbeitsplatz zu bleiben, empfehle ich Ihnen, sich der Strategie Nummer zwei zu bedienen. Diese Strategie besteht darin, sich noch korrekter zu verhalten als Ihre korrektesten Kollegen. Sie müssen sich darüber im klaren sein, daß Sie ein Prestigeproblem haben – mit anderen Worten: daß sie sich den anderen im Augenblick nicht mehr so gut verkaufen können wie früher –, und wenn es um Werbung geht, ist die Wahrheit leider weniger wichtig als der Anschein der Wahrheit.

Zweite Strategie: Absolute Korrektheit

1. Vermeiden Sie jeden Flirt, ja sogar den geringsten Anschein eines Flirts. Sie sollten nicht einmal stehenbleiben, um einem attraktiven Vertreter des anderen Geschlechts »hallo« zu sagen. Wenn er oder sie vorbeigeht, schauen Sie in die entgegengesetzte Richtung.

2. Versuchen Sie Ihre Emotionen zu dämpfen. Trauern Sie, wenn Sie zu Hause sind – auf keinen Fall im Büro. Wenn es notwendig sein sollte, ziehen Sie einen Psychotherapeuten zu Rate.

3. Konzentrieren Sie sich auf Ihre Arbeit und geben Sie das allen anderen deutlich zu verstehen. Es kann nichts schaden, hin und wieder ein paar Bemerkungen darüber fallenzulassen, wie lange Sie gestern abend noch an einem bestimmten Projekt gearbeitet haben und wie viele Pluspunkte Sie schon auf Ihrem Gleitzeitkonto haben.

4. Machen Sie auch Bemerkungen, die auf Ihre gute Ehe und Ihr glückliches Familienleben schließen lassen. Erzählen Sie den Kollegen, daß Sie und Ihr Ehepartner vorhaben, demnächst eine längere Reise zu machen oder etwas Neues für Ihr Haus anzuschaffen. Wenn Sie nicht verheiratet sind, sprechen Sie überhaupt nicht über private Beziehungen.

5. Erzählen Sie niemandem etwas Näheres über Ihre Beziehung, vor allem dann nicht, wenn Sie sich im Unfrieden von Ihrem Partner getrennt haben. Sagen Sie nur, daß es ein Fehler war, und belassen Sie es dabei.

6. Tun Sie es nie wieder!

8. Klagen und Schuldzuweisungen

Eine Herde pflanzenfressender Saurier wühlt am Rande des Sumpfes nach etwas Eßbarem. Es ist ein heißer Tag. Sie bewegen sich langsam und phlegmatisch und gehen ihrer Tätigkeit mit der träumerischen Ausschließlichkeit nach, die nur dann möglich ist, wenn einen absolut nichts anderes beschäftigt.

Plötzlich verändert sich etwas: ein seltsames Geräusch, ein merkwürdiger Geruch. Irgend etwas ist nicht in Ordnung. Hastig laufen die Saurier auseinander, um sich zu verstecken, und aus ihren Kehlen dringt ein lauter Warnschrei.

Unsere Warnrufe und Schmerzensschreie sind Klagen und Anschuldigungen. Früher waren solche Rufe Signale, mit deren Hilfe man sich schützte; doch nun, da der Mensch die Sprache erfunden hat, sind es keine Reaktionen mehr auf die Realität, sondern eher Konstruktionen, mit deren Hilfe wir die Realität umstrukturieren.

Das Dinosauriergehirn sagt uns: »Wenn etwas nicht in Ordnung ist, mußt du dich bemerkbar machen – suche den Übeltäter, vertreibe den Eindringling aus deinem Revier, bestrafe den Bösewicht. Es ist keine Tugend, stumm zu leiden.« Diese Reaktion beinhaltet zwei typische Dinosaurier-Verhaltensweisen: Man findet heraus, wer schuld ist, und verkündet es dann lautstark.

Wenn im Berufsleben etwas falsch gemacht wird, gibt unser Dinosauriergehirn uns den Impuls ein, herauszufinden, wer für den Fehler verantwortlich ist, und ihn zu bestrafen. Dieses Verhalten ist fortschrittlich, denn wir lernen im allgemeinen durch Versuch und Irrtum. Doch in vielen Situationen benehmen wir uns so, als rechneten wir nur mit Versuch und Erfolg – oder mit Versuch, Mißerfolg und Bestrafung. Schuldzuweisungen sind immer etwas Destruktives – sowohl auf individueller Basis als auch auf Firmenebene.

Schuldzuweisungen auf Firmenebene

Herr Computerosaurus, Abteilungsleiter in einer Computerfirma, fällt ein paar Entscheidungen über eine neue Software-Serie, und bringt genau im richtigen Augenblick die richtigen Produkte auf den Markt. Die Frankfurter Allgemeine berichtet über seinen großen Erfolg, und er wird zum Held des Tages.

Fünf Jahre später entwickelt er eine andere Software-Serie, aber diesmal sind seine Produkte ziemlich schlecht und verkaufen sich nicht. Was geschieht als nächstes? Irgendein Kopf muß rollen – entweder der von Herrn Computerosaurus selbst, oder, wenn er ein cleverer alter Dinosaurier ist, gelingt es ihm vielleicht, die Schuld der Marketing- oder der Produktionsabteilung zuzuschieben.

Wenn eine Entscheidung sich als falsch erweist, konzentrieren wir unsere Aufmerksamkeit im allgemeinen auf die Menschen, die diese Entscheidung getroffen haben, und nicht auf die Entscheidung selbst. Wir gehen stillschweigend davon aus, daß gute Mitarbeiter auch gute Entscheidungen treffen müssen (und daß gute Entscheidungen zwangsläufig von guten Mitarbeitern kommen), obwohl nichts diese Annahme rechtfertigt. Das Dinosaurierhirn zieht Lernprozesse gar nicht in Betracht, weil es nicht lernen kann. Wer dagegen sein Großhirn einsetzt, der kann lernen, gute Entscheidungen zu treffen, indem er seine alten Entscheidungen analysiert und erkennt, was daran gut war und was nicht.

Entscheidungen sind keine göttlichen Eingebungen, sondern das Ergebnis komplexer Denkprozesse. Vielleicht sollte man Führungskräfte in verantwortungsvollen Positionen dazu verpflichten, ein Logbuch zu führen, ähnlich wie Seeleute. Nach jeder Entscheidung sollte ein Manager auflisten, aus welchen Gründen er diese Entscheidung gefällt hat, und genau Buch darüber führen, was für Konsequenzen sie hatte. Ein solches Dokument wäre eine große Hilfe für den Manager selbst und auch für die Firma.

Die einzigen Informationen, die wir darüber haben, wie und warum Entscheidungen getroffen wurden, sind im allgemeinen die selbstgefälligen Memoiren großer Manager, die uns lediglich das Gefühl geben, daß manche Leute es eben können und andere nicht. Aber worin besteht dieses »Es«? Uns fehlt das Vokabular, um über unsere Gedankenabläufe zu sprechen. Wir haben das Gefühl, daß Entscheidungen fix und fertig aus dem Gehirn eines Managers entspringen, so wie ein reifer Apfel vom Baum fällt. Es ist ein mühseliger Prozeß, den Weg zurückzuverfolgen, den das Gehirn dieses Managers so mühelos entlanggehüpft ist. Das ist eine Aufgabe für den Firmenhistoriker.

Wie wäre es zum Beispiel, wenn wir davon ausgingen, daß Herr Computerosaurus ein vernunftbegabter Mensch ist, und wenn wir die Faktoren, die ihn bei seiner Entscheidung beeinflußten – seine Informationen und die Art, wie er diese Informationen verarbeitet hat – genau analysierten? Wenn wir aus seinen Fehlern lernten, statt ihn dafür zu bestrafen?

Man kann Entscheidungen durchaus bis zu ihrem Ursprung zurückverfolgen und daraus lernen. Wir müssen uns von der Vorstellung lösen, daß Irrtümer Zeichen eines Charakterfehlers sind, und unser Großhirn zu Rate ziehen – nicht nur bei der Entscheidungsfindung, sondern auch bei der Bewertung bereits getroffener Entscheidungen.

Das Konzept der Schuld hat im Geschäftsleben viele negative Auswirkungen. Zunächst einmal läßt es die Menschen vor Risiken zurückschrecken. »Sei vorsichtig«, heißt eine der wichtigsten Spielregeln im Land der Dinosaurier. Wenn etwas Neues auf sie zukommt, beginnen sie sich sofort nach Hintertürchen umzuschauen – Möglichkeiten, sich von dem neuen Projekt zu distanzieren, falls es fehlschlagen sollte. Diese Einstellung zersplittert das Team, statt es zusammenzuschweißen. Die Mitarbeiter halten Informationen zurück, um etwas in Reserve zu haben, womit sie sich schützen können, falls etwas schiefgeht. Dadurch wird die Wahrscheinlichkeit, daß tatsächlich etwas schiefgeht, viel größer.

Schuldzuweisungen gehören zu den destruktivsten Taktiken des Dinosauriergehirns – ebenso wie die Tendenz, Konkurrenten auszuschalten. Dieses Verhalten trägt zu den innerbetrieblichen Rivalitäten bei, die die Firma für Konkurrenz von außen angreifbarer macht. Eine Firma leidet immer darunter, wenn sie nicht wie eine Einheit funktioniert. Teamwork ist ein Begriff aus dem Bereich des Sports, der schon seit langem auch in Unternehmen eine wichtige Rolle spielt.

Schuldzuweisungen auf persönlicher Ebene

Auch in persönlichen Beziehungen richtet die Vorstellung von Schuld großen Schaden an. Um festzustellen, warum das so ist, müssen wir uns auf das Gebiet der Epistemologie wagen. Das ist die Erkenntnistheorie, die sich damit beschäftigt, woher unser Wissen kommt. Ich möchte mit einer ganz einfachen Frage beginnen: Was ist Wirklichkeit?

Denken Sie nicht zu lange darüber nach. Die Wirklichkeit ist schlicht und einfach das, was wir dafür halten. Es gibt in der Außenwelt zwar viele Fakten und objektive Informationen; aber letzten Endes wird unsere psychische Realität nur durch unseren Glauben definiert. Ich spreche hier nicht von den Gesetzen der Physik, sondern davon, wie unser Gedächtnis funktioniert. Wir sehen das, was wir zu sehen erwarten. Wenn wir nach etwas Neuem suchen, finden wir es auch und können daraus lernen. Aber das Dinosaurierhirn sucht natürlich niemals etwas Neues, weil es bereits alles weiß, was es wissen muß.

Herr Ressentisaurus ist nicht befördert worden. Sein Kollege dagegen hat den beruflichen Aufstieg geschafft, weil er mit dem Chef Golf spielt und sich immer freiwillig als Mitglied für diese albernen Arbeitsgruppen meldet, dieser Speichellecker. Und dabei arbeitet Herr Ressentisaurus schon fünf Jahre länger bei der Firma als sein Kollege! Das zeigt wieder einmal, daß es eben nicht darauf ankommt, was man kann, sondern nur darauf, wen man kennt.

Herr Ressentisaurus erzählt diese Geschichte immer wieder allen, die sie hören wollen, und auch allen, die sie nicht hören wollen. Und jedesmal redet er sich in größeren Eifer und größere Erbitterung hinein. Mit jeder Wiederholung gewinnt seine Interpretation der Firmenpolitik für ihn mehr Realität. Was anfangs nur eine Meinung war, ist zu einer Wahrheit geworden.

Nun wollen wir uns die Realität, die Herr Ressentisaurus sich da aufgebaut hat, einmal genauer ansehen. Sein Dinosaurierinstinkt, der ihm rät, die Schuld lieber woanders zu suchen, statt aus der Situation etwas zu lernen, redet ihm ein, daß er das Opfer eines korrupten Systems ist. Auf diese Weise schützt er sein Selbstwertgefühl auf Kosten seiner Karriere. Denn von jetzt an ist er weniger motiviert, gute Arbeit zu leisten. In seinen Augen wurde er für seine guten Leistungen ja nicht belohnt, sondern vielmehr bestraft. Das ist der beste Beweis dafür, daß das System korrupt ist.

Dieser Mann hat eine Tatsache übersehen, an der man im Berufsleben leider nicht vorbeikommt: Wer befördert werden möchte, der muß sich gut verkaufen können. Was er als »Speichelleckerei« bezeichnet, ist vielleicht nur ein Beweis dafür, daß sein Kollege besser weiß als er, worauf es in unserem Wirtschaftssystem ankommt.

Diese Dinosaurierreaktion läuft stets nach einem charakteristischen Muster ab: Zunächst einmal sucht man jemanden, auf den man die Schuld schieben kann. Als nächstes hat man das geradezu zwanghafte

Bedürfnis, allen anderen zu verkünden, wer schuld ist. Unser Dinosauriergehirn ist darauf programmiert, Artgenossen vor Gefahren zu warnen und diesen Warnruf ständig zu wiederholen. Wenn es niemanden gibt, dem wir uns mitteilen können, rekapitulieren wir unsere Schuldzuweisungen immer wieder in unserem eigenen Gedächtnis, und von Mal zu Mal kommen sie uns realer vor.

Nun wollen wir einmal sehen, was für psychische Auswirkungen diese Denkweise auf Herrn Ressentisaurus hat. Jedesmal, wenn er an die Geschichte mit der Beförderung denkt oder sie jemandem erzählt, reagiert sein Gehirn, das nicht zwischen Realität und Phantasie unterscheiden kann, so, als wiederfahre ihm dieser Affront gerade in diesem Augenblick. Alles weitere läuft nach dem bereits bekannten Muster ab: »kämpfen, davonlaufen oder in völlige Erstarrung verfallen«. Sein Körper reagiert mit Streß- und Erschöpfungssymptomen; sein Magen rebelliert und sondert mehr Säure ab als sonst; er vergiftet sich förmlich mit seinen eigenen Ressentiments. Glauben Sie einem Psychotherapeuten: So machen die Menschen sich selbst verrückt.

Seine Schuldzuweisungsreaktion verstellt ihm den Blick auf den Faktor, der für unsere geistige Gesundheit, unsere innere Ausgeglichenheit und unsere körperliche Widerstandfähigkeit am wichtigsten ist: das Gefühl, daß er sein Leben selbst unter Kontrolle hat. Er hat den Eindruck, gar nichts gegen die Situation tun zu können, ein wehrloses Opfer zu sein. Ist er wirklich Opfer eines korrupten Systems oder nicht vielmehr Opfer seiner eigenen Denkmuster?

Der Dinosaurier schiebt die Schuld an Schwierigkeiten niemals sich selbst zu. Immer wenn etwas schiefgeht, findet er jemand anderen, der daran schuld ist, und beklagt sich über ihn. Und er ist immer eifrig darauf bedacht, Leidensgenossen zu finden und sich gegen jede Kritik zu wehren.

Bei der monatlichen Abrechnung hat sich gezeigt, daß Herrn Denunziosaurus' Abteilung bis über beide Ohren in den roten Zahlen steckt. Binnen einer Stunde hat Herr Denunziosaurus ein Memorandum ausgearbeitet und persönlich seinem Chef überbracht, in dem er genau darlegt und mit Beispielen dokumentiert, wer in Wirklichkeit schuld ist: Welcher seiner Mitarbeiter einen Termin überzogen hat und deshalb teure Überstunden machen mußte; wessen Spesenkonto ihm suspekt vorkommt; wer nicht die richtige Arbeitseinstellung hatte; wer absichtlich getrödelt hat, um Herrn Denunziosaurus in einem schlechten Licht erscheinen zu lassen; und wer Anschaffungen genehmigt hat, als Herr Denunziosaurus nicht da

war. Es gelang seinem Chef beim besten Willen nicht, ihn für das Defizit verant-
wortlich zu machen.

Das Dinosaurierhirn dieses Mannes treibt ihn dazu an, nach Sün-
denböcken zu suchen. Die Tatsache, daß er eigentlich für all diese Mitarbeiter verantwortlich ist, ignoriert er einfach. Das ist übrigens ein weiteres typisches Beispiel für die Fluchttaktik: Herr Denunziosaurus hat die
Realität so verzerrt, daß er sich als Opfer seiner böswilligen Untergebenen sieht. Sein Dinosaurierhirn treibt ihn in eine Art Verfolgungswahn
hinein. Er kümmert sich gar nicht darum, wie andere die Situation sehen,
sondern hat nur Augen und Ohren für das, was in seine eigenen Denkmuster hineinpaßt.

Und doch können wir seine Reaktion instinktiv begreifen. Wir alle
spüren den Impuls, anderen die Schuld zuzuschieben, wenn irgend etwas schiefgeht. Unser Dinosauriergehirn redet uns ein, daß Fehler Kapitalverbrechen sind. Und manchmal hat es damit ja leider auch recht. Wie
wäre Ihnen zumute, wenn Sie in einer Firma arbeiteten, in der bei jedem
Fehler Sanktionen zu befürchten sind? Wären Sie bereit, für Ihre Firma
Ihr Bestes zu geben oder sich bei Ihrer Arbeit ernsthaft zu engagieren,
wenn Sie wüßten, daß man Ihnen aus jedem Fehler sofort einen Strick
drehen wird, wenn Sie keine Sündenböcke finden?

Klagen und Gerüchte

Die Menschen lieben es, zu tratschen und Gerüchte in die Welt zu setzen – und bei Gerüchten geht es selten um das Positive an anderen Menschen, sondern meistens um etwas Negatives.

*Frau Hiobosaura verbreitet für ihr Leben gern schlechte Nachrichten. Ihre im-
mer gleiche Schallplatte lautet: »Wissen Sie, was der Chef sich diesmal geleistet
hat?« Dann berichtet sie von der neuesten Menschenrechtsverletzung ihres Vorgesetzten.*

Ihr Dinosaurierhirn glaubt, daß sie sich die anderen mit ihrem
Schmerzensgeschrei zu Verbündeten macht und moralisch dazu verpflichtet, ihr zu helfen.

Vielleicht sind *Sie* mit der Handlungsweise Ihres Vorgesetzten auch
nicht immer hundertprozentig einverstanden; aber Sie wissen, daß es

keinen Zweck hat, ihn ständig zu bekriegen. Wenn Sie auf Frau Hiobosaura hören und – was noch schlimmer ist – sich auf ihre Seite schlagen, werden Sie sich bald in einem Konflikt mit dem Chef befinden, der für Sie nicht sehr günstig ist.

Wenn Sie ins gleiche Horn blasen wie diese Frau, indem Sie ihr nun ihrerseits etwas Negatives über den Chef erzählen, können Sie sicher sein, daß es ihm bald zu Ohren kommen wird. Denn wenn Sie ihr zuhören und ebenfalls Ihrem Unmut Luft machen, wird sie natürlich annehmen, daß Sie auf ihrer Seite stehen, und sich bei der nächsten Gelegenheit dem Chef gegenüber auf Sie berufen.

Wenn Sie sich von dem Jammern und Wehklagen dieser Frau anstecken lassen, werden Sie bald feststellen, daß Ihre Einstellung Ihrem Chef gegenüber sich unwillkürlich ändert. Was anfangs nur ein unschuldiger Tratsch war, wird sich bald sehr nachteilig auf Ihre Arbeitsmoral auswirken.

Wenn Sie mit einem solchen Menschen zusammenarbeiten, dürfen Sie auf keinen Fall den Eindruck erwecken, daß Sie auf seiner Seite stehen. Denn mit einem solchen Verhalten können Sie all Ihre Beförderungschancen zunichte machen.

Dinosaurier schreien ihren Schmerz lautstark in die Welt hinaus. Ein unzufriedener Dinosaurier schart gern Verbündete um sich, die sich angeblich gegenseitig unterstützen sollen; in Wirklichkeit unterstützt aber jeder nur die verzerrte Sicht der Realität, die innerhalb dieser Gruppe herrscht. Die Gruppe ist für diese Saurier lediglich eine Umgebung, in der sie sich nach Herzenslust beklagen können. Das Dinosaurierhirn glaubt, durch Klagen könne man etwas an der negativen Situation ändern. Wenn das stimmte, hätten die Nörgler schon längst die Herrschaft über die Welt in ihren Händen.

Wenn wir über unsere Probleme reden, können wir dadurch die Unterstützung und Hilfe anderer Menschen gewinnen. Manchmal ist das genau das, was wir brauchen. Wir wären keine geselligen Wesen, wenn wir uns nicht hin und wieder beklagen würden. Wenn man aber einen Selbstzweck darin sieht, sich »seinen Kummer von der Seele zu reden«, und sich damit begnügt, statt zu handeln, kann es sein, daß man all seine Energie, die man eigentlich bräuchte, um die Situation zu ändern, ins Klagen investiert.

Natürlich kann es eine große Hilfe sein, sich gewisse Gefühle von der Seele zu reden, vor allem, wenn es sich um Trauer oder um einen Verlust handelt. Bei anderen Emotionen, vor allem Zorn und Gekränktsein, ist es am besten, seine Gefühle ein einziges Mal einem Menschen gegenüber zum Ausdruck bringen, den man gern hat und dem man vertraut. Wenn man seine Probleme immer wieder und allen Menschen gegenüber zur Sprache bringt, spricht man in Wirklichkeit gar nicht mit den anderen, sondern führt lediglich Monologe und sucht nach einer Rechtfertigung für die Ressentiments und das Selbstmitleid seines Dinosaurierhirns.

Wie man diesen Impuls bekämpfen kann

Nun wollen wir uns überlegen, wie man den Hang zu Klagen und Schuldzuweisungen bei sich selbst und anderen bekämpfen kann. Fangen Sie bei sich selbst an:

1. Wenn Sie sich dabei ertappen, daß Sie darüber nachdenken, wer an einer Situation schuld ist, fragen Sie sich: »Was nützt es mir, wenn ich weiß, wer die Schuld trägt? Was gewinne ich dabei, wenn ich jemanden dafür bestrafe? Ist diese Denkweise für mich wirklich von Vorteil?«

Und wenn die Antworten, die Ihnen darauf einfallen, Sie nicht befriedigen, fragen Sie weiter: »Wie könnte ich die Situation anders betrachten? Was kann ich daraus lernen? Kann ich wirklich etwas daran verbessern, indem ich herausfinde, wer schuld ist?«

2. Werden Sie sich über Ihre Ziele klar. Wenn Sie sich über irgend etwas beklagen oder jemandem die Schuld geben, fragen Sie sich: »Warum sage ich das? Was für ein Ziel verfolge ich damit? Was für Auswirkungen wird diese Bemerkung auf meine Zuhörer haben? Was für eine Reaktion erwarte ich? Möchte ich, daß die anderen mir zustimmen? Mich aus meiner Notlage retten? Oder möchte ich ihre Aufmerksamkeit von mir selbst ablenken und erreichen, daß sie jemand anderen attackieren? Was bezwecke ich mit meinen Anschuldigungen? Ändere ich damit wirklich etwas an der Situation?« Überlegen Sie sich, was Sie tun könnten, um das Problem zu lösen.

3. Erkennen Sie Denkprogramme, die sich bei Ihnen ständig wiederholen, und entwickeln Sie Techniken, auf ein anderes Programm umzuschalten. Wenn Sie innerlich immer wieder die gleichen Geschichten rekapitulieren, erreichen Sie gar nichts. Sie steigern sich nur immer mehr in Ihren Zorn und Ihre Aufregung hinein.

Folgende Technik eignet sich gut dazu, einen unerwünschten Gedanken aus dem Gedächtnis zu verbannen: Binden Sie sich ein Gummiband ums Handgelenk. Jedesmal, wenn Sie sich dabei ertappen, daß Sie in Gedanken wieder einmal Ihre alte Schallplatte der Klagen und Schuldzuweisungen abspielen, ziehen Sie es ab und lassen Sie es dann wieder zurückschnellen. Dieser Trick hilft Ihnen dabei, sich darauf zu konzentrieren, was zu tun ist, statt einfach nur zu lamentieren.

4. Schauen Sie einmal in sich hinein und fragen Sie sich, was in Ihnen vorgeht, wenn Sie einem anderen Menschen verzeihen. Die meisten Leute konzentrieren sich auf den Wert ihres Mitmenschen und auf ihre Zuneigung zu ihm, wenn sie ihm vergeben. Mit Schuldzuweisungen treibt man den anderen letztlich nur von sich fort oder zerstört ihn sogar psychisch. Wenn Sie sich den Wert eines Menschen vor Augen halten, haben Sie vielleicht nicht mehr so sehr den Wunsch, ihn zu zerstören.

Manche Menschen neigen auch dazu, sich grundsätzlich selbst die Schuld zu geben, wenn bei der Arbeit irgend etwas schiefgeht. Damit tun sie letzten Endes nichts anderes, als sich in zwei verschiedene Menschen aufzuspalten: den Tadelnden (ihr »Ich«) und den Schuldigen, den sie nicht mit ihrem Ich identifizieren. Dann versuchen sie den Teil, mit dem sie sich nicht identifizieren können, zu bestrafen oder sich von ihm zu distanzieren. Daraus erwächst niemals etwas Positives – man bekommt nur Schuldgefühle.

Immer, wenn wir uns schuldig fühlen, sind wir gleichzeitig auch zornig auf das, was uns diese Gewissensbisse einimpft – sei es ein Außenstehender oder ein Teil unserer selbst. Diese innere Persönlichkeitsspaltung in einen guten und einen bösen Teil ist das Wesen der Neurose. Sich selbst verzeihen zu können ist ebenso wichtig für unsere geistige Gesundheit, wie anderen zu vergeben. So geht man mit anderen Menschen um, die dazu neigen, sich ständig zu beklagen und anderen die Schuld zuzuschieben:

1. Praktizieren Sie eine Technik, die ich als »kreatives Ignorieren« bezeichne. Wenn Sie von einer Menschenmenge umgeben sind, die schreit und kreischt und lauthals nach irgend etwas verlangt, bleiben Sie einfach ruhig sitzen. Diese Reaktion ist viel klüger und kreativer, als wenn Sie den anderen Menschen zustimmten.

2. Beantworten Sie Negatives mit Positivem. Immer wenn sich jemand über etwas beklagt, erwähnen Sie irgendeine positive Seite der Situation. Dann wird er vielleicht verstummen und darüber nachdenken. (Natürlich kann es auch sein, daß er Sie angreift.) Wenn er tatsächlich still wird und nachzudenken beginnt, entfernt er sich ein wenig von den Denkmustern seines Dinosauriergehirns und nähert sich der Denkweise seines Großhirns.

Negatives mit Positivem zu beantworten ist auch eine gute Taktik, um sich in ein günstiges Licht zu rücken. Die Menschen, die sich später an die Situation erinnern, werden Sie als den einzigen Menschen bewundern, der nicht den Kopf verloren hat. Sobald die anderen sich beruhigt haben, wird man sich vielleicht Ihrer Führung anvertrauen.

3.   Wenn andere Menschen sich mit Klagen an Sie wenden und Sie zu ihrem Verbündeten oder Retter machen wollen, fragen Sie sie: »Was wollen Sie gegen diese Situation tun?« Diese Frage wirkt Wunder. Wenn die anderen insgeheim von Ihnen erwartet haben, daß Sie ihr Problem für sie lösen, können Sie ihnen damit den Wind aus den Segeln nehmen. Jetzt sind sie gezwungen, selbst über die Situation und ihre Erwartungen nachzudenken – das heißt, sie müssen ihr Großhirn einsetzen. Vielleicht haben Sie keinen großen Einfluß darauf, wie andere Menschen die Realität sehen; aber wenigstens müssen Sie diese Sicht nicht als Ihre eigene akzeptieren!

9. Gut sind alle, die so sind wie ich

Sehen wir den Tatsachen ruhig ins Auge: Es gibt zwei Kategorien von Menschen. Manche Menschen glauben daran, daß sie für alles, was sie erreichen, hart arbeiten müssen; sie sind fleißig und zuverlässig. Nach einem arbeitsreichen Tag sind sie mit Recht stolz auf ihre Leistungen. Sie stehen für ihre Überzeugungen ein und verwirklichen sie in ihrem Leben. Sie sind verantwortungsbewußt, warmherzig und verständnisvoll. Sie tun etwas für ihre Familie und setzen sich auch für Menschen ein, die nicht das Glück haben, so gutsituiert und erfolgreich zu sein wie sie.

Und dann gibt es die Menschen, die erwarten, daß ihnen alles in den Schoß fällt. Ihnen ist es nicht sonderlich wichtig, gute Leistungen zu erbringen; es kommt ihnen nur darauf an, etwas zu bekommen. Sie denken immer zuerst an sich; die anderen sind ihnen völlig egal. Sie legen keinen Wert darauf, zuverlässig und vertrauenswürdig zu sein. Sie möchten sich nur amüsieren und das Leben in vollen Zügen genießen.

Vielleicht wissen Sie, wie man diese beiden Kategorien von Menschen nennt, die ich gerade beschrieben habe. Wenn Ihnen sofort Namen dafür einfallen, dann wissen Sie, wie sehr Ihr Dinosaurierhirn die Realität verzerren kann. Nichts auf dieser Welt ist unwahrer und wird bereitwilliger geglaubt als die Klassifikation, die ich gerade erwähnt habe.

Lesen Sie die Beschreibung noch einmal. Sie enthält eigentlich keine konkreten Informationen, auch keine Fakten, und die Adjektive sind sehr vage. Aber mit all diesen Sätzen sind starke moralische Werturteile verbunden. In welche der beiden Gruppen haben Sie sich selbst eingeordnet? Wenn Sie so sind wie die meisten Menschen, werden Sie wohl instinktiv dazu neigen, sich in die erste Kategorie einzustufen und andere Menschen in die zweite.

Meine Klassifikation wirkt sehr real, und doch ist sie nichts weiter als Schwarzweißmalerei, die die Menschen in Gut und Böse einteilt. Normal – und damit auch gut – sind die Menschen, die so sind wie ich; wer anders ist, der ist unnormal und schlecht. Das ist das Grundprinzip des Dinosaurierdenkens, und leider ist das menschliche Bewußtsein von solchen Vorurteilen durchsetzt.

Alle großen Verbrechen der Menschheit sind durch diese Neigung entstanden, alles in zwei Kategorien einzuteilen. Diese Klassifikation ist die neurologische Basis von Vorurteilen, Rassismus, Völkermord und Krieg. Lesen Sie die ersten beiden Absätze dieses Kapitels noch einmal. Die Argumente, die ich hier vorgebracht habe, wurden als Rechtfertigung für Ausländerfeindlichkeit, den Mord an Juden, die Versklavung Schwarzer und unzählige Kriege vorgebracht.

Über die meisten Menschen hat das Großhirn so viel Kontrolle, daß sie die Welt differenzierter sehen; doch sobald wir unserem Dinosaurierhirn die Regie überlassen, spaltet sich die Welt sofort wieder in zwei Kategorien auf: die Guten (wir) und die Bösen (alle, die nicht so sind wie wir).

Viele Probleme am Arbeitsplatz ergeben sich daraus, daß die Menschen nach gutem Glauben handeln. Sie »wissen einfach«, daß es zwei Arten gibt, etwas zu tun, eine richtige und eine falsche. Wie ich in Kapitel 32 noch näher erläutern werde, ist blinder Glaube keine gute Basis für das Funktionieren eines Unternehmens. Es ist von entscheidender Wichtigkeit, daß die Menschen am Arbeitsplatz gut miteinander auskommen; doch wenn sie die Kontrolle über ihr Leben dem Dinosaurierhirn überlassen, kann das zu Zersplitterung in viele kleine Parteien, Privatfehden und endlosen Konflikten führen.

Was tut man gegen diese Klassifizierung der Menschen in Gut und Böse? Zunächst einmal muß man selbst auf der Hut davor sein, vor allem bei Auseinandersetzungen. Prüfen Sie sich und versuchen Sie festzustellen, ob Sie sich auch wirklich nur darüber ärgern, was der andere getan hat, und nicht darüber, was er ist.

Seien Sie sich darüber im klaren, daß Ihr Dinosaurierhirn dazu neigt, die Welt in Schwarz und Weiß und Richtig und Falsch einzuteilen und daß diese Sicht mit den Tatsachen unter Umständen recht wenig zu tun hat. Achten Sie darauf, Ihren Entscheidungen stets Fakten zugrunde zu legen!

Man kann Klassifikationen nicht völlig umgehen. (Wenn ich Ihnen sage, daß es eine richtige und eine falsche Art gibt, Entscheidungen zu treffen, klassifiziere ich ja auch!) Wir müssen uns jedoch darüber im klaren sein, daß jede Klassifikation unsere Weltsicht unter Umständen begrenzt.

Häufig liegen Klassifikationssysteme unserem Denken zugrunde, ohne daß wir sie überhaupt reflektieren. Wir empfinden sie als selbstverständlich. Das kann im Berufsleben leicht zu Problemen führen.

Der Persönlichkeitskonflikt. Frau Kategosaura und Frau Klassifisaura, ihre Chefin, können sich nicht ausstehen. Frau Kategosaura hält ihre Chefin für eine Despotin, die völlig willkürliche Entscheidungen trifft und es aus unverständlichen Gründen geschafft hat, in der Firma aufzusteigen; auf alle Fälle hat sie es nicht ihrer Kompetenz zu verdanken, denn Kompetenz ist bei ihr nicht vorhanden. Das Problem besteht darin, daß sie schlicht und einfach dumm ist; und Frau Kategosaura ist nicht gewillt, sich von jemandem herumkommandieren zu lassen, der nicht annähernd so intelligent ist wie sie selbst.

Frau Klassifisaura hält ihre Untergebene für arrogant und böswillig. Sie reagiert auf alles übertrieben empfindlich und will immer das Gegenteil von dem, was ihre Chefin für richtig hält. Man kann ihr keine Anweisung erteilen, ohne daß sie sofort beleidigt ist. Sie weiß alles besser. Frau Klassifisaura würde diese unangenehme Mitarbeiterin gern loswerden, aber sie kann ihr leider kein Kapitalverbrechen anlasten, das eine Kündigung rechtfertigen würde. Sie hofft einfach, daß die Frau eines Tages selbst kündigen wird, wenn sie sie tagaus, tagein schikaniert und unter Druck setzt. Doch diesen Gefallen wird Frau Kategosaura ihr nicht tun. Das wäre ja noch schöner, wenn sie sich von einem solchen Spatzenhirn aus der Firma hinausekeln ließe!

Frau Kategosaura teilt die Menschen in zwei Klassen ein: dumme und intelligente. Chefs gehören für sie häufig in die erstere Kategorie, die Angestellten dagegen in die letztere. Wer in welche Gruppe eingeordnet wird, hängt wahrscheinlich zu einem großen Teil davon ab, wer Anweisungen akzeptiert und wer nicht. In welche Kategorie sie sich selbst einordnet, liegt auf der Hand.

Diese unerquickliche Situation kann jahrelang andauern. Sie kann eine Firma in kleine Parteien zersplittern und Magengeschwüre und Prozesse zur Folge haben. Was in diesem Fall geschehen müßte, ist für beide Frauen sehr schwierig: Sie müßten anfangen, sich gegenseitig als Menschen zu betrachten, die im selben Boot sitzen und gemeinsam dieselbe Arbeit leisten müssen. Sie müßten ihre Ähnlichkeiten und Gemeinsamkeiten erkennen und lernen, miteinander auszukommen, statt recht zu haben.

Es ist nahezu unmöglich, die Menschen dazu zu bringen, daß sie ihre Denkweise von selbst verändern. Man muß ihnen deutlich zeigen, daß ihr Verhalten sie nicht weiterbringt und daß sie einen anderen Weg finden müssen, wenn sie nicht früher oder später den Verstand verlieren wollen. Das heißt, sie müssen sich auf ihr eigenes Verhalten konzentrieren und nicht auf die Einstellung oder Persönlichkeit des anderen. In Kapitel 33 gehe ich auf solche Probleme noch ausführlicher ein.

Frau Kategosaura könnte man zum Beispiel davon überzeugen, daß sie sich taktisch klüger verhalten sollte. Man müßte ihr raten, sich ganz bewußt zu verstellen und der Chefin ihre Abneigung nicht zu zeigen. Das würde die Situation entschärfen, und sie würde in Zukunft weniger Verweise von ihrer Chefin erhalten.

Die Chefin dagegen müßte zu der Einsicht gelangen, daß ihr Haß auf Frau Kategosaura ein Luxus ist, den sie sich nicht leisten kann. Selbst wenn es ihr gelingen sollte, diese Frau loszuwerden, wird es immer wieder andere, ähnlich unangenehme Mitarbeiter geben. Man sollte sie so weit bringen, daß sie diese Mitarbeiterin als ein Arbeitsgerät betrachtet, das zwar immer wieder von neuem richtig eingestellt und repariert werden muß, aber nicht wertlos genug ist, um weggeworfen zu werden. Solche Reparaturen gehören zu den Aufgaben eines Chefs. Wenn die Geräte immer richtig funktionierten, bräuchte man keine Vorgesetzten, sondern nur jemanden, der morgens kommt und alle Geräte einschaltet!

Wenn man als Vorgesetzter einen solchen Streit beilegen muß, darf man nicht an der Tatsache vorbeigehen, daß beide Parteien genaue Vorstellungen davon haben, wer in dieser Auseinandersetzung der Gute und wer der Böse ist, wer recht hat und wer unrecht. Wenn Sie beschwichtigend sagen: »Frau Kategosaura ist doch eigentlich gar nicht so unkooperativ« oder »Eigentlich ist Ihre Chefin doch recht nett«, würden beide Sie nur anschauen, als seien Sie verrückt. Sagen Sie statt dessen lieber: »Es ist mir ganz egal, wie unmöglich Ihre Mitarbeiterin ist. Es geht jetzt nur darum, wie Sie diese Situation verbessern können.«

Ihr eigenes Dinosaurierhirn wird Sie dazu drängen, Partei zu ergreifen. Hören Sie nicht darauf. Sonst könnte es sein, daß sich der Streit zwischen den beiden Frauen zu einem Klassenkampf ausweitet!

Der Workaholic. Herr Roboterosaurus ist der typische Workaholic. Er ist pünktlich morgens um sieben im Büro und geht manchmal erst um acht oder neun Uhr abends wieder heim. Wenn er sich einmal einen Nachmittag freinimmt oder in Urlaub fährt, hat er ein schlechtes Gewissen, weil er sich einbildet, faul zu sein. Daher verbringt er seine Freizeit im allgemeinen damit, darüber nachzudenken, was er im Büro zu tun hat. Selbst seine Hobbys sind mit Arbeit verbunden.

Dieser Mann teilt sein Leben in zwei Kategorien ein: was wichtig ist und was unwichtig ist. Die wichtigen Dinge sind Arbeit, Geld, Leistung und Pflicht; alles andere ist unwichtig. Seine Familie wünscht sich nichts sehnlicher, als auf seiner Liste der wichtigen Dinge zu stehen.

Früher haben wir solche Menschen von vornherein abgetan und gesagt: »Er wird sich noch zu Tode arbeiten. Früher oder später bekommt er einen Herzinfarkt.« Das war das Wertesystem der sechziger und siebziger Jahre, das unserem eigenen Dinosaurierhirn entsprang: Wir teilten die Menschen in Gut und Böse ein und betrachteten einen Herzinfarkt weniger als Krankheit, sondern eher als Strafe, die die Bösen traf.

Neuere Forschungen deuten darauf hin, daß Herr Roboterosaurus keine größeren Aussichten hat, an einem Herzinfarkt zu sterben, als andere Menschen, die sich mehr Ruhe und Freizeit gönnen – vor allem, wenn er kein cholerischer Typ, sondern ein recht ruhiger, ausgeglichener Mensch ist. Trotzdem haben solche Menschen einige Fehler, die sich in beruflicher Hinsicht für sie ungünstig auswirken können.

Zunächst einmal sind Workaholics im allgemeinen nicht in der Lage, größere Zusammenhänge zu erkennen. Meist verrennen sie sich in Details, und das erschwert ihnen die Arbeit. Aber es liegt ihnen ja auch gar nichts daran, sich die Arbeit zu erleichtern. Sie lieben harte Arbeit und Überstunden.

Zweitens fallen solche Workaholics leicht dem Perfektionismus zum Opfer. Sie stehen unter dem Zwang, jede Aufgabe, so unbedeutend sie auch sein mag, hundertprozentig perfekt auszuführen. Doch da jeder Tag nur 24 Stunden hat, bleibt uns nichts anderes übrig, als Prioritäten zu setzen und zu entscheiden, welche Aufgaben nicht so wichtig sind und auch ein wenig ungründlicher erledigt werden können. Sonst würden wir nie etwas zustande bringen. Aber Herr Roboterosaurus würde das niemals akzeptieren. Daher sind die Workaholics dieser Welt selten effizient; sie vergeuden viel Zeit damit, Dinge zu perfektionieren, bei denen diese Perfektion eigentlich gar nicht gerechtfertigt ist.

Das größte Problem der Workaholics besteht jedoch darin, daß sie nicht gut mit anderen Menschen umgehen können. Wenn die anderen nicht bereit sind, ebenso hart zu arbeiten wie sie selbst, betrachten Workaholics das als Zeichen einer Todsünde: Faulheit. Und was kann man mit faulen Mitarbeitern schon anfangen, außer man wirft sie hinaus oder weist ihnen die untergeordnetsten Aufgaben zu und überwacht sie ständig, um zu kontrollieren, ob sie auch nicht trödeln?

Perfektionisten sind häufig extrem reizbar, und das ist bei Führungskräften, die ihre Mitarbeiter motivieren müssen, nicht gerade eine positive Eigenschaft. In ihren Augen braucht eine Führungskraft keine Rücksicht auf die Gefühle ihrer Mitarbeiter zu nehmen; sie muß lediglich Anweisungen erteilen. Gute Mitarbeiter befolgen diese Anweisungen, faule tun es nicht. Sie sind immer überrascht, schockiert und zornig darüber, wie wenig verantwortungsbewußt die anderen Menschen sich verhalten. Sie erkennen nicht, daß ihre ständige Gereiztheit ein Hauptgrund dafür ist, warum ihre Mitarbeiter demotiviert sind und sich nicht gern nach ihren Anweisungen richten.

Wenn Sie der Chef eines solchen Workaholics sind, müssen Sie auf der Ebene seines Klassifikationssystems mit ihm diskutieren. Machen Sie ihm klar, daß es eine zwar schwere, aber verdienstvolle Arbeit ist, schwierige Mitarbeiter zu führen, und daß er Wege finden muß, auch mit faulen, unbotmäßigen Angestellten zurechtzukommen – so schwierig das auch sein mag. Dann wird er sich geehrt fühlen und seine Aufgabe als Herausforderung begreifen. Kein Workaholic kann einer Herausforderung widerstehen!

Wenn Sie einen Workaholic als Chef haben, müssen Sie sich darüber im klaren sein, daß diese Arbeitssucht in der bei uns derzeit vorherrschenden Firmenkultur als positiv betrachtet wird und daß Sie keine große Aussicht haben, Ihren Chef zu ändern. Sie werden ihn nicht davon überzeugen können, daß an seiner Arbeitseinstellung etwas nicht stimmt – also versuchen Sie es am besten erst gar nicht. Offensichtlich gelingt es ja nicht einmal seiner Frau und seinen Kindern, ihn umzustimmen!

Am besten verhandeln Sie mit ihm über die Aufgaben, die Sie erfüllen müssen, und nicht darüber, innerhalb welcher Zeit diese Aufgaben zu erledigen sind. Es kann durchaus sein, daß Sie effizienter arbeiten als er; also schaffen Sie vielleicht alle Arbeiten, die er von ihnen erwartet, mit Leichtigkeit, auch wenn Sie nicht bis spätabends im Büro bleiben oder auch noch samstags kommen. Achten Sie darauf, immer einen beschäftigten Eindruck zu machen!

Workaholics sind dafür berüchtigt, daß sie von ihren Mitarbeitern genau das gleiche erwarten wie von sich selbst. Je mehr Sie die Aufmerksamkeit Ihres Chefs auf das Endergebnis Ihrer Arbeit statt auf Ihre Arbeitseinstellung und Arbeitszeit lenken, um so besser werden Sie mit ihm auskommen. Aber auch dabei ist Vorsicht geboten, denn solche Chefs erhöhen das Pensum ihrer Mitarbeiter sofort, wenn sie merken, daß diese mit ihrer Arbeit schneller fertig werden als erwartet. Wenn Sie

Ihre Aufgabe schon nach einem halben Tag erledigt haben statt nach einem, wird Ihr Chef Sie wahrscheinlich nicht für Ihre Tüchtigkeit belohnen, sondern eher Ihr Arbeitspensum verdoppeln. Je länger Sie die Fristen für Ihre Aufgaben ausdehnen können, um so besser ist es für Sie.

Wenn Sie selbst ein Workaholic sind, ist Ihnen vielleicht auch schon klargeworden, daß diese Arbeitshaltung gewisse Schwierigkeiten mit sich bringt. Die Probleme, die sich daraus für die Effizienz Ihrer Arbeit und für Ihre zwischenmenschlichen Beziehungen ergeben können, habe ich bereits erwähnt; krankhafter Arbeitseifer fordert aber auch in psychischer Hinsicht seinen Preis. Workaholics sind im allgemeinen sehr einsame Menschen.

Sind Sie auch der Meinung: »Wenn etwas richtig getan werden soll, muß man es selbst tun?« Machen Sie sich einmal klar, welche Geringschätzung anderer Menschen in diesem Satz liegt. Das große Problem für Leute wie Herrn Roboterosaurus besteht darin, daß sie einfach nicht in der Lage sind, das Leben zu genießen. Sie halten die kleinen Freuden des Lebens entweder für schädliche Arbeitsablenkungen oder für unwichtig.

Machen Sie sich keine Sorgen. Ich will Ihnen hier keine Moralpredigt halten. Wenn Ihr eigenes Leben Sie bis jetzt nicht davon überzeugt hat, daß es nicht gut ist, ein Workaholic zu sein, dann wird dieses Buch es auch nicht schaffen. Außerdem kostet es Mühe, sein Verhalten zu ändern, und ein Workaholic investiert all seine Kraft und Energie in die Arbeit.

Wenn Sie dagegen ein Workaholic sind, der sich ändern möchte, gibt es mehrere Möglichkeiten. Stellen Sie am besten einen genauen Zeitplan auf. Setzen Sie bestimmte Zeiten für die Arbeit und bestimmte Zeiten für Erholung und Vergnügen fest. Und arbeiten Sie niemals länger als Ihr Zeitplan es Ihnen erlaubt. Anfangs wird Sie das mit Unbehagen erfüllen, doch Sie werden den Umgang mit der neuen Zeiteinteilung bald lernen.

Planen Sie Zeit für Ihre Hobbys und Ihre Familie ein. Am Anfang werden Sie sich in dieser Freizeit völlig fehl am Platze fühlen und sich dabei ertappen, daß Sie ständig an die Arbeit denken, die Sie jetzt erledigen könnten. Halten Sie sich trotzdem weiterhin an Ihren Plan.

Werden Sie sich darüber klar, daß das Workaholic-Syndrom für Sie ein Problem und keine besondere Stärke ist, vor allem, wenn Sie eine leitende Position innehaben. Die Hauptaufgabe einer Führungskraft besteht darin, andere Menschen zu motivieren. Wenn Sie sich bei dem Gedanken ertappen, daß Ihre Mitarbeiter faul, unbedeutend und energielos sind, halten Sie sich vor Augen, daß diese Vorstellungen Ihrem Dinosaurierhirn entspringen. Mit Vorträgen und Strafpredigten können Sie niemanden zu produktiven Leistungen anspornen. Sicherlich hat auch meine Standpauke gerade eben auf Sie nicht gerade motivierend gewirkt, sondern Sie eher mit innerer Abwehr oder einem leisen Unbehagen erfüllt!

Das Erschöpfungssyndrom. Workaholics machen ihre Vorgesetzten und Mitarbeiter gern glauben, daß sie von ihrer Arbeit total erschöpft und gestreßt sind, weil sie jahrelang ihre ganze Kraft und Energie hineingesteckt haben, bis nichts mehr davon übrig war. Sie umgeben ihre Erschöpfung mit einem Glorienschein. Das ist eine gefährliche Falle für Menschen, die glauben, daß Geben besser ist als Nehmen.

In Wirklichkeit ist diese Art von Erschöpfung ein moralisches Problem; es basiert auf dem Zweikategoriensystem, das die Menschen in eine gebende und eine nehmende Partei einteilt. Solche gestreßten Menschen sind in Wirklichkeit gar keine Workaholics, die sich überarbeitet haben; es sind Menschen, die einen Vertrag mit dem Leben abgeschlossen haben und hinterher feststellen mußten, daß das Leben sich nicht an den Vertrag gehalten hat.

Frau Altruisaura opfert sich immer für andere Menschen auf. Sie gilt als die Mutter der Abteilung, bäckt Kekse für ihre Mitarbeiter, hört sich ihre Probleme an, hilft ihnen und arbeitet sich die Finger wund. Aber sie ist gar nicht so unglücklich dabei, denn sie hält es für gut und wichtig, so zu sein!

Frau Altruisaura hält ihren Chef und die Firmenleitung für herzlos. Diesen Leuten geht es mehr um den materiellen Erfolg als um die Menschen, die bei ihnen angestellt sind. Sie hält es für ihre persönliche Aufgabe, ihrem Chef genau auf die Finger zu sehen, ob er seine Angestellten auch nicht ausbeutet. Jedesmal, wenn er einem Mitarbeiter eine Anweisung gibt, fragt sie ihn hinterher, ob er auch mit dieser Anweisung einverstanden ist. Sie gibt mit ihrem Verhalten deutlich zu verstehen, daß der Chef nicht weiß, was er tut, und daß seine Angestellten ihn nicht kümmern.

Die Tragik ihres Lebens besteht darin, daß ihr Wohl den anderen Menschen längst nicht so sehr am Herzen liegt, wie sie sich um die anderen kümmert. Sie ist ein Mensch, der immer gibt, und der Rest der Welt besteht aus Menschen, die lieber nehmen als geben. Alle – ihre Kollegen, ihre Freunde, ihre Kinder – kommen zu ihr und erzählen von ihren Problemen, aber wer kümmert sich um sie, wenn sie selbst einmal ein Problem hat? Niemand. Sie leidet schweigend vor sich hin. Sie hat unzählige Wehwehchen und wird von Tag zu Tag deprimierter.

Diese Frau glaubt, daß gute Menschen es einem mit gleicher Münze vergelten müssen, wenn man sich um sie kümmert und für sie da ist. Sie hat zwar noch nie mit jemandem darüber gesprochen, aber sie ist immer fester davon überzeugt, daß die guten Menschen am Aussterben sind und daß sie einer der letzten ist.

Frau Altruisaura gehört zu den Menschen, die sich als vollkommen erschöpfte, ausgeblutete Opfer betrachten, die ihr Bestes gegeben haben, ohne etwas dafür zu bekommen. Diese Menschen – vor allem, wenn sie in sozialen Berufen tätig sind –, glauben daran, daß das, was sie als gutes Verhalten definieren, belohnt werden muß, selbst wenn die Firma (oder der Rest der Welt) andere Prioritäten setzt. Wenn ihr Chef sie auffordert, endlich einmal etwas Produktives zu tun, statt sich um die Angelegenheiten anderer Leute zu kümmern, fühlt sie sich mißverstanden und ungerecht behandelt. Frau Altruisaura erkennt gar nicht, daß auch ihr eigenes Verhalten von Aggression und Zorn geprägt ist. Sie wird doch niemals zornig! Sie reizt nur die anderen zum Zorn.

Solche Leute versuchen ihre Mitmenschen zu manipulieren, indem sie ihnen etwas geben und entsprechende Gegenleistungen dafür erwarten. Sie fühlen sich häufig enttäuscht und im Stich gelassen und geben die Schuld daran ihrem Chef oder ihrer Firma. Das ist natürlich viel einfacher für sie, als ihr eigenes Verhalten zu ändern. Das Dinosauriergehirn hat wieder einmal zugeschlagen!

Die falsche Position. Jetzt möchten wir einmal die Menschen unter die Lupe nehmen, die, ohne es zu wissen, ihre Karriere untergraben, weil sie davon überzeugt sind, in ihrer jetzigen Position fehl am Platze zu sein.

Frau Arrogantosaura ist sicher, daß sie sofort an die Spitze der Firmenhierarchie aufsteigen wird, wenn sie erst einmal die richtige Stellung gefunden hat. Sie hat Informatik studiert und ist Expertin für Management-Informationssysteme. Sie hat schon bei vier verschiedenen Firmen gearbeitet. Am Anfang lobten ihre Arbeitgeber sie stets in den höchsten Tönen und waren überzeugt davon, daß sie ein phantastisches Management-Informationssystem für sie entwickeln würde. Doch im Lauf der Zeit stieß sie bei ihren Mitarbeitern auf immer größeren Widerstand und fand auch nur noch wenig Unterstützung bei der Firmenleitung.

Sie hat das Gefühl, daß ihre Vorgesetzten viel mehr an Intrigen, Machtkämpfen und Firmenpolitik interessiert sind als an dem System, das sie für die Firma entwickeln könnte. Sie wünscht sich sehnsüchtig, daß man sie endlich das tun läßt, wozu sie ausgebildet worden ist; aber niemand tut ihr den Gefallen. Sie ist überzeugt davon, daß der Widerstand, auf den sie immer wieder stößt, auf die Ignoranz ihrer Mitmenschen zurückzuführen ist. Management-Informationssysteme sind der Trend der Zukunft; jede Firma braucht unbedingt ein solches System. Sie ist entsetzt über die Rückständigkeit der Firmen, bei denen sie bisher gearbeitet hat, und kann nur hoffen, daß sie eines Tages bei einer großen, modernen Firma unterkommt, die ihre Talente erkennt und zu würdigen weiß.

Dieser Frau ist nicht klar, daß jede Position einen offiziellen und einen inoffiziellen Aspekt umfaßt. Der offizielle Aspekt ist die Arbeit, für die man bezahlt wird – zum Beispiel die Entwicklung eines Management-Informationssystems. Der inoffizielle Aspekt ist das, was man beachten muß, um seine Arbeit tun zu dürfen – mit anderen Worten: die Firmenpolitik.

Frau Arrogantosaura hat nicht erkannt, daß sie die anderen von ihren Ideen überzeugen muß. Statt dessen geht sie einfach davon aus, daß ihre Vorgesetzten und Mitarbeiter in moralischer und intellektueller Hinsicht minderbemittelt sind. Das ist das typische Dinosaurierhirndenken.

In jeder ihrer bisherigen Stellungen hat sich der Konflikt nach und nach so sehr zugespitzt, daß sie sich nach einem neuen Arbeitsplatz umsehen mußte. Mittlerweile hat sie sich bei der fünften Firma beworben. Sie ist intelligent und kann sich in Einstellungsgesprächen gut verkaufen; doch bald wird sie Schwierigkeiten bekommen, weil aus ihrem Lebenslauf ersichtlich ist, daß sie es bei keiner Firma lange ausgehalten hat. Bei ihr wiederholen sich die gleichen Denk- und Verhaltensmuster immer wieder aufs neue: Sie redet sich ein, nicht am richtigen Platz zu sein, und ist enttäuscht darüber, wie schwer die anderen es ihr machen, neue Ideen zu verwirklichen. Sie gibt sich einfach keine Mühe, andere Menschen von etwas zu überzeugen; wenn sie den Wert ihrer Ideen nicht erkennen, ohne daß man sie erst mit der Nase darauf stoßen muß, sind sie schlichtweg zu dumm dazu!

Dieser Frau fehlt es an Engagement – denn das kann man nur aufbringen, wenn man sich für die Stellung, die man gerade hat, so engagiert, als sei es die richtige. (Natürlich gibt es auch Menschen, die eine offensichtlich schlechte Position behalten und trotzdem ihr Bestes geben, obwohl sie eigentlich eine viel bessere Stellung finden könnten – also müssen Sie Ihre Situation sehr sorgfältig analysieren.)

Wenn Sie beruflich »immer« am falschen Platz sind, müssen Sie lernen, sich endlich einmal für eine Position zu entscheiden und dann auch dabeizubleiben, selbst wenn Sie später das Gefühl beschleicht, nicht am richtigen Platz zu sein. Wenn Sie sich bei Ihrer Arbeit so engagieren, als seien Sie mit Ihrer Stellung zufrieden, haben Sie viel größere Chancen, bald eine bessere zu bekommen!

Dritter Teil

Wie man mit dem Dinosaurierhirn umgeht

10. Wie vermeidet man Dinosaurierreaktionen?

Haben Sie schon einmal einem wütenden Chef, Kunden oder Kollegen gegenübergestanden? Das ist keine angenehme Situation, und es kann sich verheerend auf Ihre Karriere auswirken, wenn Sie jetzt nicht richtig reagieren. Es gibt nur einen Weg, aus einer Auseinandersetzung am Arbeitsplatz als Sieger hervorzugehen: Sie müssen sie so rasch wie möglich beenden, indem Sie ihr Dinosaurierhirn zum Schweigen bringen und den Streit mit Vernunft und gesundem Menschenverstand beilegen.

Das ist allerdings leichter gesagt als getan. Die Schwierigkeiten liegen eher in der Beschaffenheit Ihres Gehirns als in der Situation begründet. Ihr Gehirn ist darauf programmiert, auf Angriffe mit einer der drei folgenden Verhaltensweisen zu reagieren: Gegenangriff, Flucht oder totale Erstarrung. Wie wir in Kapitel 4 erfahren haben, ist diese »Kampf-, Flucht- oder Erstarrungsreaktion« ein Überbleibsel aus einem früheren Evolutionsstadium, das in die Zeit der Dinosaurier fällt.

Aber das Berufsleben ist kein Dschungel. Sieger bleibt nicht der, der am lautesten schreit, sondern derjenige, der den kühlsten Kopf behält. Im Berufsleben kann man bei einer Auseinandersetzung nur gewinnen, indem man die Dinosaurier-Reaktionsmuster bewußt vermeidet. Das erreicht man am besten auf folgende Weise:

Bitten um Bedenkzeit.   Niemand wird noch zorniger auf Sie werden, als er es ohnehin schon ist, wenn Sie sagen: »Bitte warten Sie einen Augenblick. Ich muß meine Antwort erst noch überdenken.« Eine solche Pause hat häufig auch auf Ihr Gegenüber eine beruhigende Wirkung.

Hören Sie auf Ihr Herz – und zwar nicht im übertragenen, sondern im wörtlichen Sinn.   Wenn Ihr Herz rasch schlägt, seien Sie auf der Hut. Je erregter Sie sind, um so weniger klar können Sie denken und um so wahrscheinlicher ist es, daß Sie in ein Dinosaurier-Verhaltensmuster verfallen.

Im allgemeinen ist es ein Alarmzeichen, wenn Ihr Herz öfter als 100mal pro Minute schlägt. Es gibt mehrere Möglichkeiten, die Herzfrequenz zu überwachen. Wenn Sie regelmäßig joggen oder Aerobic betreiben, kennen Sie die Methoden sicherlich bereits. Für andere gilt folgende einfache Faustregel: Wenn Sie merken, daß Ihr Herz schnell schlägt, beruhigen Sie sich erst einmal, ehe sie reagieren. Auf andere Anzeichen innerer Erregung bin ich bereits in Kapitel 4 eingegangen.

Nehmen Sie sich Zeit und die Mühe, zur Ruhe zu kommen. Atmen Sie tief durch, setzen Sie sich hin, zählen Sie auf zehn oder tun Sie irgend etwas anderes, womit Sie Ihre innere Erregung dämpfen können.

Unterdrücken Sie alle spontanen Reaktionen. Selbst wenn Ihnen eine schlagfertige Antwort auf der Zunge liegt, beißen Sie sich auf die Lippen und schweigen Sie? Denn ihre erste Reaktion ist fast immer eine typische Dinosaurier-Kampf-oder-Flucht-Reaktion. Typische Sätze dieser Art sind:

>>Wer sagt das?<<

>>Das war ich nicht!<<

>>Das hätten Sie mir vorher sagen sollen!<<

>>Diese Zahlen stimmen nicht!<<

>>Ich habe etwas ganz anderes gesagt . . .<<

All das sind Reptilienreaktionen, die auf den Verhaltensmustern Angriff und Verteidigung basieren. Damit reizen Sie Ihr zorniges Gegenüber nur noch mehr.

Wenn jemand wütend auf Sie ist, müssen Sie sich Ihre Strategie sorgfältig zurechtlegen. Es hat keinen Sinn, Fehler einzugestehen oder dem anderen zu zeigen, daß man sich getroffen fühlt, solange man die Situation nicht genau überdacht hat. Überlassen Sie vorschnelle Reaktionen den anderen.

Fragen Sie sich: »Was will ich eigentlich erreichen?« Und dann richten Sie Ihre Handlungen nach diesem Ziel aus. Überdenken Sie die Lage sorgfältig, ehe Sie sich für eine Reaktion entscheiden.

Wenn jemand Sie anschreit, reagieren Sie erst, wenn Ihr Gesprächspartner sich wieder beruhigt hat. Reden Sie leise mit ihm. Wenn Sie es für angebracht halten, bitten Sie ihn, sich zu beruhigen.

Ich fordere mein Gegenüber in einer solchen Situation immer auf: »Bitte schreien Sie mich nicht an«, aber mit einer solchen Formulierung schürt man die Aggressionen des anderen unter Umständen nur noch mehr. Es ist viel klüger, Ihren Gesprächspartner höflich zu bitten: »Könnten Sie das noch einmal etwas langsamer wiederholen?« (Haben Sie schon einmal versucht, jemand anderen langsam anzubrüllen?) Damit erreichen Sie, daß der andere sich auf den Inhalt seiner Worte konzentriert statt auf die Lautstärke.

Mit ruhigem, freundlichem Verhalten kann man einem zornigen Menschen am leichtesten den Wind aus den Segeln nehmen.

Am Telefon haben wir die Angewohnheit, unseren Gesprächspartner hin und wieder zu unterbrechen, ohne ein Wort zu sagen, indem wir in regelmäßigen Abständen »Hmmm« machen. Das tun wir im allgemeinen, wenn der andere gerade einmal eine Atempause macht. Wenn Sie drei Atempausen verstreichen lassen, ohne »Hmmm« zu machen, wird Ihr Gesprächspartner wahrscheinlich innehalten und fragen, ob Sie noch am Apparat sind. Das ist ein günstiger Zeitpunkt, um ihn zu bitten, das Ganze noch einmal etwas langsamer zu wiederholen.

Denken Sie daran, daß es nichts nützt, Erklärungen abzugeben. Häufig sind solche Erklärungen nur verkleidete Gegenangriffs- oder Fluchtreaktionen:

Gegenangriff: »Ich arbeite schon seit zwanzig Jahren hier, und bisher ist noch nie jemand mit diesem Problem zu mir gekommen.« In klares, unmißverständliches Deutsch übersetzt, bedeutet das: »Sie sind der dümmste Mensch, der mir in den letzten zwanzig Jahren begegnet ist.« Es ist ein Angriff und wird auch als solcher aufgefaßt.

Was nützt es dem anderen schon, wenn er weiß, daß außer ihm noch kein anderer dieses Problem gehabt hat? Er hat das Problem, und das ist das einzige, worauf es ihm im Augenblick ankommt.

Jede Äußerung, mit der Sie dem anderen keine nützliche Information geben, entspringt aus Ihrem Dinosauriergehirn. Auch Fragen, mit denen man eigentlich Informationen erteilt, statt welche zu erbitten, sind typische Dinosaurierhirnreaktionen, zum Beispiel: »Was glauben Sie, was der Chef dazu sagen wird, wenn er davon erfährt?«

Flucht: Es ist eine altbekannte Tatsache, daß an 9,82 Prozent aller Fehler, die in Firmen gemacht werden, entweder der Computer oder irgendein neuer Angestellter schuld ist.

Wenn Sie das einem wütenden Chef oder Kunden sagen, wird er

dann denjenigen anschreien, der für den Fehler verantwortlich ist? Nein. Er wird weiterhin Sie anschreien, und zwar noch lauter als bisher, denn er hat jetzt das Gefühl, an der Nase herumgeführt zu werden. Ihn kümmert es nicht, wer schuld ist. Das ist Ihr Problem. Ihn interessiert nur, wie Sie die Sache wieder in Ordnung zu bringen gedenken.

Mit den meisten Erklärungen versuchen wir uns im Grunde genommen zu rechtfertigen. Wir wollen damit sagen: »Ich bin im Recht. Ich habe alles richtig gemacht.« Aber das ist falsch. Man muß sich bemühen, das Gesicht des anderen zu wahren. Wer recht hat, ist Sieger. Wenn Sie die Situation so hinbiegen, daß Sie im Recht sind, machen Sie Ihr Gegenüber dadurch zwangsläufig zum Verlierer.

Erklären Sie nichts – es sei denn, Ihre Erklärung trägt zur Lösung des Problems bei. Wenn Sie schon etwas erklären müssen, dann tun Sie es wenigstens erst, nachdem Sie sich darüber klargeworden sind, was der andere von Ihnen erwartet.

Zeigen Sie Ihrem Gesprächspartner, daß Sie ihm aufmerksam zuhören. Fassen Sie das Gehörte hin und wieder mit ein paar Sätzen zusammen und formulieren Sie es einfach um. Sagen Sie ihm, daß Sie vollstes Verständnis für seine Empörung haben. Hier sind ein paar Formulierungen, die Ihnen in einer solchen Situation gute Dienste leisten können:

»Wenn ich Sie richtig verstanden habe, fühlen Sie sich ungerecht behandelt, weil Ihre Leistungen nur als ›befriedigend‹ und nicht als ›hervorragend‹ bezeichnet wurden.«

»Die Sendung muß also unbedingt zum vereinbarten Termin bei der Firma X ankommen, sonst bekommen wir große Schwierigkeiten.«

»Sie haben also das Gefühl, daß ich Sie bei der Konferenz nicht genügend unterstützt habe.«

»Ich kann mir vorstellen, daß das für Sie sehr unangenehm ist.«

»Darüber würde ich mich auch aufregen.«

Mit diesen Umformulierungen und Bestätigungen erreicht man zweierlei: Man stellt klar, worin das Problem eigentlich besteht, und gibt dem anderen gleichzeitig das Gefühl, im Recht zu sein.

Fragen Sie den anderen: »Was soll ich tun?« Aber legen Sie die Betonung ja nicht auf das Wort »ich«, sondern auf das Wort »tun«! Hören Sie sich die

Antwort aufmerksam an und wiederholen Sie sie noch einmal mit anderen Worten, um sicherzugehen, daß Sie Ihren Gesprächspartner auch richtig verstanden haben.

Um eine solche Frage beantworten zu können, muß Ihr Gegenüber erst einmal nachdenken – das heißt, er muß von seinem Dinosaurierhirn aufs Großhirn umschalten.

Sagen Sie dem anderen, was für ein Ziel Sie anstreben. Weisen Sie einen zornigen Menschen nie darauf hin, was er gerade falsch macht oder falsch gemacht hat und warum er sich wie ein Dinosaurier benimmt. Er würde es nur bestreiten, und schon wäre wieder eine neue Auseinandersetzung im Gange. Statt dessen versuchen Sie es lieber mit einem der folgenden Sätze:

»Ich würde gern zu einem sinnvollen Kompromiß mit Ihnen kommen.« (Nicht: »Sie sind absolut nicht kompromißbereit.«)

»Ich könnte Ihnen 4 DM pro Stück bezahlen.« (Nicht: »Ihre Forderung ist zu hoch.«)

»Wir sollten zu einer Einigung finden, die uns beide zufriedenstellt.« (Nicht: »Sie sind der sturste Mensch, der mir je begegnet ist.«)

»Ich möchte gern das Gefühl haben, daß ich für die Firma wertvoll bin.« (Nicht: »Sie wissen meine Leistungen nicht richtig zu würdigen.«)

Das Dinosauriergehirn wird jeden Satz, der mit »Sie sind . . .« beginnt, als Angriff empfinden (selbst wenn es gar keiner ist) und sich sofort dagegen verteidigen.

Verhandeln Sie. Vieles hängt von der richtigen Verhandlungstaktik ab. Folgende Formulierungen sind bei Verhandlungen sinnvoll:

»Wenn ich Sie richtig verstanden habe, möchten Sie . . .«

»Ich möchte . . .«

»Ich biete Ihnen X an, wenn Sie bereit sind, mir Y zu geben.«

Verhandeln Sie so lange, bis Sie zu einer Einigung gekommen sind.

Fassen Sie die Punkte, auf die Sie sich mit Ihrem Gesprächspartner geeinigt haben, zum Abschluß noch einmal zusammen. Hier sind einige Beispiele dafür:

»Wenn ich das Projekt bis zum 15. März zu Ende führe, bekomme ich also eine Gehaltserhöhung von zehn Prozent.«

»Wir zahlen also 3,50 DM pro Stück für die ersten zehntausend, wenn Sie den Preis für die nächsten zwanzigtausend, die wir in diesem Kalenderjahr kaufen, um 25 Pfennig senken.«

»Ich werde versuchen, Sie mehr zu unterstützen, und Sie werden sich Mühe geben, pünktlicher zu sein. In zwei Wochen treffen wir uns wieder, um zu besprechen, wie es funktioniert hat.«

Das letzte Beispiel veranschaulicht einen weiteren wichtigen Aspekt dieser Strategie: Setzen Sie sich eine bestimmte Frist, nach der Sie Ihre Entscheidung beide noch einmal überdenken können. Das ist im Geschäftsleben nicht nur sinnvoll, sondern gibt Ihnen beiden noch einmal die Gelegenheit, über Ihre Vereinbarung zu diskutieren und eventuell notwendige Veränderungen rational und in aller Ruhe durchzuführen.

Wenn möglich, lassen Sie dem anderen das letzte Wort. Manchmal kann unser Dinosauriergehirn der Versuchung nicht widerstehen, zum Abschluß noch etwas zu sagen, was alles bisher Erreichte wieder zunichte macht. Denken Sie daran: Das letzte Wort haben zu wollen, ist ein Zeichen von Aggressivität.

11. Unser »innerer Bildschirm«

Es ist eine altbekannte Tatsache, daß negative Gedanken schlechte Stimmungen auslösen. Wenn Sie nicht schlecht gelaunt sein möchten, müssen Sie also alle negativen Vorstellungen aus Ihrem Gedächtnis verbannen.

Das ist für viele Menschen leichter gesagt als getan. Sie wissen gar nicht, daß man seine Gedanken unter Kontrolle haben kann. Für sie kommen Gedanken einfach irgendwoher, und sie müssen sich alles ansehen, was ihr innerer Bildschirm ihnen vorführt – wie beim Fernsehen.

Unsere Gedanken und Vorstellungen haben tatsächlich eine gewisse Ähnlichkeit mit dem Fernsehen, nur mit dem einen Unterschied: Sie produzieren die Programme und können selbst entscheiden, was ausgestrahlt wird. Wenn Sie nicht so glücklich sind, wie Sie gern sein möchten, hängt das vielleicht mit der Qualität Ihrer Programme zusammen! Ich habe hier ein paar Programme für Sie zusammengestellt, die Sie unter allen Umständen vermeiden sollten, weil man davon Depressionen bekommen kann.

19.00 (2) **ES GEHT IMMER ALLES SCHIEF** – Nachrichten
Ist es nicht merkwürdig, daß immer alles zum falschen Zeitpunkt passiert? Warum sind die Menschen nur so dumm und rücksichtslos?

(3) **WENN ICH ES NUR KÖNNTE** – Wettspiel
Die Teilnehmer haben tausend Entschuldigungen für ihre Mißerfolge. Sie gewinnen nichts, aber es ist nicht ihre Schuld.

19.30 (2) **WAS FEHLT MIR EIGENTLICH?** – Medizinische Talkshow
Die Kandidaten sprechen über ihre Symptome und stellen fest, daß sie an schweren, seltenen Krankheiten leiden.

(3) **WENN DU MICH WIRKLICH LIEBTEST** – Familiendrama
Ein Fernsehspiel über Ihren Ehealltag. Das Verhalten Ihres Ehepartners wird in allen Datails kritisch unter die Lupe genommen. Heutige Folge: Sie hat mich nie geliebt.

20.00 (2) **DER WEG ZUM RUIN** – Eine Reportage aus dem Berufsleben

Heute: Was soll ich tun, wenn man mir kündigt? Meine Firma befindet sich in einem finanziellen Engpaß – Entlassungen sind unvermeidlich. Sonderbericht: Der Bankrott als einzige Alternative.

(3) MEINE NEUE KARRIERE – Talkshow

Ein Bericht über die Stellung, die Sie sich schon immer gewünscht haben – und warum der Zeitpunkt für eine Veränderung im Augenblick nicht günstig ist.

20.30 (2) IST SIE MIR UNTREU? – Eine Ehetragödie

Kleine Anhaltspunkte, Indizienbeweise . . . Nein, es kann nicht sein. Aber andererseits . . . Wer sagt, daß man aus einer Mücke keinen Elefanten machen kann?

(3) DER CHEF HAT HEUTE SEINEN SCHLECHTEN TAG – Show

Alle Kandidaten bemühen sich, nichts zu sagen, was den Chef ärgern könnte. Sie dürfen nur auf den Zehenspitzen gehen. Wer einen Fehler macht, muß ausscheiden.

21.00 (2) DAS TOTALE CHAOS – Show

Ihren Mitarbeitern werden Projekte zugeteilt, ohne daß Sie sie ständig überwachen können. Die erschreckenden, manchmal auch erheiternden Resultate sehen Sie in dieser Show.

(3) MAN MUSS EBEN BEZIEHUNGEN HABEN – Drama

Eine Serie, die jede Woche von neuem veranschaulicht, daß nicht die kompetentesten und qualifiziertesten Mitarbeiter berufliche Aufstiegschancen haben, sondern die Speichellekker, die die besten Beziehungen haben. Heute: Ich habe keine Chance – er ist im selben Kegelverein wie der Chef.

21.30 (2) DIE BOSSE – Situationskomödie

Sie halten sich für den Nabel der Welt. Dabei können sie über ihren eigenen Nabel nicht hinausschauen. Sie wissen nicht, was sie wollen, und geben einem alle zwei Stunden neue Anweisungen. Warum haben eigentlich immer die größten Ignoranten das Sagen? Heute: Der Chef hat wieder einmal seine Meinung geändert.

(3) DIE MITARBEITER – Ein Trauerspiel

Sie kommen zu spät zur Arbeit, warten schon eine halbe Stunde vor Ende der Kernzeit an der Stempeluhr, trödeln, machen alles falsch, und ihre Hausärzte schreiben sie wegen jeder Kleinigkeit krank. Heute: Sagen Sie dem Kunden, er soll mich nicht stören, ich telefoniere gerade mit meiner Freundin!

22.00 (**2**) **DIE FALSCHE ENTSCHEIDUNG** – Drama

Sind Sie sich eigentlich darüber im klaren, daß alle Entscheidungen, die Sie im Lauf des heutigen Tages getroffen haben, falsch sein könnten. Heute: Vielleicht läßt es sich noch rückgängig machen.

(**3**) **UND WENN EINE STEUERPRÜFUNG KOMMT?** – Horrorfilm

Finanzbeamte durchsuchen Ihre Aktenordner. Heute: Habe ich auch wirklich alle verdächtigen Belege vernichtet?

22.30 (**2**) **ICH BIN SO GESTRESST** – Nachrichten

Ein Bericht über alles, was Sie diese Woche unbedingt noch erledigen müssen, und die Katastrophen, die mit tödlicher Sicherheit eintreten werden, wenn Sie es nicht schaffen.

(**3**) **ICH BIN MIT MEINER ARBEIT IM RÜCKSTAND!** – Die Nachrichten von gestern

Wiederholung Ihrer gestrigen Erledigungsliste mit Hinweisen auf alles, was Sie versäumt haben. Wenn Sie nicht schneller arbeiten, werden Sie bald unter der Last Ihrer unerledigten Aufgaben ersticken!

23.00 (**2**) **WAS ER WOHL DAMIT GEMEINT HAT?** – Drama

Endlose Spekulationen über beiläufige Bemerkungen wichtiger Leute. Heute: Fand der Chef meinen Bericht *wirklich* gut?

(**3**) **ICH HÄTTE IHM SAGEN SOLLEN . . .** – Komödie

Plötzlich kommen Ihnen die brillantesten Einfälle. Schlagfertige Antworten – und wie sie Ihr Leben verändert hätten, wenn Sie Ihnen damals eingefallen wären.

23.30 (**3**) **DIE BUCHHALTUNGSABTEILUNG HAT ES AUF MICH ABGESEHEN** – Phantasien eines Verfolgten

Was Sie auch tun – es ist falsch. Alle Defizite werden Ihrer Abteilung zur Last gelegt. Und niemand kann die Leute von der Buchhaltungsabteilung daran hindern, Sie zum Sündenbock abzustempeln, weil kein Mensch etwas von ihren Berechnungen versteht.

24.00 (**2**) **GODZILLA IV** – Horrorfilm

Prähistorische Ungeheuer landen in Form einer Konkurrenzfirma auf unserem Planeten. Aus unerfindlichen Gründen sind sie in der Lage, alle Produkte billiger anzubieten als Ihre Firma. Der Ruin steht vor der Tür.

2.00 (**3**) **ALLE MEINE PROBLEME – Psychodrama**

Eine Zusammenstellung der katastrophalsten Ereignisse von gestern, heute und morgen. Für alle, die eine schlaflose Nacht verbringen möchten.

12. Reizbarkeit und schlechte Laune

Die Zusammenarbeit mit einem griesgrämigen, reizbaren Dinosaurier kann Ihre Geduld wirklich auf eine harte Probe stellen. Ein leicht erregbares Reptil ist imstande, Ihnen den Kopf abzureißen, wenn Sie zum falschen Zeitpunkt lächeln. Es wird vor Entrüstung schnauben, wenn Sie eine Frage stellen, die es für überflüssig hält, und Sie im Waschbecken ertränken, wenn Sie es wagen, einen Bericht zwei Tage zu spät abzugeben. Vielleicht sind Sie selbst ein solcher Dinosaurier? Es ist wichtig für Ihr inneres Gleichgewicht, Ihren Gefühlen Luft zu machen; aber es nützt nichts, seiner Nervosität und Gereiztheit ständig freien Lauf zu lassen. Solche dauernden Zornesausbrüche sind erstens unangenehm für Sie selbst; und wenn Sie dazu neigen, Ihre Frustration und Enttäuschung an Ihren Kollegen auszulassen, hat das noch viel schlimmere Konsequenzen.

Wer einen Wutanfall bekommt, reagiert im allgemeinen übertrieben emotional auf irgendeine Kleinigkeit, die andere Menschen gar nicht als so schlimm empfänden. Mit solchen Reaktionen kann man seiner Karriere schaden und in den Ruf eines unbeherrschten Menschen geraten.

Neuere Untersuchungen deuten darauf hin, daß übermäßige Aggressivität und die Tendenz, andere Menschen in die Defensive zu drängen, uns am häufigsten daran hindern, unsere Möglichkeiten als Manager voll zu entfalten. Ihre Mitarbeiter merken es, wenn Sie häufig nervös und gereizt sind, und es irritiert sie und beeinträchtigt ihre Motivation. (Ich habe in diesem Zusammenhang eine merkwürdige Beobachtung gemacht: Manche Machos der alten Schule, die glauben, Frauen seien keine guten Manager, weil sie »zu emotional reagieren«, halten ihre eigene Gereiztheit keineswegs für eine emotionale Reaktion, sondern für ein gottgegebenes Privileg der Männer.)

Viele Geschäftsleute, die zur Reizbarkeit neigen, glauben, daß sie durch Zornausbrüche ihre innere Spannung reduzieren können und daß sie eine Zeitlang ruhig und gelassen sein werden, wenn sie ihrem Ärger einmal Luft gemacht haben. Das ist leider ein Irrtum. Ich vergleiche ihn gern mit Freuds Theorie über aufgestaute Emotionen. Freud glaubte, daß

Emotionen sich in uns ansammeln wie Gase in den Därmen und daß wir sie gelegentlich ablassen müssen, um den Druck loszuwerden.

Neuere Forschungen haben jedoch ergeben, daß diese Theorie nicht stimmt. Im Gegenteil: Wenn Sie an die Decke gehen, hebt das Ihren Erregungspegel nur noch mehr an, statt ihn zu senken. Die Wahrscheinlichkeit, daß Sie sich in Zukunft immer wieder durch einen Wutausbruch Luft machen, wird dadurch immer größer. Außerdem wecken Sie mit Ihren Zornausbrüchen in Ihren Mitmenschen Ressentiments und den Wunsch, es Ihnen eines Tages heimzuzahlen.

Was geht in uns vor, wenn wir wütend und gereizt sind? Wie die meisten anderen emotionalen Reaktionen entspringt Gereiztheit unserem Dinosaurierhirn. Wenn wir uns dessen bewußt sind, können wir solche Reaktionen mit ein wenig Übung leicht unter Kontrolle bekommen oder sogar völlig verhindern. Wir müssen nur wissen, daß sie in vier Phasen ablaufen:

1. Zunächst einmal muß es eine Ursache geben, die unserer ständigen Gereiztheit zugrunde liegt – zum Beispiel Streß, Sorgen oder ein zu geringes Selbstbewußtsein. Häufig sind solche Ursachen chronisch. Bei Frauen können hormonelle Veränderungen im Rahmen ihres Monatszyklus zu emotionalen und auch physischen Veränderungen führen, die man als »prämenstruelles Syndrom« bezeichnet. Übermäßiger Koffein-, Alkohol- oder Tablettenkonsum kann ebenfalls eine große Rolle spielen.

2. Jetzt tritt eine unangenehme Situation ein. Im allgemeinen ist es nichts wirklich Schwerwiegendes. Aber wir halten es irrtümlicherweise für die wahre Ursache unseres Zorns.

3. Unser Erregungspegel steigt, und unsere innere Gereiztheit wird jetzt auch für die anderen deutlich erkennbar. Im allgemeinen beginnt zuerst unser Herz schneller zu schlagen. Es gibt auch noch andere körperliche Signale: ein rot angelaufenes Gesicht, angespannte Muskeln, zusammengebissene Zähne, Kopfschmerzen, Verdauungsstörungen oder Zittern. Viele Menschen berichten auch, daß es Ihnen in solchen Situationen kalt den Rücken hinunterläuft oder sie ein merkwürdiges Gefühl in der Magengrube haben.

4. Jetzt kommen uns Gedanken, die die Situation noch verschlimmern. Sie können durchaus rational klingen; doch in Wirklichkeit entspringen sie unserer Reptilienlogik.

Reizbare Leute geraten im allgemeinen wegen irgend etwas in Zorn, was sie »einfach unglaublich« finden:

»Das darf doch nicht wahr sein! Ich habe ihr doch klar und deutlich gesagt, sie soll . . .«

»Wie kann man nur so einen blödsinnigen Fehler machen? Bin ich denn von lauter Idioten umgeben?«

In Wirklichkeit steigert das Dinosauriergehirn sich dadurch, daß es diese »unglaublichen« Vergehen ständig rekapituliert, immer mehr in seine Rage hinein. Es versucht seinen Zorn zu rechtfertigen, indem es ein und denselben inneren Monolog immer wieder »abspielt«. Unser innerer Bildschirm strahlt wieder einmal eine seiner zahlreichen Wiederholungen aus.

Solche Reaktionen bekommt man am besten in den Griff, indem man sich darüber klar wird, daß man sich dadurch nur noch mehr in seine Erregung hineinsteigert, statt wirklich etwas zur Klärung der Situation und zur Lösung des Problems beizutragen. Wenn Ihr Dinosauriergehirn Ihnen zuzischt: »Das ist doch unglaublich! Wie kann man nur . . .«, ignorieren Sie es. Setzen Sie sich hin und entspannen Sie sich. Wutausbrüche sind ein Luxus, den die meisten von uns sich nicht leisten können.

Herr Cholerosaurus wußte, daß heute einer der Tage war, an denen einfach alles schiefgeht. Es fing schon damit an, daß seine Frau vergessen hatte, Sahne zu kaufen, und er seinen Frühstückskaffee schwarz trinken mußte. Und wie oft muß er seine Kinder eigentlich noch daran erinnern, die Zahncreme von hinten aus der Tube herauszudrücken und nicht von der Mitte her? Auf der Fahrt ins Büro war er zwischen einem Auto mit Wohnwagenanhänger und einem dieser überdimensionalen Laster eingekeilt. Schnecken! Und jetzt kommt auch noch dieser blöde neue Kollege den Korridor entlang und pfeift diese alberne Melodie, die ihn heute wahrscheinlich den ganzen Tag verfolgen wird. Am liebsten hätte er ihn angehalten und ihm gesagt, er solle sein albernes Gezwitscher für sich behalten.

Bei jedem dieser morgendlichen Mißgeschicke stieg sein Adrenalinspiegel ein wenig höher. Immer wieder mußte er daran denken, was heute schon alles schiefgegangen war, und von Mal zu Mal regte er sich mehr darüber auf. Als er schließlich an seinem Schreibtisch saß, war sein Dinosauriergehirn so auf hundert, daß er förmlich nach jemandem suchte, an dem er seinen Zorn auslassen konnte.

Solche Verhaltensmuster bekommt man am besten unter Kontrolle, indem man sich vor Augen hält, daß es eine typische Angewohnheit unseres Dinosauriergehirns ist, Mißgeschicke aneinanderzureihen wie Perlen an einer Kette und sie dann in Gedanken immer wieder herzubeten wie einen Rosenkranz. Man kann die Explosion nur verhindern, indem man dieser ewig gleichen Litanei in seinem Inneren einen Riegel vorschiebt. Hätte Herr Cholerosaurus ein Gummiband am Handgelenk getragen und es bei jedem dieser negativen Gedanken dagegenschnippen lassen, wie ich es in Kapitel 8 empfohlen habe, hätte ihn das vielleicht ernüchtert und ermahnt, sich erst einmal zu beruhigen, statt gleich einen Wutanfall zu bekommen.

Man braucht schon ein wenig Übung, um die Warnsignale zu erkennen. Den meisten Menschen geht es genauso wie Herrn Cholerosaurus: Sie merken erst, was los ist, wenn ihre innere Sicherung schon längst durchgebrannt ist. Sein erster Impuls drängte ihn dazu, dem pfeifenden Kollegen im Korridor die Meinung zu sagen. Wenn er diesem Impuls nachgegeben hätte, hätte er vor allen Kollegen die Beherrschung verloren und wegen einer völlig belanglosen Kleinigkeit Aufsehen erregt. Dann wären wahrscheinlich bald die wildesten Gerüchte über ihn im Umlauf gewesen, und vielleicht hätte er sich auch seinen pfeifenden Kollegen zum Feind gemacht.

Nun wollen wir uns einmal überlegen, was Herr Cholerosaurus tun könnte, um von Dinosaurierdenken aufs Großhirndenken umzuschalten, ehe er sich zu einer vorschnellen Reaktion hinreißen läßt. Er könnte zunächst einmal ein paar tiefe Atemzüge tun, die Augen schließen und bewußt alle seine Muskeln entspannen. (In Kapitel 18 gehe ich noch ausführlicher auf Streßbewältigungstechniken ein.)

Dann könnte er die unangenehmen Ereignisse dieses Morgens noch einmal kurz rekapitulieren und nach dem wahren Grund seiner Gereiztheit suchen. Vielleicht war der schwarze Kaffee, den er zum Frühstück getrunken hat, zu stark? Oder ist er schon gestreßt und nervös aufgewacht, weil der Bericht, den er zum Monatsende abgeben sollte, bereits seit fünf Tagen überfällig ist? Möglicherweise ist der pfeifende Kollege wirklich eine Nervensäge – aber Herr Cholerosaurus sollte sich trotzdem fragen, ob dieses unerwünschte Konzert Grund genug ist, um in aller Öffentlichkeit einen Wutanfall zu bekommen.

Wenn er sein Großhirn einsetzt, hat er die Möglichkeit, sich zwischen mehreren verschiedenen Verhaltensalternativen zu entscheiden und die vernünftigste zu wählen. Und vor allem muß er aufhören, die negativen Ereignisse dieses Morgens in Gedanken andauernd zu wiederholen. Sonst wird es seinem Dinosaurierhirn früher oder später gelingen, das Großhirn davon zu überzeugen, daß an einem solchen Unglückstag jede noch so heftige Reaktion gerechtfertigt ist. Seltsamerweise scheinen Menschen, die solche »unglaublichen« Zwischenfälle in sich aufstauen und ständig rekapitulieren, einen Unglückstag nach dem anderen zu haben. Wen die Götter zerstören möchten, den bringen sie zuerst einmal in Wut – und dann sehen sie mit lächelnder Gelassenheit zu, wie er sich selbst zerstört.

Menschen, die die Angewohnheit haben, solche wirklichen oder vermeintlichen Mißgeschicke und Ungerechtigkeiten innerlich dauernd zu wiederholen, müssen sich darüber klarwerden, daß es ihnen nichts nützt, sondern die Situation nur noch verschlimmert, wenn sie auf ihrem inneren Bildschirm immer wieder das gleiche Programm abspielen. Sie müssen lernen, auf ein anderes Programm umzuschalten. Ein Gummiband, das sie am Handgelenk tragen und dagegenschnellen lassen, sobald wieder einmal eine ihrer Wiederholungen auf dem Bildschirm erscheint, kann sie daran erinnern, rechtzeitig aufs Knöpfchen zu drücken.

Wenn Herr Cholerosaurus sich ein paar Minuten Zeit nimmt, um physisch und körperlich zur Ruhe zu kommen, wird es ihm gelingen, das Credo seines Dinosaurierhirns – »Wenn etwas schiefgeht, finde den Schuldigen und bestrafe ihn« – zu ignorieren und auf rationales Denken umzuschalten. Sobald sein Großhirn die Kontrolle übernimmt, wird ihm vielleicht klar, daß er schon seit langem Aggressionen gegen seinen pfeifenden Kollegen hat und insgeheim nur auf eine Gelegenheit wartete, sich mit ihm anzulegen. Sein Großhirn wird ihm vielleicht auch raten, heute keinen Kaffee mehr zu trinken, sondern lieber Fruchtsaft – und endlich den überfälligen Bericht fertigzustellen!

Viele berufstätige Frauen bekommen Probleme, sobald sie die »gläserne Mauer« erreichen, die sie daran hindert, ebenso hohe Positionen zu erreichen wie ihre männlichen Kollegen. Frauen – ganz gleich, in welchem Stadium ihrer Karriere sie sich befinden – müssen sich auch heute immer noch damit abfinden, daß an ihr Verhalten andere Maßstäbe angelegt werden als an das der Männer. Das gilt auch für Gereiztheit und Wutausbrüche am Arbeitsplatz.

Wenn ein männlicher Vorgesetzter seine Angestellten anschnauzt, gilt er vielleicht als »aggressive Führungspersönlichkeit«. Wenn eine Frau zu kurz angebunden ist, bezeichnet man sie hinter ihrem Rücken als »Giftschlange«. Es schadet jedem, wenn er seine Gereiztheit an seinen

Mitarbeitern ausläßt – aber einer Frau schadet es mehr. Daher müssen vor allem Frauen lernen, ihre Nervosität und Reizbarkeit unter Kontrolle zu halten. Das ist für sie ein wichtiger Schritt zum beruflichen Erfolg.

Seit Frau Nervosaura heute morgen aufgestanden ist, hatte sie noch keine einzige Minute Zeit für sich selbst. Ihr Wecker hat nicht geklingelt, also ist natürlich ihre ganze Familie zu spät aufgestanden: Niemand käme auf den Gedanken, auch einmal selbst den Wecker zu stellen. Wenn sie sie nicht weckte, würden sie bis zwölf Uhr mittags weiterschlafen! Dann wollte jeder etwas anderes zum Frühstück haben, und natürlich war sie als Köchin und Dienstmädchen der Familie für all diese Sonderwünsche zuständig. Anschließend mußten die Vesperbrote gestrichen und eingepackt werden. Warum konnten sie das nicht ausnahmsweise einmal selbst tun? Ist sie denn die Sklavin ihrer Familie? Sogar ihr Mann stand nur hilflos daneben, während sie mit einem butterbeschmierten Messer in der Küche herumrannte und nach dem Brot suchte. Typisch Mann! Sie sind wirklich zu nichts zu gebrauchen.

Ihr eigenes Frühstück mußte sie natürlich ausfallen lassen. Es war einfach keine Zeit mehr dazu. Sonst hätte sie im Nachthemd ins Büro fahren müssen. In der Eile zog sie einen Rock an, der ihr in den letzten Monaten zu eng geworden war. Als sie im Auto saß und zur Arbeit fuhr, drückte das Gurtband des Rockes gegen ihren Magen, ihr Bauch quoll hervor, als sei sie im sechsten Monat, sie hatte rasende Kopfschmerzen, und ihre Hände zitterten. Heute oder morgen mußte ihre Periode einsetzen. Sie hatte das Gefühl, gleich zu explodieren.

Als sie im Büro angelangt war, kam es noch schlimmer. Kaum saß sie am Schreibtisch, klingelte das Telefon, und seitdem wollte alle fünf Minuten irgend jemand etwas von ihr. Andauernd kamen Kollegen in ihr Büro und legten Papierstöße auf ihren Schreibtisch. Bitte dringend erledigen. So bald wie möglich. Warum kann man sie nicht wenigstens zwei Minuten lang in Ruhe lassen? Schließlich ist sie doch auch nur ein Mensch. Sie kann schon gar keinen klaren Gedanken mehr fassen. Der nächste, der es wagt, sie auch nur schief anzusehen, kann sein blaues Wunder erleben!

Die Reizbarkeit dieser Frau ist auf Arbeitsüberlastung – sowohl zu Hause als auch im Büro – zurückzuführen und wird durch die physischen und psychischen Symptome des prämenstruellen Syndroms noch verstärkt. Doch sie hat Techniken erlernt, sich zu beruhigen und vom Dinosaurierhirn auf rationales Denken umzuschalten, statt dem nächsten nichtsahnenden Kollegen, der vorbeikommt, den Kopf abzureißen.

Ebenso wie Herr Cholerosaurus muß sie sich dazu zwingen, ihre

Gedanken nicht mehr pausenlos um die Mißgeschicke und Ungerechtigkeiten kreisen zu lassen, die ihr an diesem Morgen widerfahren sind. Sie
muß ihre physischen Reaktionen verlangsamen, indem sie tief durchat-
met und ihre Muskeln entspannt. Wenn ihr das am Schreibtisch nicht
gelingt, lohnt es sich durchaus, sich für kurze Zeit auf die Damentoilette
zurückzuziehen.

Vielleicht braucht sie noch mehr Abstand von ihren Gefühlen des
Zorns und der Gereiztheit. Wenn sie einmal im Korridor auf und ab geht
oder sich in der Küche einen Becher Joghurt und zwei Kopfschmerzta-
bletten holt, entfernt sie sich vom Schauplatz ihrer Frustration und hat
die Möglichkeit, ihre Empfindungen unter Kontrolle zu bekommen, ehe
sie sich wieder in die Hektik des Arbeitsalltags stürzt. (Ein Becher Joghurt – statt irgendeines süßen Gebäcks – gibt ihr auch anhaltende Energie und trägt vielleicht dazu bei, ihre Kopfschmerzen zu lindern. Wenn
wir Hunger haben, ist die Wahrscheinlichkeit, daß wir uns wie Dinosaurier benehmen, viel größer.)

Frau Nervosaura muß auch lernen, längerfristig zu planen. Im Ge-
gensatz zu Herrn Cholerosaurus' Zorn auf den pfeifenden Kollegen sind
die Ursachen ihrer Frustration viel dauerhafter. Ihr Tagesablauf ist typisch für viele berufstätige Frauen, die zwischen einem achtstündigen
Arbeitstag und den Pflichten einer Hausfrau und Mutter hin und her
jonglieren müssen.

Sie sollte sich eine Stunde Zeit nehmen, über ihr Leben nachdenken
und sich ihre zornige Frage von heute morgen: »Bin ich denn die Sklavin
meiner Familie?« noch einmal in aller Ruhe stellen. Hat sie das Gefühl,
eine Sklavin oder eine perfekte Hausfrau sein zu müssen? Sie sollte sich
mit ihrer Familie zusammensetzen und über eine gerechtere Verteilung
der Hausarbeiten nachdenken. Es wäre schon ein ganz guter Anfang,
wenn jeder sich morgens sein Vesperbrot selbst macht.

Sie muß sich überlegen, was sie eigentlich will, und manchmal ist es
vielleicht sogar notwendig, daß sie ihren Mann und ihre Kinder einmal
ohne Vesperbrot aus dem Haus gehen läßt. Wenn sie das nicht über sich
bringt, wird bald alles wieder beim alten sein.

Wenn ihre Reizbarkeit und ihre physischen Symptome eindeutig
mit ihrem Monatszyklus zusammenhängen und daher genau vorhersehbar sind, muß sie sich in solchen Zeiten besonders zuammennehmen
und sich zwingen, erst einmal in aller Ruhe nachzudenken, ehe sie mit
irgend jemandem Streit anfängt.

In diesem Fall ist es auch empfehlenswert, mit einem Arzt zu besprechen, was sich gegen diese Probleme tun läßt. Zur Zeit herrschen zwar geteilte Meinungen darüber, ob die Symptome des prämenstruellen Syndroms sich erfolgreich behandeln lassen; doch die meisten Ärzte empfehlen regelmäßige körperliche Betätigung und gesunde Ernährung.

Viele Geschäftsleute trinken Alkohol oder nehmen Tabletten und Drogen, um sich zu entspannen. Doch die Auswirkungen solcher Mittel am nächsten oder übernächsten Tag sind alles andere als entspannend. Alle Rauschmittel – Alkohol, Kokain, Beruhigungsmittel, Marihuana – verringern die Konzentration gewisser Chemikalien in unserem Gehirn, die uns von aggressiven Reaktionen abhalten können. Viele Menschen wissen gar nicht, daß ihre Erregung auf die chemischen Substanzen zurückzuführen ist, die sie vor ein paar Tagen durch Zigaretten, Alkohol oder Rauschmittel zu sich genommen haben. Sie haben das Gefühl, daß diese Mittel sich klärend und beruhigend auf ihre Gedanken ausgewirkt haben. Aber das ist ein Irrtum. Die negativen Nachwirkungen von Marihuana können sogar eine ganze Woche lang anhalten.

Jeder, der mit Reizbarkeit am Arbeitsplatz zu kämpfen hat, sollte daran denken, daß es niemandem etwas nützt, wenn er wegen jeder Kleinigkeit in Wut gerät – im Gegenteil: Häufig schadet es sogar. Zu solchen Wutausbrüchen läßt man es am besten gar nicht erst kommen, sondern erstickt sie von vornherein im Keim.

(P. S.: Wenn Sie eines Morgens in Ihr Büro kommen und das Buch mit diesem Kapitel aufgeschlagen auf Ihrem Schreibtisch vorfinden, werden Sie nicht wütend und suchen Sie nicht nach dem »Schuldigen«, der es dorthin gelegt hat. Fragen Sie Ihre Kollegen lieber, ob sie der Meinung sind, daß Sie zu nervös und reizbar sind. Und denken Sie daran, was mein Großvater früher immer gesagt hat: »Wenn drei Leute dich als Pferd bezeichnen, ist es an der Zeit, dir einen Sattel zu kaufen!«)

13. Manipulationstaktiken

Manipulation ist ein häßliches Wort. Es bedeutet, daß man anderen Menschen durch geschickte Taktiken seinen Willen aufzwingt, ihnen das Wort im Mund herumdreht, sie unter Druck setzt.

Wir alle haben solche Situationen schon am eigenen Leib erfahren – aber was ist Manipulation eigentlich? Ein anderer Mensch kann Sie nur manipulieren, indem er Sie so weit bringt, daß Sie sich zu Dinosaurierreaktionen hinreißen lassen, und Sie dann mit Hilfe dieser genau vorhersehbaren, eng begrenzten Reaktionsmuster gegen Ihren Willen in die Richtung manövriert, in der er Sie haben will.

Fast alle Manipulatoren bedienen sich einer der folgenden Strategien:

Manipulatoren versuchen Sie einzuschüchtern. Manche Menschen benehmen sich so unausstehlich, daß man ihnen ihren Willen läßt, nur um sie loszuwerden. Das erlebt man häufig in Restaurants: Ein wütender Dinosaurier droht und beschwert sich so lange und lautstark, bis der Oberkellner ihm den gewünschten Tisch anweist oder das beanstandete Essen nicht berechnet, um Aufsehen zu vermeiden. Auch im Berufsleben bedienen sich viele Reptilien solcher Einschüchterungstaktiken.

Herr Despotosaurus hat eine Theorie, an die er felsenfest glaubt: Mitarbeiter soll man sehen, aber nicht hören. Seine Untergebenen wissen, daß sie sich zwangsläufig den beißenden Spott oder Zorn ihres Chefs zuziehen, wenn sie es wagen, bei Abteilungskonferenzen Kritik an ihm zu äußern. Herr Despotosaurus sagt zwar immer: »Meine Tür steht Ihnen stets offen«, und wenn Sie in sein Büro kommen, um mit ihm über das Fußballspiel von gestern abend zu reden, hat er auch nichts dagegen einzuwenden; aber wenn Sie etwas an seiner Arbeitsweise oder an seinem Führungsstil monieren, setzt er Sie garantiert sofort auf seine Abschußliste.

Die Mitarbeiter wissen nicht, wie sie sich einem solchen Chef gegenüber verhalten sollen: Sollen sie ihn auf seine Fehler hinweisen und ihn dadurch zum Zorn reizen, oder sollen sie den Mund halten und sich von ihm manipulieren lassen – wodurch die Situation in der Abteilung immer unerträglicher wird?

Herr Despotosaurus verhält sich wie ein typischer Obersaurier: Er betrachtet jede Kritik als Bedrohung für seine Machtposition und manipuliert seine Untergebenen, indem er sie einschüchtert und in die »Flucht-oder-Erstarrungs-Reaktion« hineindrängt. Wie geht man mit so einem Chef um?

Nehmen Sie die Situation nicht schweigend hin. Anfangs ist es am besten, wenn Sie Ihre Kritik am Chef versteckt zum Ausdruck bringen. Stellen Sie zum Beispiel Fragen wie: »Was glauben Sie, wie die Leute in der Produktionsabteilung darauf reagieren werden?« Statt direkt darauf hinzuweisen, was an der Entscheidung Ihres Chefs falsch ist, könnten Sie Alternativen vorschlagen: »Es gäbe auch noch eine andere Verfahrensweise, die für die Produktionsabteilung keine so große Belastung darstellen würde . . .« Auf diese Weise vermeiden Sie den Eindruck, daß Sie sich gegen Ihren Chef und auf die Seite der Produktionsabteilung stellen.

Nehmen Sie Spott und Ironie in Kauf. Wenn Sie sich von Ihrem Dinosaurierhirn nicht zum Zorn hinreißen lassen, wird der Spott auf den Chef zurückfallen, und Sie werden bei den anderen einen positiven Eindruck hinterlassen. Wenn Sie bei einer Konferenz angegriffen werden, stehen Sie einfach da und schauen Sie ihrem Angreifer oder Ihrer Angreiferin offen in die Augen. Unternehmen Sie keinen Versuch, sich zu verteidigen. Wenn Sie sich so verhalten, wird der Manipulator sich immer mehr in seine Dinosaurierreaktionen hineinsteigern; er wird vielleicht zornig werden und die Beherrschung verlieren. Damit haben Sie den Spieß umgedreht.

Wenn Sie einen solchen Chef haben, müssen Sie vielleicht hin und wieder beißenden Spott und Ironie in Kauf nehmen. Manager wie Herr Despotosaurus behaupten zwar immer, daß sie Mitarbeiter, die offen ihre Meinung sagen, zu schätzen wissen – aber bisher habe ich stets die Erfahrung gemacht, daß das nicht stimmt. Wenn Sie ständig befürchten müssen, hinausgeworfen zu werden, nur weil Sie es wagen, Kritik zu äußern, ist es vielleicht besser, wenn Sie Ihren Abschied von der Firma jetzt gleich hinter sich bringen. Wer fühlt sich in so einer Stellung auf die Dauer schon wohl?

Die Angst vor der Kündigung ist viel schlimmer als die Kündigung selbst. Wenn man Sie hinauswirft, können Sie deswegen traurig sein, etwas daraus lernen – und schließlich werden Sie darüber hinwegkommen. Wenn Sie dagegen immer in der Angst leben, daß man Ihnen kündigt, denken Sie dauernd darüber nach, ob Ihr Verhalten und Ihre Äußerungen dem Chef auch genehm sind, und sind gezwungen, häufig gegen Ihre Prinzipien zu handeln. Sie sterben jeden Tag einen »kleinen Tod«. Ist ein Ende mit Schrecken nicht besser als ein Schrecken ohne Ende? Und schließlich ist es gar nicht so einfach für eine Firma, jemandem zu kündigen. Vielleicht sollten Sie lieber den Mut haben, herauszufinden, wo Ihre Grenzen sind, statt ständig in Angst zu leben.

Suchen Sie sich keine Verbündeten! Ein Dinosaurier, der merkt, daß seine Untergebenen sich hinter seinem Rücken gegen ihn verbünden, ist das gefährlichste Reptil, das im Firmendschungel sein Unwesen treibt. Wenn Sie nicht glauben, gemeinsam erreichen zu können, daß der Chef seinen Abschied nehmen muß, sollten Sie sich mit niemanden verbünden, sondern versuchen, das Problem allein zu lösen. Es wird Ihnen nichts nützen, nach Verbündeten zu suchen. Ihr Chef würde dann nur versuchen, Sie durch Intrigen auseinanderzubringen, oder sich einen aus der Gruppe heraussuchen (vielleicht sogar Sie selbst), der über die Klinge springen muß, weil er die Verschwörung in Gang gebracht hat. Sich beim Vorgesetzten Ihres Chefs zu beschweren ist im allgemeinen nur Zeitverschwendung, denn diesem Vorgesetzten ist es meist egal, ob die Untergebenen aufgebracht sind oder nicht. Ihn interessiert nur, ob der Manipulator seine Ziele erreicht und seine Aufgaben erfüllt.

Die einzige erfolgreiche Methode, mit einem solchen Obersaurier zu Rande zu kommen, besteht darin, entweder zu kündigen, oder innerlich so gelassen zu werden, daß man keine Angst mehr davor hat, angeschrien zu werden.

Manipulatoren vergießen Krokodilstränen. Manche Leute versuchen Sie auch zu manipulieren, indem sie sich übertrieben emotional verhalten. Sie bauen auf Ihre Bequemlichkeit und Ihre Hoffnung, daß es weniger Zeit kostet und einfacher ist, ihnen ihren Willen zu lassen, statt eine Szene über sich ergehen zu lassen. Kurzfristig gesehen stimmt das vielleicht; aber die Sache hat auch einen Haken: Wenn solche Leute mit ihrer Manipulationstaktik einmal ihren Willen erreicht haben, werden sie es immer wieder versuchen.

Frau Manipulosaura hat immer Probleme. In der Regel kommt sie einmal pro Woche völlig gestreßt und aufgelöst in Ihr Büro. Entweder surren die Neonlampen an ihrem Arbeitsplatz so laut, daß sie keinen klaren Gedanken fassen kann, oder die Kolleginnen in ihrem Zimmer rauchen zuviel, oder sie hat Probleme mit ihrer Familie – es gibt immer irgendeinen Grund, warum sie nicht das tun kann, was Sie im Augenblick von ihr erwarten.

Im allgemeinen geben Sie ihr dann einen Tag frei oder bewilligen ihr eine Terminverlängerung, nur um sie loszuwerden. Nach einer Weile stellen Sie fest, daß für diese Frau ganz andere Gesetze gelten als für die anderen Mitarbeiter in Ihrer Abteilung. Ihretwegen werden immer Ausnahmen gemacht; sie braucht sich nicht an Vorschriften und Termine zu halten. Dabei manipuliert sie Sie vielleicht gar nicht bewußt. Es kann sein, daß sie wirklich denkt: »Ich schaffe das alles einfach nicht mehr. Es ist zuviel für mich. Irgend jemand muß mir helfen.« Sie fühlt sich vielleicht tatsächlich schwach und überfordert. Aber für Sie ist diese Frau ein Klotz am Bein; Sie haben das Gefühl, daß sie Sie mit ihrem ständigen Jammern und Wehklagen zu manipulieren versucht, und das erbittert Sie.

Solche Menschen geben Ihnen im allgemeinen recht geschickt zu verstehen, daß Sie ihre einzige Hoffnung sind. Da hilft nur folgendes:

Zunächst einmal dürfen Sie für diese Mitarbeiter keine Sonderregeln und Sondergenehmigungen einführen. Wenn Sie einem Mitarbeiter, der Sie manipulieren will, erst einmal das Gefühl gegeben haben, daß seine Gefühlsausbrüche durch Erleichterungen am Arbeitsplatz belohnt werden, haben Sie das Spiel verloren.

Wenn dieser Mensch wirklich auf irgendeine Weise gehandikapt ist, müssen Sie natürlich Rücksicht auf ihn nehmen; aber Sie sollten dabei klare Regeln aufstellen, für die es keine Ausnahmen gibt.

Lernen Sie, Tränen und lautstarke Gefühlsausbrüche zu ertragen. Denken Sie daran: Nur weil Ihr Gesprächspartner außer sich ist, brauchen Sie es noch lange nicht zu sein. Bewahren Sie Ruhe. Ignorieren Sie die Emotionen Ihres Gegenübers und konzentrieren Sie sich auf das eigentliche Problem.

Setzen Sie ein genaues Zeitlimit fest, ehe Sie sich auf ein Gespräch mit einem solchen Menschen einlassen. Einige Mitarbeiter – wie beispielsweise Frau Manipulosaura – wollen mit ihren Klagen erreichen, daß Sie etwas für sie tun; doch manche wünschen sich im Grunde nichts anderes, als daß

Sie ihnen zweimal pro Woche eine Dreiviertelstunde lang zuhören und sie besänftigen. Zuhören hilft übrigens manchmal auch bei den Mitarbeitern, die eigentlich Hilfe von Ihnen erwarten: Vielleicht befriedigt es sie so, jemanden zu haben, der ihnen zuhört und sie bemitleidet, daß Sie gar nichts anderes mehr zu tun brauchen.

Sagen Sie so etwas wie: »Ich möchte mich gern mit Ihnen über dieses Problem unterhalten, aber ich habe leider nur fünf Minuten Zeit. Dann muß ich dringend einen Kunden anrufen. Sind Sie damit einverstanden?« Wenn Sie mit Ihrem Gesprächspartner von vornherein ein solches Abkommen treffen, wird es hinterher für Sie leichter sein, das Gespräch abzukürzen.

Solche Mitarbeiter, die sich ständig beklagen und um Hilfe bitten, sind häufig sehr gute Arbeitskräfte, die zu behalten sich lohnt. Es ist also keine Zeitverschwendung, wenn Sie ihnen zweimal pro Woche fünf Minuten lang zuhören. (Wenn Ihr Gesprächspartner sagt, daß er mehr Zeit braucht, können Sie nein sagen oder sich mit ihm auf einen anderen Gesprächstermin drei Tage später einigen.)

Ein solcher Mensch versucht im Grunde genommen nichts anderes, als seine Notlage auch zu der Ihren zu machen. Wenn ihm das nicht gelingt, wird er sich viel rascher beruhigen und den Eindruck gewinnen, daß er sein Leben selbst im Griff hat. Bleiben Sie vor allen Dingen ruhig, denn Ruhe steckt an.

Manche Manager versuchen solche Mitarbeiter oder Mitarbeiterinnen möglichst schnell loszuwerden, weil sie so anstrengend sind. Aber wenn Sie daran denken, daß es Ihrem Mitarbeiter guttut, seinen Gefühlen Luft zu machen, und sich konsequent an Ihr Zeitlimit halten, wird das Gespräch kein Streß für Sie sein, und es wird sich vielleicht lohnen, weil Sie ihm damit das Gefühl geben, daß Sie Verständnis für ihn haben.

Versuchen Sie stets herauszufinden, was Ihr Gesprächspartner erreichen möchte und was er von Ihnen erwartet. Menschen, die Sie manipulieren wollen, bitten selten direkt um etwas. Sie machen Andeutungen, versuchen Sie dahin zu bringen, daß Sie ihre Wünsche von selbst erraten – oder sie bearbeiten Sie einfach so lange, bis sie das erreicht haben, was sie wollen. Wenn sie Ihnen direkt sagen würden, was sie von Ihnen erwarten, könnten Sie ja nein sagen, und dann hätten sie ihre Chance verspielt.

Solche Menschen fragt man am besten ganz offen: »Was soll ich tun?«, denn dann kann man ihre Antwort als Verhandlungsbasis benutzen. Gleichzeitig erreicht man damit, daß sie in ihren Klagen oder Gefühlsausbrüchen innehalten und anfangen, nachzudenken – das heißt, daß sie ihr Großhirn aktivieren.

Wenn Sie mehr als zweimal fünf Minuten pro Woche für solche Gespräche investieren müssen, leiten Sie ihren Mitarbeiter an jemand anderen weiter, der ihm wirklich helfen kann. Psychotherapie gehört nicht zu Ihren Aufgaben, sondern ist Sache eines Arztes oder Psychologen.

Schaffen Sie Situationen, die es Ihrem Mitarbeiter erschweren, sich bei Ihnen zu beklagen, statt ihm seine Probleme abzunehmen. Mit dieser Strategie drehen Sie den Spieß um. Jedesmal, wenn er zu Ihnen kommt, geben Sie ihm etwas zu tun. Falls er sich darüber beklagt, daß in seinem Büro zuviel geraucht wird, könnten Sie ihn zum Beispiel auffordern, durch eine Umfrage herauszufinden, wie die anderen Mitarbeiter dieses Problem sehen, und einen Bericht darüber zu schreiben. Wenn das Beklagen für ihn mühevoller ist, als zu schweigen, wird er vielleicht nicht mehr so häufig zu Ihnen kommen.

Manipulatoren versuchen Sie in ein negatives Licht zu rücken. Ihr Erfolg hängt weitgehend davon ab, wie glaubwürdig Sie bei Ihren Mitarbeitern sind. Wenn jemand erreicht, daß Sie in aller Öffentlichkeit die Beherrschung verlieren und sich wie ein Dinosaurier benehmen, werden sich Ihre Kollegen noch lange daran erinnern, nachdem Sie die Angelegenheit schon längst wieder vergessen haben. Auf lange Sicht betrachtet, trägt immer derjenige den Sieg davon, der den kühlsten Kopf behält. Menschen, die Sie manipulieren wollen, haben im allgemeinen ein großes Talent, Sie in Dinosaurierreaktionen hineinzutreiben, und können leicht erreichen, daß Sie genau im falschen Moment emotional reagieren.

Herr Manipulosaurus war Systemanalytiker bei der Firma Saurier & Co. Er sollte den Arbeitsablauf einer Abteilung analysieren und für den Abteilungsleiter einen Plan erstellen, wie die Abteilung künftig effizienter arbeiten könnte. Sein Ziel bestand darin, beim Chef Eindruck zu schinden, ohne viel Arbeit zu investieren. Er hatte zwar eine gute Ausbildung, aber nicht die Fähigkeit und auch nicht das Interesse, sich eingehender mit einem Problem zu beschäftigen.
Er sah sich die Arbeitsabläufe in der Abteilung nur flüchtig an und fällte dann eine ziemlich willkürliche Entscheidung darüber, was künftig anders gemacht werden sollte. Dann berief er eine Konferenz ein, um seinen Plan vorzustellen, der große und zum Teil recht unvernünftige Veränderungen für die Arbeitsweise der

Manager mit sich brachte. Natürlich begannen sie zu protestieren und wütend zu werden. Obwohl Herr Manipulosaurus sie auf subtile Weise zu dieser Reaktion provoziert hatte, gewannen der Abteilungsleiter und der Generaldirektor den Eindruck, daß die Manager Nörgler waren, die an allem etwas auszusetzen hatten und Herrn Manipulosaurus nur angriffen, weil er neue Ideen vorbrachte. Herr Manipulosaurus blieb ganz ruhig, warf dem Chef einen vielsagenden Blick zu und zuckte die Schultern, während die Manager sich gegenseitig mit wütenden Protesten überboten.

Daß seine Ideen nicht sehr gut durchdacht waren und er sich mit seinem Plan nicht viel Mühe gemacht hatte, ging in dem allgemeinen Aufruhr völlig unter. Herr Manipulosaurus verstand es, sich in ein positives Licht zu rücken, indem er Ruhe und einen kühlen Kopf bewahrte und sachlich blieb, während alle anderen die Beherrschung verloren.

Schließlich riß einem der Manager die Geduld. Beim nächsten Vorschlag, den Herr Manipulosaurus unterbreitete, bestand dieser Manager darauf, daß ihn niemand unterbrach, sondern alle ruhig blieben und sich ihre Kritik für den Schluß aufhoben. Dann trieb er Herrn Manipulosaurus mit einer Reihe gezielter Fragen in die Enge. Die erste Frage lautete: »Welche Alternativen zu Ihrem Plan haben Sie in Betracht gezogen?« Da geriet Herr Manipulosaurus ins Stocken und druckste so lange herum, bis allen klar war, daß er sich über Alternativen gar keine Gedanken gemacht hatte.

Als nächstes fragte der Manager ihn, wie bestimmte Kunden und Lieferanten auf seinen Plan reagiert hätten. Herr Manipulosaurus mußte zugeben, daß er sich nicht mehr genau daran erinnern konnte, ob er überhaupt mit diesen Leuten geredet hatte. Da nannte der Manager noch mehr Namen und fragte ihn, ob er sich mit diesen Leuten unterhalten habe. »Nein«, gab Herr Manipulosaurus schließlich zu.

»Das ist ja sehr interessant«, erwiderte der Manager. »Ich habe noch ein paar Fragen an Sie.« Innerhalb von zehn Minuten hatte er allen Anwesenden demonstriert, wie oberflächlich und ungründlich Herr Manipulosaurus seine Aufgabe erledigt hatte.

Herr Manipulosaurus war dahintergekommen, daß er seinen Chef beeindrucken konnte, indem er die Mitarbeiter der Abteilung so lange provozierte, bis sie ihn angriffen. Das war für ihn bequemer, als seine Arbeit sorgfältig zu erledigen. Als Opfer scheinbar grundloser Angriffe machte er einen sehr guten Eindruck bei den Vorgesetzten: Es sah aus, als sei er der einzige vernünftige Mensch im Konferenzraum. Die Aufmerksamkeit der Vorgesetzten wurde von der Qualität oder Durchführbarkeit seines Plans abgelenkt und auf die Emotionen der Manager gerichtet. Selbst wenn der Plan später mißlungen wäre, hätte er immer noch sagen können, daß er nur deshalb fehlschlug, weil die anderen Mitarbeiter ihn nicht genügend unterstützt hatten.

Der Manager, der sich ganz ruhig und sachlich mit Herrn Manipulosaurus' Plan auseinandersetzte, war als einziger in der Lage, ihn zu analysieren und zu beweisen, daß er schlecht war. Wäre er unsachlich und wütend geworden wie die anderen Mitarbeiter, so wäre ihm das nicht gelungen.

Auch bei Einstellungsgesprächen und Kreuzverhören wird häufig mit solchen Mitteln gearbeitet: Zuerst versucht Ihr Gesprächspartner möglichst viele Informationen aus Ihnen herauszuholen, und hinterher behauptet er, Sie hätten sich widersprochen. Er zitiert Ihre Worte in einem anderen Kontext, versteht sie absichtlich falsch oder gibt Ihre Äußerungen ungenau wieder. Was Sie auch sagen – er versucht in jedem Fall, Ihre Antwort gegen Sie zu verwenden. Es ist so, als wenn jemand Sie fragte: »Haben Sie sich inzwischen abgewöhnt, Ihre Frau zu schlagen?« Ganz egal, ob Sie darauf mit Ja oder Nein antworten – Sie werden auf jeden Fall einen ungünstigen Eindruck machen.

Wie verhält man sich in einer solchen Situation?

Bewahren Sie einen kühlen Kopf, sprechen sie langsam. Sagen Sie nichts Unüberlegtes. Nehmen Sie sich genügend Zeit zum Nachdenken. Wenn Ihr Gesprächspartner, der Sie manipulieren will, ein impulsiver Mensch ist, wird Ihre Ruhe und Bedächtigkeit ihn in Wut bringen, und er wird unwillkürlich in Dinosaurierverhaltensweisen verfallen. Dadurch werden Sie mit Ihrer Ruhe um so vorteilhafter wirken.

Geben Sie nicht mehr Informationen aus der Hand, als unbedingt notwendig ist. Beantworten Sie nur die Fragen, die Ihnen gestellt werden. Wenn es nicht unbedingt notwendig ist, spezielle Informationen zu geben, drücken Sie sich lieber vage aus.

Wenn jemand Sie manipulieren will, braucht er Informationen über Ihre Empfindungen oder Verhaltensweisen, sonst kann er keine Kontrolle über Sie gewinnen. Je weniger Informationen er über Sie hat, um so weniger kann er Ihnen schaden. Er verläßt sich darauf, daß Sie ihm Ihr Herz ausschütten werden, wenn er Ihnen Interesse zeigt, und ihm dabei unwissentlich Informationen an die Hand geben, die er gegen Sie verwenden kann. Wenn Sie das nicht tun, stellt er Ihnen vielleicht gezieltere Fragen und verrät dadurch seine Strategie. Jetzt können

Sie ihn in die Enge treiben, indem Sie ihn fragen: »Warum wollen Sie das wissen?«

Stellen Sie Fragen – aber formulieren Sie sie so, daß sie Ihrem Gesprächspartner nicht verraten, worauf Sie hinauswollen und was Sie erfahren möchten. Grundsätzlich ist es in solchen Situationen besser, sich Informationen zu verschaffen, als welche zu erteilen.

Achten Sie auf das Wie. Bei jedem Gespräch gibt es zwei Aspekte: den Inhalt des Gesprächs (das Was) und die Art und Weise, in der etwas gesagt wird (das Wie). Im Umgang mit Menschen, die Sie manipulieren wollen, sollten Sie sich Gedanken darüber machen, was diese Menschen erreichen wollen und wie sie dabei zu Werke gehen, statt sich auf den eigentlichen Inhalt ihrer Worte zu konzentrieren. Solche Menschen rechnen nämlich damit, daß Sie auf die Details Ihrer Aussagen achten, sich dadurch ablenken lassen und Ihnen Gelegenheit geben, Sie zu überlisten.

Und vor allem: Es steht nirgends geschrieben, daß Sie unbedingt alle Fragen beantworten müssen, die man Ihnen stellt. Menschen, die Sie manipulieren möchten, verlassen sich im allgemeinen auf Ihre Höflichkeit. Sie wissen, daß die meisten Menschen das Gefühl haben, Fragen beantworten zu müssen, weil es als unhöflich gilt, das nicht zu tun. Aber es ist niemals unhöflich, statt einer Antwort eine Gegenfrage zu stellen: »Warum wollen Sie das wissen?« Sie müssen sich dabei nur um einen ruhigen, höflichen Tonfall bemühen.

Sie könnten zum Beispiel lächeln und sagen: »Sie haben mich gefragt, ob ich inzwischen aufgehört habe, meine Frau zu schlagen. Da haben Sie mich in eine schwierige Situation hineinmanövriert: Wenn ich ja sage, mache ich einen schlechten Eindruck, und wenn ich nein sage, mache ich auch einen schlechten Eindruck. Eine solche Frage kann man eigentlich überhaupt nicht beantworten.«

Manipulatoren versuchen Ihnen Schuldgefühle einzuimpfen. Manche Dinosaurier bauen darauf, daß Sie ihren Hilferuf nicht ignorieren können, wenn Sie zur selben Herde gehören. Ihre Strategie besteht darin, zu Ihnen ein Verhältnis gegenseitiger Loyalität und Unterstützung aufzubauen. Sobald sie das Gefühl haben, daß sie Sie eng genug an sich gebunden haben, senden sie ihren Hilferuf aus. Wenn Sie ja sagen, fühlen

Sie sich ein wenig ausgenutzt – aber wenn Sie nein sagen, wird dieser Dinosaurier Ihnen einen so vorwurfsvollen Blick zuwerfen, daß Sie sich wie ein Schwein vorkommen.

Frau Materosaura ist so lieb und fürsorglich. Sie ist wie eine Mutter zu ihren Mitarbeitern. An Ihrem Geburtstag schickt sie Ihnen immer eine Karte, und hin und wieder macht sie auch kleine Geschenke. Sie hat immer ein tröstendes Wort parat und lädt ihre Kollegen häufig zum Mittagessen ein. Mit allem, was sie sagt und tut, gibt sie Ihnen das Gefühl, daß Sie ihr sehr wichtig sind. Sie ist so nett, daß Sie es ihr einfach nicht abschlagen können, wenn sie Sie zum drittenmal in dieser Woche bittet, Überstunden zu machen, oder Sie anfleht, noch eine Zeitlang auf die Gehaltserhöhung zu verzichten, weil ihre Abteilung nicht genügend Geld zur Verfügung hat. Mit ihrem Chef macht sie es genauso. Wenn man ihr eine Bitte abschlägt, glitzert manchmal eine kleine Träne in ihrem Augenwinkel.

Diese Frau ist keineswegs eine Verstellungskünstlerin. Sie glaubt an den Grundsatz: »Wenn du nett zu den Leuten bist, dann sind sie auch nett zu dir.« Das ist für sie ein Naturgesetz. Irgendwie weiß sie, daß ihre Geschenke und Einladungen zum Mittagessen keine schlechte Investition sind, weil sie als Gegenleistung dafür meist etwas viel Wertvolleres bekommt.

Wie geht man mit solchen Leuten um?

Gehen Sie auf ihre Spielchen ein. Revanchieren Sie sich mit ähnlichen Geschenken, statt sich von ihnen zusätzliche Arbeiten aufbürden zu lassen. Immer wenn ein solcher Mensch Ihnen etwas gibt, vergelten Sie es ihm mit gleicher Münze, damit Sie niemals in seiner Schuld stehen. Vielleicht überhäuft er Sie dann mit noch mehr Liebenswürdigkeiten. In diesem Fall sagen Sie ihm, wie peinlich Ihnen das ist, und lassen Sie sich von ihm versichern, daß es Sie zu nichts verpflichtet, wenn Sie seine Gefälligkeiten annehmen. An dieses Abkommen können Sie ihn später erinnern, wenn er Sie um etwas bittet, was Sie nicht tun möchten.

Haben Sie keine Angst davor, nein zu sagen. Werden Sie sich darüber klar, daß solche Menschen sehr gut allein für sich sorgen können und nicht daran zugrunde gehen werden, wenn Sie ihnen eine Bitte abschlagen. Wenn ihre Freundschaft davon abhängt, daß Sie immer alles tun, was sie von Ihnen erwarten, dann wird sie früher oder später zwangsläufig in die Brüche gehen. Warum also nicht gleich jetzt ein Ende machen, und zwar mit einem offenen, ehrlichen Nein?

Sicherlich haben Sie die folgende Reaktion auch schon einmal erlebt: »Du brauchst die Glühbirne in meiner Lampe nicht zu wechseln, wenn du nicht willst, dann bleibe ich eben im Dunkeln sitzen.« Bei solchen Menschen muß man den Mut haben, nein zu sagen und sie ihren Trotzreaktionen oder ihrem Selbstmitleid überlassen.

Manipulatoren greifen Sie immer an Ihrem schwächsten Punkt an.   Manipulation ist stets etwas Indirektes. Sie kommt meistens von der Seite, an der Sie am verletzlichsten sind.

Herr Intrigosaurus ist seit elf Jahren Generaldirektor der Firma Sauroproductions. Das ist eine große Firma mit vielen Abteilungen, und wenn Herr Intrigosaurus in leutseliger Stimmung ist, interessiert er sich sehr für seine Mitarbeiter. Alle Angestellten der Firma wissen, daß ihre Karriere in seiner Hand liegt, und deshalb sind sie außer sich vor Begeisterung, wenn sie zu einer seiner Dinnerpartys eingeladen werden.

Vom Augenblick ihrer Ankunft an werden sie mit Drinks überhäuft. Nach dem Abendessen unterhält Herr Intrigosaurus sich bei Kaffee, Kognak und Zigarren mit ihnen und vertraut ihnen seine Ansichten über führende Mitarbeiter der Firma und seine Pläne für die Zukunft des Unternehmens an. Dabei wird kräftig weitergetrunken, und da Herr Intrigosaurus ziemlich viel verträgt, lösen sich die Zungen seiner jungen Gäste immer mehr.

Irgendwann sagt er: »Wissen Sie, Herr X, ich habe schon lange das Gefühl, daß Ihr Abteilungsleiter nicht mehr so auf Draht ist wie früher. Einige Entscheidungen, die er in letzter Zeit getroffen hat, halte ich nicht für gut. Der Vertrag mit der Firma Baldwin zum Beispiel . . .«

Und Herr X pflichtet ihm natürlich eifrig bei: »Ja, das finde ich auch. Und nicht nur das: Viele jüngere Mitarbeiter in der Abteilung haben das Gefühl, von ihm in ihrer Entwicklung gehemmt zu werden. Sie haben so viele neue Ideen, aber unser Chef läßt ihnen nur dann freie Hand, wenn er die Lorbeeren dafür ernten kann.«

»Das ist ja interessant«, sagt Herr Intrigosaurus. »Können Sie mir ein Beispiel dafür nennen?«

»Natürlich. Erinnern Sie sich noch an seinen Vorschlag, weniger Artikel in der Fabrik zu lagern und die Dinge immer erst dann zu bestellen, wenn wir sie brauchen? Das war eigentlich meine Idee, aber er hat sie als seine ausgegeben.«

»Dagegen müssen wir unbedingt etwas tun«, sagt Herr Intrigosaurus.

Der mitteilungsfreudige junge Mitarbeiter hat die Situation falsch interpretiert. Er hatte den Eindruck, daß Herr Intrigosaurus ihn wie seinesgleichen behandelt und sich auf ein vertrauliches Gespräch mit ihm eingelassen hat. Erst später merkte er, daß Herr Intrigosaurus sein Versprechen nicht wahrmachte und seine Aussagen gegen ihn verwendete: Er teilte dem Abteilungsleiter mit, daß einer seiner jüngeren Mitarbeiter hinter seinem Rücken schlecht über ihn redete.

Solche Manipulation dient dazu, die Macht an der Spitze zu konsolidieren. Herr Intrigosaurus ist der Obersaurier und will auf diese Weise erreichen, daß sich an der Firmenhierarchie nichts ändert.

Wie verhält man sich in einer solchen Situation? Es ist ein Fehler, dem Menschen, der Sie zu manipulieren versucht, zu erklären, daß Sie seine Absicht durchschaut haben. Er würde es schlicht und einfach leugnen.

Statt dessen versuchen Sie es lieber mit folgenden Taktiken:

Überschreiten Sie nie Ihre Grenzen, wenn es um Alkohol geht.

Fragen Sie sich im Umgang mit einem solchen Menschen stets: Warum stellt er mir diese Frage? Was will er damit wohl erreichen?

Denken Sie daran, daß die Versuchung, sich an böswilligem Tratsch zu beteiligen, sehr groß ist, und geben Sie ihr nicht nach. Wenn Sie über irgendeinen Mitarbeiter nichts Nettes sagen können, sagen Sie lieber gar nichts. Formulieren Sie Ihre Äußerungen so, als befinde der Mensch, über den Sie sprechen, sich im selben Zimmer.

Wenn jemand Sie aus der Reserve zu locken versucht und Sie sich gezwungen sehen, Ihre Meinung zu sagen,

- loben Sie ihre Mitarbeiter,
- äußern Sie Ihre Begeisterung über eine bestimmte Idee,
- kritisieren Sie nur Mitarbeiter, die bereits aus der Firma ausgeschieden sind,
- erzählen Sie von Ihren Zukunftsplänen,
- fordern Sie Ihren Herrn Intrigosaurus auf, von der »guten alten Zeit« zu erzählen. (Das lenkt alte Dinosaurier häufig von ihrem böswilligen Vorhaben ab: Sie können der Versuchung, ihre alten Geschichten zu erzählen, nicht widerstehen.)

Denken Sie daran: Nur Lügner schwören, daß sie die Wahrheit gesagt haben.

Wer die Wahrheit sagt, geht guten Gewissens davon aus, daß man ihm glaubt: er kommt gar nicht auf die Idee, seine Äußerungen bekräftigen zu müssen. Wenn jemand Ihnen sagt: »Sie können ganz offen mit mir reden«, hüten Sie sich vor ihm!

Manche Untergebenen werden auch versuchen, Sie zu manipulieren, indem Sie an Ihre schwächste Seite appellieren – zum Beispiel an Ihr Mitgefühl. Wenn Sie diese Taktik durchschaut haben, können Sie sich mit Hilfe Ihres Großhirns auf das eigentliche Problem konzentrieren. Sie könnten zum Beispiel sagen: »Wir können gern noch weiter über Ihre Probleme sprechen; aber ich möchte Sie von vornherein darauf aufmerksam machen, daß ich nicht bereit bin, die Frist für die Abgabe Ihres Berichts zu verlängern. Wenn sie wollen, können Sie mir noch mehr von der Krankheit Ihrer Großmutter erzählen, aber ich möchte klarstellen, daß sich an dem Abgabetermin nichts ändert.«

Dann wird Ihr Mitarbeiter mit ziemlicher Sicherheit das Thema wechseln, indem er Ihnen eine Frage stellt. Er hofft, Sie auf ein neues Thema abzulenken, um dann aus einer anderen Richtung wieder auf sein Ziel zuzusteuern. Denken Sie daran, daß man Fragen nicht unbedingt beantworten muß. Sie können zum Beispiel sagen: »Ich beantworte Ihnen gern Ihre Frage, aber vergessen Sie nicht: An dem Termin ändert sich nichts.«

Solche Leute stellen sich häufig taub und tun so, als hätten sie Ihnen gar nicht zugehört. Unter Umständen müssen Sie sie zwingen, Ihnen zu bestätigen, daß sie Ihr Nein auch zur Kenntnis genommen haben, ehe Sie zum nächsten Thema übergehen. Wenn Sie das tun, wird der Dinosaurier seinen Versuch, Sie zu manipulieren, in der Regel ganz von selbst aufgeben, weil er erkannt hat, daß er damit nichts erreicht.

Die verschiedenen Manipulationsstrategien, auf die ich in diesem Kapitel eingegangen bin, können nur dann funktionieren, wenn Sie sich in Ihren Reaktionen von Ihrem Dinosaurierhirn lenken lassen. Wer wirklich *denkt*, den kann man nicht manipulieren. Wenn Sie merken, daß jemand Sie zu manipulieren versucht, unterdrücken Sie Ihren Zorn und bewahren Sie einen kühlen Kopf. Warten Sie, bis Ihre Emotionen sich gelegt haben. Ehe Sie reagieren, müssen Sie in der Lage sein, klar zu erkennen, worauf Ihr Gegenüber hinauswill!

Entscheiden Sie, wie Sie sich verhalten wollen, und steuern Sie dann deutlich und unmißverständlich auf Ihr Ziel zu – nicht auf das

Ihres Gesprächspartners. Scheuen Sie sich nicht, die Antwort auf eine Frage zu verweigern, wenn er Sie mit dieser Frage eindeutig manipulieren oder vom Thema ablenken will.

Sie müssen auch den Zorn anderer Menschen in Kauf nehmen lernen, denn wenn es jemandem mißlingt, Sie zu manipulieren, wird er zwangsläufig wütend auf Sie werden. Wenn Sie Ihr Dinosaurierhirn unter Kontrolle haben und nicht emotional reagieren, wird der Zorn Ihres Gegenübers einfach von Ihnen abgleiten.

14. Zorn kann auch etwas Positives sein

Bis jetzt haben Sie vielleicht den Eindruck gewonnen: »Der Autor dieses Buches hat etwas gegen Zornausbrüche. Er glaubt nicht, daß es manchmal auch positiv sein kann, wenn man seiner Empörung Luft macht.« Und doch haben Sie selbst schon häufig die Erfahrung gemacht, daß Zorn auch positive Auswirkungen haben kann!

Ich bin völlig Ihrer Meinung. Ich bin nicht gegen Zorn an sich, sondern nur gegen Zorn als Managementstil. Wutausbrüche können eine äußerst wirkungsvolle, direkte Form der Kommunikation sein – aber sie dürfen nicht zu häufig vorkommen. Wenn jemand zweimal pro Tag einen Wutanfall bekommt, stimmt etwas nicht.

Sicherlich ist Zorn manchmal etwas sehr Sinnvolles, und zwar sowohl in persönlichen Beziehungen als auch in Ihrem Verhältnis zu Ihren Kollegen. Wir wollen nun einmal ein paar Situationen, in denen Wutanfälle sich positiv auswirken können, näher beleuchten.

Zornausbrüche in persönlichen Beziehungen.   Herr Schneider ist Einkaufsleiter der Firma XY. Normalerweise ist er ein sehr ruhiger, umgänglicher Mensch, der seine Arbeit ernst nimmt und für die Firma stets sein bestes geben möchte. Er kauft seine Büroartikel schon seit Jahren von einem Lieferanten, mit dem er gut bekannt ist, und dieser Mann hat ihm immer versichert, daß er ihm die besten Preise einräumt – ebenso günstige wie den größeren Unternehmen. (Herrn Schneiders Firma ist ziemlich klein.)

Eines Tages entdeckt Herr Schneider zufällig, daß einige andere Kunden seines Freundes erheblich weniger für Computerpapier bezahlen als er selbst und daß dieser Geschäftsfreund, zu dem er Vertrauen hatte, ihn jahrelang hintergangen hat. Da packt ihn die Wut.

Ihm ist klar, daß er mit diesem Mann in Zukunft keine Geschäfte mehr machen wird. Natürlich könnte er seine Bestellung einfach stornieren, doch er hat das Bedürfnis, den Mann vorher erst einmal anzurufen und ihm wegen seines schäbigen Geschäftsgebarens die Meinung zu sagen.

Hinterher fühlt er sich wohler. Er hält seinen Lieferanten zwar immer noch für einen gemeinen Lügner, aber er hat jetzt keinen Groll mehr gegen ihn.

Dieser Mann hat sich richtig und seinen Gefühlen entsprechend verhalten. Sein Zornausbruch war etwas Positives.

Zorn als Mittel, um seinen Worten Nachdruck zu verleihen. Frau Neumeier wußte, daß ihre neue Mitarbeiterin, Frau Klausen, ihre Arbeit auf die leichte Schulter nahm. Das erbitterte sie, denn sie hatte sich extra dafür eingesetzt, daß diese Frau eingestellt wurde, weil sie sie für besonders einsatzbereit hielt. Die Mitarbeiterin hatte ihr beim Einstellungsgespräch das Blaue vom Himmel herunter versprochen – was sie alles leisten und wie hart sie arbeiten würde –, doch nun hatte sie mehrere Berichte zu spät eingereicht und sich außerdem keine große Mühe mit ihnen gegeben.

Frau Neumeier war nicht nur über die schlechte Leistung ihrer neuen Mitarbeiterin enttäuscht, sondern fühlte sich auch persönlich hintergangen, weil die Frau ihre großen Versprechungen nicht gehalten hatte. Sie beschloß, ihre neue Mitarbeiterin zu sich zu rufen und ihr unmißverständlich die Meinung zu sagen.

Bisher hatte sie sich ihr gegenüber immer sehr freundlich verhalten und sie in jeder Hinsicht ermutigt. Als die Frau nun merkte, wie zornig ihre Chefin war, begann sie über ihr Verhalten nachzudenken.

Wenn man Wutausbrüche sparsam einsetzt, kann man seinen Worten und Empfindungen damit Nachdruck verleihen. Dem Gesprächspartner wird dadurch klar, wie ernst die Situation ist.

Zorn als Möglichkeit, jemanden zu überzeugen. Frau Baumann ist eine gute Mitarbeiterin, und sie weiß es auch; aber sie hat das Gefühl, daß ihr Chef sie ein wenig unterschätzt und ihre Fähigkeiten nicht voll ausschöpft. Er hat schon hin und wieder Bemerkungen gemacht, die sie als abfällig empfand, und scheint sie auch stärker zu überwachen als andere Mitarbeiter. Frau Baumann ärgert sich zwar manchmal darüber, hat aber beschlossen, nichts zu sagen und einfach immer ausgezeichnete Arbeit zu leisten – in der Hoffnung, ihren Chef dadurch früher oder später zu überzeugen. Eines Tages plant die Firma ein sehr wichtiges, interessantes Projekt, das sie unbedingt leiten möchte.

Also geht sie zu ihrem Chef und sagt: »Ich möchte die Leitung dieses Projekts übernehmen. Ich glaube, daß ich dafür besonders gut geeignet bin.« Er schaut sie an, senkt den Blick wieder und murmelt, eigentlich habe er an einen anderen, etwas erfahreneren Mitarbeiter gedacht . . .

In diesem Augenblick denkt Frau Baumann: Jetzt oder nie! Sie schlägt mit der Faust auf den Schreibtisch und ruft: »Nein! Das kommt gar nicht in Frage! Sie müssen mir endlich auch einmal eine Chance geben. Ich kann dieses Projekt leiten! Sie unterschätzen mich ständig, und ich brauche eine Chance, um Ihnen zu zeigen, was ich wirklich kann!«

Ihr Chef wäre vor Schreck und Überraschung beinahe vom Stuhl gefallen. Er starrt sie ungläubig an. Dann sagt er: »Na gut, wenn es Ihnen so wichtig ist, dann übernehmen Sie die Leitung, und sehen Sie zu, ob Sie damit fertig werden.«

In dieser Frau hatte sich nach und nach immer mehr Zorn aufgestaut – doch ihre Wut hatte erst ein bestimmtes Stadium erreichen müssen, ehe sie den Mut hatte, ihrem Chef entgegenzutreten.

Zorn als Chance zur Verbesserung der Kommunikation. Herr Bacher ist Chef der Buchführungsabteilung; Frau Wacker leitet die Personalabteilung. Die beiden geraten sich seit Monaten bei jeder Gelegenheit in die Haare. Ihre Feindschaft ist inzwischen schon zu einem ernsthaften Hindernis für die Kommunikation zwischen den beiden Abteilungen geworden. Da beschließen sie, sich endlich einmal auszusprechen und ihren Gefühlen Luft zu machen.

Sie gehen in Frau Wackers Büro, schließen die Tür hinter sich, und es kommt zu einer langen, erbitterten Auseinandersetzung, bei der alle ihre Meinungsverschiedenheiten – sowohl privater als auch beruflicher Art – zur Sprache kommen. Hinterher sind sie sich zwar immer noch ebenso unsympathisch wie vorher, haben aber ihren persönlichen Empfindungen Luft gemacht und dadurch einen Weg gefunden, wieder auf sachliche, höfliche Art miteinander zusammenzuarbeiten.

Offen und ehrlich zum Ausdruck gebrachter Zorn kann auch ein Zeichen von Respekt sein. Wir können nicht alle unsere Mitmenschen mögen, und manchmal sind wir gezwungen, ihnen unmißverständlich unsere Meinung zu sagen. Wenn Mitarbeiter, die auf derselben Ebene der Firmenhierarchie stehen, ihre Meinungsverschiedenheiten hin und wieder offen austragen, und zwar auf eine Weise, die für beide akzeptabel ist, kann sich das sehr entspannend auf ihre Beziehung auswirken.

Zorn als Möglichkeit, etwas in Bewegung zu bringen. Herr Clemens hatte es satt. Heute fand die vierte Konfernz statt, bei der es um die Entscheidung ging, ob die Firma das Geld für die Vermarktung des neuen Produkts ausgeben sollte oder nicht. Die Ergebnisse der Marktuntersuchungen lagen inzwischen vor und sprachen eindeutig dafür. Es war auch ein gutes Design für das neue Produkt entworfen worden; und dennoch hatte niemand den Mut, die Ausgabe einer so großen Summe zu befürworten. Wie auf den bisherigen drei Konferenzen versuchten alle Anwesenden sich bedeckt zu halten. Und Herr Clemens wußte, daß diese Besprechung genauso enden würde wie die anderen: Irgend jemand würde vorschlagen, noch eine weitere obskure Information einzuholen, ehe eine Entscheidung getroffen werden konnte. Er beschloß, sich diese Verzögerungstaktik nicht mehr länger mit anzusehen.

Er sprang auf, warf dabei vor Zorn seinen Stuhl um und sagte: »Ich habe genug davon. Seit Stunden sitzen wir hier herum und tun nichts anderes, als uns um eine Entscheidung zu drücken, um nur ja keinen Fehler zu machen. Schließlich werden wir dafür bezahlt, Entscheidungen zu treffen – auch schwierige Entscheidungen –, statt sie immer wieder hinauszuschieben. Wenn wir hier nichts anderes zu tun haben, als nach einer weiteren unbekannten Information zu suchen, die wir unbedingt noch beschaffen müssen, ehe wir die Sache entscheiden können, gehe ich jetzt zurück in mein Büro. Dort wartet jede Menge Arbeit auf mich.« Wütend stürmte er aus dem Konferenzraum.

Natürlich hatte Herr Clemens mit seinem Wutausbruch die Aufmerksamkeit aller Konferenzmitglieder auf sich gelenkt. Wenn er regelmäßig solche Anwandlungen bekäme, hätte sicherlich niemand darauf geachtet. Aber alle kannten Herrn Clemens als ruhigen, ausgeglichenen Menschen. Daher stimmte sein Wutausbruch die Mitarbeiter nachdenklich, und es gelang ihm dadurch tatsächlich, das festgefahrene Projekt wieder in Gang zu bringen.

Wie können Sie feststellen, ob Ihr Zorn eine positive, antreibende Kraft oder etwas Negatives ist? Solche Urteile sind natürlich sehr subjektiv. Manche Leute halten ihren Zorn für positiv, weil er die gewünschten Ergebnisse erbringt: Sie erreichen damit das, was sie wollen. Das Problem ist nur, daß sie es vielleicht auf Kosten ihrer Glaubwürdigkeit und des Respekts ihrer Kollegen erreichen. Niemand wird Ihnen ehrlich ins Gesicht sagen, daß Sie aggressiv und aufbrausend sind, denn natürlich haben alle Angst, Sie dadurch nur noch mehr zum Zorn zu reizen. Also müssen Sie über die Konsequenzen Ihres Zorns nachdenken und selbst zu einem Urteil kommen.

Dabei können Sie sich von folgenden Kriterien leiten lassen:

Wie häufig sind Ihre Zornesausbrüche? Jeder Mensch verliert ab und zu die Beherrschung; doch es ist ein großer Unterschied, ob man zweimal im Jahr oder zweimal am Tag einen Tobsuchtsanfall bekommt. Die Grenze, die nicht überschritten werden sollte, läßt sich natürlich nicht eindeutig festlegen; aber wenn Sie seltener als einmal im Monat einen Wutanfall bekommen (ich meine einen richtigen Wutanfall, nicht nur einen gelegentlichen Kraftausdruck), dann bewegen sich Ihre Temperamentsausbrüche im Bereich des Normalen.

Aus was für Gründen werden Sie wütend? Wenn Sie in Zorn geraten, wissen Sie dann auch immer genau, weshalb? Manche Menschen sind auf Gott und die Welt wütend und lassen ihren Unmut an dem erstbesten armen Mitarbeiter aus, der zufällig einen Fehler macht.

Sind Ihre Wutausbüche angemessen? Entspricht die Heftigkeit Ihrer Wutanfälle der Situation, oder machen Sie häufig aus einer Mücke einen Elefanten?

Gegen wen richten sich Ihre Zornesausbrüche? Setzen Sie sich auch wirklich mit demjenigen auseinander, der Sie in Wut gebracht hat, oder schimpfen Sie häufig hinter dem Rücken des Schuldigen, weil Sie nicht den Mut haben, ihm Ihre Meinung direkt ins Gesicht zu sagen?

Steigern Sie sich in Ihren Zorn hinein? Machen Sie Ihren Gefühlen mit einem Wutausbruch Luft, um sie loszuwerden, oder spielen Sie immer wieder dasselbe »Programm« ab und steigern sich dadurch nur noch mehr in Ihre Ressentiments hinein?

Wie lange hält Ihr Zorn an? Machen Sie Ihren Empfindungen Luft, um sie dann wieder zu vergessen, oder sind Sie nachtragend?

Wie sachlich sind Sie, wenn Sie wütend sind? Sagen Sie Ihrem Mitmenschen klar und objektiv, was Sie an ihm ärgert, oder machen Sie ihm klar, daß er ein Schweinehund ist? Gebrauchen Sie Schimpfworte? Dabei kommt niemals etwas Positives heraus.

Wie groß ist Ihr Publikum? Besprechen Sie die Sache unter vier Augen, oder demütigen Sie Mitarbeiter gern in aller Öffentlichkeit?

Wie weit reicht Ihr Ärger zurück? Drücken Sie im allgemeinen nur Ihren Unmut über etwas aus, was gerade passiert ist, oder wärmen Sie jedesmal, wenn Sie in Wut geraten, wieder alles auf, was der andere im Lauf der letzten zehn Jahre falsch gemacht hat? Wer im Zorn häufig die Worte »immer« oder »nie« gebraucht, der trägt viele übertriebene Ressentiments mit sich herum, die niemandem etwas nützen. Bemühen Sie sich, Ihren Zorn auf das jüngste Vergehen des Schuldigen zu beschränken und die Angelegenheit so bald wie möglich ins reine zu bringen?

Richtet sich Ihr Zorn gegen Gleichgestellte? Haben die Leute, auf die Sie wütend werden, die Möglichkeit, Ihnen die Stirn zu bieten? Sie müssen die Tatsache akzeptieren, daß Ihr Zorn in Ihrem Gegenüber ebenfalls eine wütende Reaktion auslöst. Oder lassen Sie Ihre Wut meistens an Ihren Untergebenen, Ihren Kindern und Ihrem Hund aus? Sie sollten sich lieber mit jemandem anlegen, der es auch mit Ihnen aufnehmen kann.

Ist Ihr Zorn wirklich berechtigt? Werden Sie nur wütend über Dinge, die der andere nachweislich getan oder gesagt hat, oder empören Sie sich auch über Gedanken, die Sie ihm unterstellen, und Absichten, die Sie in sein Verhalten hineininterpretieren? Je weiter Sie in ihrem Zorn von der nachweisbaren Realität abschweifen, um so destruktiver ist er.

Haben Sie Ihr Temperament unter Kontrolle? Sind Sie in der Lage, erst einmal nachzudenken, wie Sie Ihre Wut zum Ausdruck bringen sollen und ob das in dieser Situation überhaupt angebracht ist, oder verlieren Sie einfach die Beherrschung? Können Sie sich mitten in einem Wutausbruch sofort wieder zur Ordnung rufen, oder kommen Sie erst zur Ruhe, wenn Sie sich abreagiert haben? Passiert es Ihnen oft, daß Sie im Zorn zu weit gehen und sich hinterher entschuldigen müssen?

Das sind Richtlinien, an die Sie sich bei der Beurteilung Ihres Zorns halten können. Natürlich passiert es uns auch oft, daß wir unseren Zorn weniger elegant zum Ausdruck bringen, als wir es uns gewünscht hätten. Er kann trotzdem eine positive Kraft sein – aber nur, wenn uns das nicht zu oft passiert.

Woher wissen Sie, wie oft Sie wütend werden? Sie können natürlich genau Buch darüber führen; aber wahrscheinlich ist es am besten, drei gute Freunde danach zu fragen. Bitten Sie sie, Ihnen ehrlich ihre Meinung zu sagen, und versprechen Sie ihnen, nicht wütend darüber zu werden. Wenn Ihre Freunde Ihnen sagen, daß Sie zu häufig Wutanfälle bekommen, sollten Sie dieses Kapital vielleicht noch einmal lesen.

15. Vom Umgang mit wütenden Kunden

Ein aufgebrachter Kunde kann einem den ganzen Tag verderben. So gewissenhaft Sie bei Ihrer Arbeit auch sein mögen – sicher wird es Ihnen trotzdem früher oder später einmal passieren, daß Sie sich mit jemandem auseinandersetzen müssen, der vor Wut auf Sie oder Ihre Firma förmlich außer sich ist. Was tun Sie in einer solchen Situation?

Zunächst einmal müssen Sie daran denken, daß man mit zornigen Menschen nicht vernünftig argumentieren kann. Wenn sie sehr wütend sind, ist ihr Großhirn völlig außer Gefecht gesetzt, und sie lassen sich nur noch von den primitiven Emotionen ihres Dinosaurierhirns leiten.

Wenn der Zorn Ihres Kunden ein solches Ausmaß erreicht hat, läßt sich das leicht feststellen. Es gehört kein psychologischer Scharfblick dazu zu erkennen, daß jemand wütend ist, wenn er laut schreiend oder mit geballten Fäusten und zornig blitzenden Augen in Ihr Büro stürmt. Auch am Telefon erkennt man an der Stimme eines Menschen ziemlich leicht, ob er zornig ist oder nicht – zum Beispiel, wenn die Stimme laut ist oder ironisch klingt. Je deutlicher man den Zorn eines Menschen erkennen kann, um so unwahrscheinlicher ist es, daß er in diesem Zustand rational reagieren wird.

Die meisten Menschen merken die ersten Anzeichen ihres Wutausbruchs gar nicht. Es kann sein, daß sie ihrer Umgebung ihren Zorn bereits auf subtile Weise signalisieren, wenn er ihnen selbst noch gar nicht bewußt geworden ist. Diese Signale sind leicht zu erkennen: Die Haltung Ihres Kunden versteift sich plötzlich, er atmet tiefer, beißt die Zähne zusammen, klopft ungeduldig mit dem Fuß auf den Boden oder trommelt mit den Fingern auf dem Tisch herum. Unter Umständen werden auch seine Sätze kürzer und abgehackter. Es kann sein, daß er einen Blick auf die Uhr wirft oder in Ihr Territorium eindringt, indem er so nahe an Sie heranrückt, daß es Ihnen unangenehm ist. Achten Sie auch auf die Farbe seines Gesichts und seines Halses.

Sie können sogar lernen, diese ersten nichtverbalen Warnsignale bei sich selbst zu erkennen, ehe Sie so wütend werden, daß Sie das Bedürfnis haben, zurückzuschreien – was immer unklug ist.

Es ist schwer, genau zu sagen, in welchem Stadium uns unser Zorn zum Bewußtsein kommt. Im Berufsleben sollten Sie sich an folgende Faustregel halten: Sobald Sie die ersten Anzeichen bemerken, versuchen Sie unbedingt, sich zu beruhigen. Ich habe im Lauf der Jahre verschiedene Grundregeln aufgestellt, wie man mit zornigen Kunden rasch und effizient zu Rande kommt. Diese Regeln beseitigen zwar nicht die Ursache ihres Zorns, zeigen Ihnen aber einen Weg, wie Sie das Problem ohne große Konflikte lösen können. Diese Grundsätze gelten auch für den Umgang mit erzürnten Chefs, Kollegen und Untergebenen – denn sie helfen Ihnen dabei, vom »Zornzentrum« Ihres Dinosaurierhirns auf die problemlösenden Bereiche Ihres Großhirns umzuschalten.

Zunächst will ich Ihnen vier Strategien vorstellen, die garantiert nicht funktionieren. Sie machen den Kunden nur noch zorniger:

- sich wehren,
- die Flucht ergreifen,
- erklären, wie es zu dem Problem gekommen ist,
- mehrere verschiedene Ziele gleichzeitig verfolgen.

Sich wehren. Wenn jemand Sie anschreit, regt sich in Ihnen automatisch der Impuls, zurückzuschreien. Diese Verteidigungsreaktion ist in unserem Dinosaurierhirn einprogrammiert. Es flüstert uns ein: »Wenn jemand wütend auf dich ist, mußt du ihm beweisen, daß *du* im Recht bist und er unrecht hat.« Doch wenn Sie diesem Impuls nachgeben, wird Ihr Kunde in der Regel nur noch mehr in Wut geraten. Und selbst wenn Ihre Strategie funktioniert und es Ihnen gelingt, ihn zu überschreien, haben Sie ihn garantiert für immer verloren.

Wenn Sie einem zornigen Kunden gegenüberstehen, den Sie behalten möchten, müssen Sie zunächst einmal ein vorrangiges Ziel im Auge haben: Sie müssen versuchen, ihn so weit zu beruhigen, daß Sie gemeinsam an die Lösung des Problems herangehen können. Vielleicht fallen Ihnen hundert schnippische Antworten oder schlagfertige Bosheiten ein, mit denen Sie Ihren Kunden zum Verstummen bringen könnten. Denken Sie daran: Solche Antworten gibt Ihnen Ihr Dinosauriergehirn ein. Sie werden es viel leichter haben, wenn Sie diesen Teil Ihres Gehirns zum Schweigen bringen und alle wütenden Reaktionen unterdrücken.

Die Flucht ergreifen. Wenn Sie ihrem Kunden erklären, wer wirklich an der Sache schuld ist, wird er nur noch aufgebrachter reagieren. Er hat dann das Gefühl, daß Sie sich herausreden wollen – und das mit Recht.

Angesichts eines wütenden Kunden in Erstarrung zu verfallen – ebenfalls eine häufige Reaktion in Streßsituationen –, wird Ihnen auch nichts nützen. Denn dann sind Sie völlig verwirrt und können kein Wort herausbringen – die Kritik des Kunden hat Sie so überwältigt, daß Sie nicht logisch darauf antworten können. Vielleicht fällt es Ihnen leichter, einfach Ihr Heil in der Flucht zu suchen – entweder, indem Sie den Forderungen des Kunden nachgeben, ohne sie vorher überprüft zu haben, oder indem Sie den Schwarzen Peter dem nächsten verfügbaren Kollegen zuschieben. Beides wird Ihr Kunde als Zeichen der Schwäche empfinden.

Es ist viel besser, sich Zeit zu nehmen und in Ruhe nachzudenken, ehe Sie irgendwelche Schritte unternehmen. Sie müssen nicht sofort reagieren oder jede Frage gleich beantworten. Ihr Kunde ist nicht beleidigt, wenn Sie sagen: »Bitte lassen Sie mir einen Augenblick Zeit; ich muß erst einmal darüber nachdenken.« Damit gehen Sie mit gutem Beispiel voran und zeigen dem Kunden, wie er sich verhalten sollte. Gleichzeitig demonstrieren Sie, daß Sie die Situation ernst nehmen.

Erklären, wie es zu dem Problem gekommen ist. Häufig ist der Zorn Ihres Kunden nur auf ein schlichtes Mißverständnis zurückzuführen. Die Versuchung, ihm zu erklären, was schiefgegangen ist und warum, ist sicherlich sehr groß; aber ein zorniger Mensch wird eine solche Erklärung leicht als Angriff mißverstehen und nur noch aggressiver werden. Wenn ein Kunde Sie anschreit, entspringen seine Reaktionen eindeutig seinem Dinosauriergehirn, und er wird gar nicht in der Lage sein, Ihnen zuzuhören oder sich rational mit Ihren Erklärungen auseinanderzusetzen. Also müssen Sie ihn zuerst einmal beruhigen.

Es gibt noch einen anderen Grund, warum man Erklärungen vermeiden sollte: Meistens interessiert es den Kunden gar nicht, warum etwas schiefgegangen ist. Er will nur, daß die Sache auf dem schnellsten Weg wieder in Ordnung gebracht wird. Bestenfalls dient eine solche Erklärung nur Ihren eigenen Interessen – nicht denen Ihres Kunden. Schlimmstenfalls ist sie eine versteckte Form von Flucht oder Angriff.

Erklärungen, mit denen Sie die Schuld auf jemand anderen abwälzen – zum Beispiel: »In unserer Firma wird das nun einmal so gehandhabt« oder »Ich habe diese Regeln nicht erfunden« –, bringen Ihren Kunden mit ziemlicher Sicherheit noch mehr in Wut. Sie tragen nicht zur Lösung seines Problems bei und erwecken den Eindruck, als seien

Sie interessierter daran, den Schwarzen Peter jemand anderem zuzuschieben, als dem Kunden zu helfen.

Mehrere verschiedene Ziele gleichzeitig verfolgen. Im Umgang mit einem wütenden Kunden muß ein Ziel absoluten Vorrang haben: den Kunden so schnell wie möglich zu beruhigen, damit Sie die Lösung seines Problems angehen können. Diese Zielsetzung läßt sich mit dem Wunsch Ihres Dinosauriergehirns, Gleiches mit Gleichem zu vergelten, nicht vereinbaren. Sie können es Ihrem Kunden nicht »heimzahlen« und ihn gleichzeitig beruhigen.

Ehe Sie sich mit einem aufgebrachten Kunden auseinandersetzen, müssen Sie sich über Ihr Ziel klarwerden. Wenn Sie ihn wirklich beruhigen wollen, dürfen Sie nicht zum Gegenangriff übergehen. Sie dürfen nicht einmal den leisesten Eindruck erwecken, als wollten Sie sich verteidigen. Wenn Sie auch nur ein einziges Mal dem Impuls Ihres Dinosaurierhirns nachgeben und Ihrem Kunden einen kleinen Seitenhieb versetzen, können Sie sicher sein, daß er eher auf diesen einen Fehler reagieren wird als auf all Ihre konstruktiven Versuche, das Problem zu lösen. Vermeiden Sie bissige oder ironische Bemerkungen – ganz egal, für wie angemessen und schlagfertig Ihr Dinosauriergehirn sie hält.

Und nun will ich Ihnen ein paar Strategien für den Umgang mit empörten Kunden zeigen, die funktionieren.

Hören Sie dem Kunden aufmerksam zu, und zeigen Sie ihm deutlich Ihr Interesse. Manche Kunden werden nur deshalb laut, weil sie das für den einzigen Weg halten, sich Gehör zu verschaffen. Solche Menschen beruhigt man am besten, indem man ihnen zuhört und ihnen seine Aufmerksamkeit durch eingestreute kleine Kommentare beweist.

Statt bestätigend »Hmmhmmm« zu machen, kann man zum Beispiel auch sagen:

»Das ist wirklich ein Problem.«

»Ich kann mir vorstellen, daß Sie sich darüber aufregen.«

»Das hätte mich auch beunruhigt.«

Wenn der Kunde dann genauer auf das Problem eingeht, können Sie ihm zeigen, daß Sie seinen Ausführungen folgen, indem Sie das Gesagte von Zeit zu Zeit noch einmal kurz zusammenfassen oder umformulieren – zum Beispiel folgendermaßen:

Kunde: »Ich habe hier eine Kopie der Preisangabe, die Sie mir vor drei Wochen geschickt haben. Ihre Rechnung stimmt hinten und vorn nicht!«

»Haben wir Ihnen einen Posten falsch berechnet, Herr X?«

Kunde: »Nein. Aber ich möchte wissen, woher Sie das Recht nehmen, so verdammt hohe Preise zu verlangen?«

»Aha. Unsere Preise kommen Ihnen zu hoch vor.«

Kunde: »Allerdings. Wie können Sie 150 DM pro Stunde berechnen! Ich habe meinen Augen nicht getraut, als ich die Rechnung bekam.«

»Diese Frage kann ich Ihnen beantworten, Herr X; aber zunächst einmal möchte ich sichergehen, daß ich Ihr Problem auch richtig verstanden habe. Es tut mir leid, daß Ihnen die Rechnung zu hoch vorkommt; aber haben Sie den Eindruck, daß wir irgendeinen Posten falsch berechnet habe?«

Kunde (etwas kleinlauter): »Das nicht. Die Rechnung ist nur zu hoch.«

»Das tut mir leid. Ich habe hier eine Kopie unserer Preisangabe, die wir Ihnen geschickt haben, und ich gehe gern alle Posten noch einmal mit Ihnen durch, um zu überprüfen, ob sie stimmen – aber unsere Preise kann ich leider nicht ändern. Sollen wir die Rechnung einmal gemeinsam durchgehen?«

Kunde: »Nein, das ist nicht nötig. Sie kommt mir nur reichlich hoch vor.«

In diesem Fall ist der Kunde zwar sicherlich nicht hundertprozentig zufrieden mit dem Ergebnis des Gesprächs; aber der Sachbearbeiter ist ruhig und beherrscht geblieben, hat die Beschwerde des Kunden immer wieder zu einer klaren Aussage zusammengefaßt und sich vor allem kein einziges Mal zu einer unüberlegten, wütenden Antwort hinreißen lassen. Sicherlich ist Ihnen aufgefallen, daß der Kunde gegen Ende des Gesprächs immer ruhiger und sachlicher wurde – ein sicheres Zeichen, daß er vom Dinosaurierhirn aufs Großhirn umgeschaltet hat.

Versuchen Sie herauszufinden, was der Kunde will. Sobald es Ihnen gelungen ist, Ihren Kunden davon zu überzeugen, daß Sie ihm auch zuhören, müssen Sie sich Klarheit darüber verschaffen, was er von Ihnen erwartet – am besten, indem Sie ihn fragen: »Was soll ich tun?«

Diese einfache Frage ist aus mehreren Gründen sinnvoll. Erstens ist der Kunde gezwungen, Ihnen daraufhin genau zu erklären, was er will.

Manchmal ist das in diesem Stadium des Gesprächs, wo er gerade erst dabei ist, sich zu beruhigen, noch gar nicht hundertprozentig klar. Zweitens – und das ist noch viel wichtiger –, bringen Sie ihn mit dieser Frage dazu, in seinen Anschuldigungen innezuhalten und nachzudenken; das heißt, er muß sein Großhirn in Aktion treten lassen. Dadurch werden seine Emotionen automatisch gedämpft.

Geben Sie dem Kunden das Gefühl, daß er im Recht ist. Niemand gibt gern zu, daß er unrecht hat. Auch daran ist unser Dinosauriergehirn schuld. Sie müssen die Situation also so darstellen, daß der Kunde seinen Irrtum nicht zuzugeben braucht. Das könnte zum Beispiel so aussehen:

»Sehen Sie – hier haben wir das Problem. Sie haben diese beiden Spalten nicht zusammengerechnet. Ich weiß, unser Formular ist etwas verwirrend. Mir ist das auch schon oft passiert.«

Oder: »Ich wäre genauso wütend geworden wie Sie, wenn mir so etwas passiert wäre.«

Wenn Ihr Kunde am Ende des Gesprächs das Gefühl hat, sich klug, richtig und in moralischer Hinsicht einwandfrei verhalten zu haben, wird er Ihnen mit ziemlicher Sicherheit treu bleiben.

Wenn der Irrtum eindeutig auf Ihrer Seite liegt, geben Sie es freundlich zu, entschuldigen Sie sich bei dem Kunden für die Unannehmlichkeiten, die er gehabt hat, versichern Sie ihm, daß er zu Recht aufgebracht war, und bringen Sie den Fehler wieder in Ordnung. Wenn Ihr Irrtum den Kunden Zeit oder Geld gekostet hat, ist es gutes Geschäftsgebaren, ihm einen kleinen Preisnachlaß zu gewähren. Auf diese Weise können Sie einen zornigen Kunden in einen dankbaren Menschen verwandeln, der sich gerecht behandelt und verstanden fühlt.

16. Das Dienst-am-Kunden-Modell

Wir haben inzwischen gesehen, daß unser Dinosauriergehirn ganz bestimmte Vorstellungen davon hat, wie eine Firma organisiert und geleitet werden sollte: Wer an der Spitze steht, hat alle Rechte und darf alle Vorteile einheimsen. Die Untergebenen müssen das tun, was der Obersaurier sagt, sonst werden sie aus der Herde hinausgeworfen.

Natürlich ist das nicht die richtige Art, ein Unternehmen zu leiten; und doch ist bei uns allen irgendwo tief in unserem Dinosauriergehirn die Überzeugung einprogrammiert, daß es so sein sollte.

Bis jetzt bin ich in meinem Buch in erster Linie darauf eingegangen, wie man in einem System überlebt, das zu stark unter dem Einfluß des Dinosauriergehirns steht. In diesem Kapitel dagegen möchte ich ein Modell beschreiben, mit dessen Hilfe man einige der übelsten Mißstände vermeiden kann, die durch die Vorherrschaft des Dinosaurierhirns entstehen. Es handelt sich um eine neue Idee, die als »Dienst- am-Kunden-Modell« bezeichnet und von einigen vorausblickenden Firmen bereits praktiziert wird. Sie basiert auf der Philosophie, daß der Dienst am Kunden die wichtigste Aufgabe einer Firma ist.

Im traditionellen Sinn glaubt jeder daran, daß es wichtig ist, die Kunden zufriedenzustellen. Aber dieses Modell geht noch einen Schritt weiter: Es geht davon aus, daß alle in der Firma – nicht nur die Leute im Kundendienst – dem Kunden einen Dienst erweisen.

In einer Firma, für die der Kundendienst bei allen ihren Mitarbeitern an erster Stelle steht, in der wird fast immer das produktivste und gesündeste Arbeitsklima herrschen. Bei dieser Philosophie befinden sich die Kunden nicht nur außerhalb der Firma – nein, auch die Mitarbeiter innerhalb des Unternehmens sind Kunden.

Wenn Sie beispielsweise Abteilungsleiter sind, erweisen Sie Ihren Untergebenen und Vorgesetzten ganz bestimmte Dienste: Ihren Untergebenen, indem Sie sie führen, und Ihren Vorgesetzten, indem Sie für sie bestimmte Aufgaben erledigen. Ihr beruflicher Erfolg hängt davon ab, wie gut Sie die Bedürfnisse der Menschen, denen Sie dienen – mit anderen Worten: die Bedürfnisse Ihrer Kunden –, befriedigen.

An dieser Stelle erhebt sich eine Frage. Woher sollen Sie wissen, wie zufrieden Ihre Kunden mit Ihnen sind? Dafür gibt es ein sehr praktisches Verfahren. Manche Firmen lassen alle Ihre Angestellten – selbst den Generaldirektor – von den Mitarbeitern bewerten und haben damit gute Erfahrungen gemacht. Die Untergebenen tragen in ein Formblatt ein, wie zufrieden sie mit ihren Vorgesetzten sind. Die Angestellten einer Abteilung, die auf die Dienste einer anderen Abteilung angewiesen sind, bewerten die Kooperationsbereitschaft dieser Mitarbeiter und die Qualität ihrer Dienstleistungen.

Jetzt heben Sie vielleicht abwehrend die Hände: »Um Himmels willen, nur nicht noch mehr Bewertungsformulare!« Das kann ich gut verstehen, denn in den meisten Firmen finden ungefähr fünfmal so viele Bewertungen statt, wie eigentlich notwendig wären. Aber das Bewertungssystem, das ich Ihnen hier vorstellen möchte, ist wirklich sinnvoll!

Es ist wichtig, auf möglichst systematischem Weg herauszufinden, was für Voraussetzungen die Mitarbeiter einer Firma bräuchten, um ihre Arbeit noch besser erledigen zu können. Der Erfolg oder Mißerfolg eines solchen Bewertungssystems hängt davon ab, inwieweit die Leute an der Spitze der Firmenhierarchie es akzeptieren und befolgen. Wenn auch nur ein einziger Mitarbeiter von diesen Bewertungen ausgenommen wird, weil er sie für unter seiner Würde hält, ist das ganze System wertlos.

Warum ist dieses Dienst-am-Kunden-Modell für das Management einer Firma so wichtig? Ganz einfach: Man spart dadurch Geld und erspart sich auch Auseinandersetzungen. Die Meinungsverschiedenheiten zwischen Arbeitnehmern und Arbeitgebern kosten die amerikanische Industrie jedes Jahr Milliarden Dollar. Diese Konflikte sind auf die Wahrnehmungsweise unseres Dinosaurierhirns zurückzuführen. Wenn unsere Firmen vernünftiger organisiert wären, so daß auch die Mitarbeiter auf den unteren Stufen der Firmenhierarchie eine echte Kontrolle über das Geschehen ausüben könnten, dann wären diese Mitarbeiter motivierter und hätten bei ihrer Arbeit gegen weniger innere Widerstände zu kämpfen. Dadurch könnten die Firmen viel Geld sparen, und wahrscheinlich wäre auch die Arbeitsatmosphäre wesentlich angenehmer.

Machen Sie in Gedanken einmal ein Experiment: Denken Sie darüber nach, was sich in Ihrer Firma alles verändern würde, wenn Ihre Untergebenen Sie oder die Angestellten anderer Abteilungen bewerten dürften. Ich kann mir keine bessere Methode vorstellen, das Großhirn in Gang zu setzen!

Spielen Sie folgendes Gedankenexperiment einmal durch: Stellen Sie sich vor, Sie leiteten eine Firma oder eine große Abteilung. Wie und wann würden Sie erfahren, ob

– einer Ihrer Manager ein sadistischer Tyrann ist, der seine Mitarbeiter beleidigt und schikaniert und mehr von ihnen verlangt, als angemessen ist? In manchen Firmen kann die rasche Fluktuation guter Mitarbeiter ein erstes warnendes Anzeichen dafür sein, daß ein ernstes Problem vorliegt. Aber wenn die Belegschaft die Leistungen ihres Chefs bewerten dürfte, käme dieses Problem noch viel eher ans Tageslicht! Denn wer aus der Abteilung hat schon den Mut, sich auf eigene Faust über den Chef zu beschweren? Wenn dagegen alle Mitarbeiter seinen Managementstil kritisierten, dann würden Sie darauf aufmerksam werden, daß hier etwas nicht stimmt.

– ob eine Ihrer Mitarbeiterinnen von einem Kollegen oder Vorgesetzten sexuell belästigt wird? Solche Mißstände entstehen langsam und über einen längeren Zeitraum hinweg; und Tratsch wird innerhalb einer Firma im allgemeinen bestraft oder zumindest ungern gesehen – wie und wann wollen Sie es also erfahren, und was kostet es die Firma? Wieviel ist die Arbeitsmoral dieser Mitarbeiterin wert?

– ob die Buchführungsabteilung und die Personalabteilung einander bekriegen und blockieren, indem Sie sich Dienstleistungen gegenseitig möglichst lange vorenthalten? Wann würden Sie herausfinden, daß hier ein persönliches Problem vorliegt und nicht nur eine der kleinen Verzögerungen, wie sie in einer Firma tagtäglich vorkommen? Wenn die Abteilungen Ihrer Firma ihre Dienstleistungen gegenseitig bewerten könnten, würde Ihnen sicher auffallen, daß bei diesen Bewertungen ein paar besonders schlechte Noten dabei sind, und Sie würden der Sache nachgehen. Oder verlassen Sie sich darauf, daß solche Informationen Ihnen im Lauf der Zeit von selbst zu Ohren kommen?
Ist es für Sie wichtig, solche Mißstände rechtzeitig zu erkennen? Was tun Sie, damit sie Ihnen nicht entgehen?

— ob Ihre Untergebenen Sie manchmal für schwierig oder un-
zugänglich halten? Vielleicht haben sie Angst, daß Sie Kritik bestrafen würden, statt auf sie zu hören, und daher halten sie lieber den Mund und fressen ihren Ärger in sich
hinein. Wollen Sie warten, bis sie sich bei ihrem Vorgesetzten beschweren, oder ziehen Sie es vor, eher etwas davon
zu erfahren? Wenn Ihre Mitarbeiter Sie bewerten dürften,
wüßten Sie gleich, woran Sie sind.

Produktive Kritik an Vorgesetzten ist wichtig und muß unbedingt gefördert werden. Mit Hilfe des »Dienst-am-Kunden-Modells« läßt sich das
leicht bewerkstelligen. Wie wäre es, wenn Sie es auch in Ihrer Firma ein-
führten?

17. Wie man sich und seine Mitarbeiter motiviert

Die Geschäftsleute, die ich berate, fragen mich häufig und meist mit wütender oder verzweifelter Stimme: »Wie kann ich meine Mitarbeiter motivieren? Warum muß ich mir darüber überhaupt Gedanken machen? Ich bezahle sie anständig – wieso muß ich auch noch Zeit investieren, um sie dahin zu bringen, daß sie das tun, was ich von ihnen erwarte?«

Natürlich ist gute Bezahlung wichtig – aber sie ist nicht der einzige Grund, warum Ihre Angestellten jeden Tag zur Arbeit kommen. Zusätzlich zu ihrem Gehalt brauchen sie auch noch einen emotionalen Anreiz: Sie müssen sich in ihrer Position sicher fühlen, von ihren Kollegen und Vorgesetzten respektiert werden und optimistische berufliche Zukunftsaussichten haben – mit anderen Worten, sie müssen das Gefühl haben, zur Herde zu gehören. Mitarbeiter, die dieses Gefühl der Verbundenheit nicht haben, verlassen die Firma im allgemeinen rasch wieder. Mit guter Bezahlung allein kann man sie nicht an einem Arbeitsplatz halten, bei dem sie nicht wirklich den Eindruck haben, »dazuzugehören«. Ihre Angestellten sind die wichtigste Investition Ihrer Firma. Kein Unternehmen kann es sich leisten, regelmäßig gute Mitarbeiter zu verlieren.

Sie dürfen nicht erwarten, daß Ihre Angestellten von vornherein wissen, was sie zu tun haben und wie sie es tun sollen und vor Motivation förmlich überquellen. Ein Manager muß wissen, wie er seine Leute motivieren kann. Diese Fähigkeit ist ein wichtiger Bestandteil seiner Arbeit.

Zur Motivation gehört, daß Sie Ihre Mitarbeiter ermutigen, die Kreativität, Begeisterung, Energie und Loyalität, die aus ihrem Dinosaurierhirn entspringt, zu ihrem Erfolg und dem der Firma einzusetzen. Folgende Grundsätze sind wichtig für die Motivation von Mitarbeitern:

1. *Sagen Sie ihnen nicht, was sie tun sollen, sondern überzeugen Sie sie davon.* In uns allen steckt immer noch ein rebellischer Teenager, der sich auflehnt, absichtlich langsam arbeitet oder zu maulen beginnt, wenn er bei der Arbeit zu viele direkte Anweisungen erhält. Es macht die Leute wütend, wenn man ihnen sagt, was sie tun sollen. Die erfolgreichsten Manager sprechen selten Befehle aus. Sie haben das Gefühl, ihre Mitarbeiter von ihren Anweisungen überzeugen zu müssen. Daher überreden, »bestechen« und belohnen sie sie weit häufiger, als ihnen einfach nur kurz angebunden zu sagen: »Tun Sie dies und das.«

Einige typische Obersaurier werden sicher nicht meiner Meinung sein, sondern behaupten: »Man muß bestimmt mit seinen Mitarbeitern umgehen und ihnen zeigen, wer das Sagen hat.« Bei solchen Gelegenheiten erinnern sie sich häufig an die »gute alte Zeit«, als sie noch beim Militär waren. Natürlich – im Krieg kann man Leute, die sich einem Befehl widersetzen, erschießen. Aber in Friedenszeiten ist das kein sehr kostensparendes Verfahren.

Wenn Sie dazu neigen, Ihren Mitarbeitern direkte Anweisungen zu geben, manövrieren Sie sich leicht in Situationen hinein, in denen Sie jemanden bestrafen oder hinauswerfen müssen, um Ihre Autorität zu wahren. Das kann sehr destruktiv und kostspielig sein. Die Leute zu überzeugen, ist in der Regel billiger und wirkungsvoller.

2. *Versuchen Sie Ihre Handlungsweise mit den Augen Ihrer Mitarbeiter zu sehen.* Was Sie motiviert, muß Ihre Mitarbeiter noch lange nicht motivieren. Sie sind vielleicht ein perfektionistischer Workaholic, der nur glücklich ist, wenn er stets hundertfünfzigprozentig sein Bestes gibt und seine ganze Freizeit der Arbeit widmet. Wenn das so ist, können Sie ziemlich sicher sein, daß Ihre Mitarbeiter nicht die gleiche Motivation mitbringen wie Sie.

Wenn Sie nun davon ausgehen, daß Ihre Mitarbeiter genauso sein müssen wie Sie, werden Sie sie innerlich mißbilligen. Diese Mißbilligung werden Sie ihnen unwillkürlich zeigen, und sie wird ihr Vertrauen zu Ihnen untergraben. Eine solide Vertrauensbasis und glaubwürdige Vorgesetzte sind für Angestellte ebenso wichtig wie ein gutes Gehalt.

3. *Haben Sie ein offenes Ohr für Ihre Mitarbeiter, und zeigen Sie ihnen das auch.* Sie brauchen nicht unbedingt alles zu tun, was Ihre Mitarbeiter von Ihnen erwarten; aber Sie müssen ihnen zuhören. Je mehr Sie über ihr Verhalten und ihre Wünsche wissen, um so erfolgreicher werden Sie als Vorgesetzter sein.

Versuchen Sie regelmäßig kurze Konferenzen mit Ihren Mitarbeitern einzuberufen, vielleicht eine Viertelstunde pro Woche, wenn nötig auch länger. Bei diesen Konferenzen dürfen sie alles zur Sprache bringen, was sie auf dem Herzen haben – selbst wenn das bedeutet, daß Sie auch Kritik von ihnen akzeptieren müssen. Sie dürfen Ihre Mitarbeiter nicht dafür bestrafen, daß sie nicht Ihrer Meinung sind! Das ist die sicherste Methode, Kreativität im Keim zu ersticken.

Wenn Sie eine Konferenz auf einen bestimmten Termin festgesetzt haben, dürfen Sie sie auf keinen Fall wieder absagen. Es ist ein Schlag ins Gesicht für ihre Mitarbeiter, wegen irgendeines anderen, »wichtigeren« Termins hintangestellt zu werden. Sie müssen ihnen das Gefühl geben, daß niemand wichtiger ist als sie. Während der Besprechung sollten Sie Protokoll führen und sich auch noch daran erinnern, was beim letztenmal besprochen wurde.

Wenn Mitarbeiter sich bei Ihnen über etwas beschweren, ist es viel wichtiger, ihnen aufmerksam zuzuhören, als das zu tun, was sie von Ihnen erwarten. Ihre Mitarbeiter möchten, daß Sie wissen, wie ihnen zumute ist. Wenn sie das Gefühl haben, daß Sie sich für sie interessieren, werden sie zu viel größerem Engagement bereit sein.

4. *Setzen Sie Ihren Mitarbeitern klare Ziele.* Nachforschungen zeigen immer wieder, daß sich die Leistungen von Mitarbeitern durch regelmäßige, klare Zielsetzungen viel mehr verbessern lassen als durch jede andere Strategie. Definieren Sie alle Aufgaben nach Zielsetzungen. Sie sind die Grundlage einer jeden Arbeit. Jedesmal, wenn Sie die Aufgabenstellung eines Mitarbeiters verändern, sollten Sie die neue Zielsetzung schriftlich festhalten.

Um seine Mitarbeiter motivieren zu können, muß man ihnen klare, erreichbare Ziele setzen – sie müssen genau wissen, was von ihnen erwartet wird. Wenn möglich, formulieren Sie diese Zielsetzungen so, daß der Mitarbeiter erfährt, was er tun muß, und nicht, wie das Resultat aussehen soll.

5. *Zwingen Sie einen Dinosaurier niemals, mitten in einer Aufgabe eine andere Richtung einzuschlagen!* Ihre Mitarbeiter erwarten von Ihnen Kontinuität. Sie setzen voraus, daß Sie sich heute noch daran erinnern, was Sie gestern gesagt haben, und diese Richtung konsequent weiterverfolgen. Wenn Sie das nicht tun, bekommen Ihre Mitarbeiter leicht ein Gefühl der Orientierungslosigkeit; sie werden mißtrauisch, und Sie verlieren Ihre Glaubwürdigkeit. Ihren Untergebenen ist es gleichgültig, mit was für Schwierigkeiten Sie zu kämpfen haben – daß der Generaldirektor sich nicht entscheiden kann und daß Sie ständig widersprüchliche Informationen bekommen, kümmert sie nicht. Ihre Aufgabe besteht darin, die Inkonsequenzen und Ungereimtheiten auf der oberen Ebene der Firmen-

hierarchie von Ihren Mitarbeitern fernzuhalten, statt sie weiterzureichen. Wenn etwas, was Sie Ihren Mitarbeitern gesagt haben, nicht mehr zutrifft, müssen Sie es ihnen klar und deutlich sagen.

Das ist häufig eine Frage des Gedächtnisses. Wenn Sie kein perfektes Gedächtnis haben, nehmen Sie ein Notizbuch zu Hilfe!

6. *Halten Sie sich an Ihre Zusagen und Ankündigungen.*Wenn Sie einem Ihrer Mitarbeiter versprochen haben, etwas für ihn zu überprüfen oder ihm bestimmte Informationen zu verschaffen, müssen Sie sich unbedingt daran halten. Auch hier kann ein Notizbuch gute Dienste leisten. Sie sollten es bei Besprechungen mit Ihren Mitarbeitern stets dabeihaben. Ihre Leute sollen sehen, daß Sie sich alles, was Sie ihnen versprechen, aufschreiben. Das ist für sie ein Beweis, daß Sie es auch wirklich einhalten werden.

Gehen Sie Ihr Notizbuch regelmäßig durch. Effiziente Führungskräfte halten, was sie ihren Angestellten versprochen haben, und informieren sie anschließend auch darüber. Wenn Sie etwas nicht tun wollen, dürfen Sie es auch nicht versprechen. Rechnen Sie nicht damit, daß Ihre Mitarbeiter Ihre Versprechungen wieder vergessen werden. Irgend jemand wird sich garantiert daran erinnern, und das wird Ihre Glaubwürdigkeit untergraben.

7. *Stellen Sie ein System auf, mit dessen Hilfe Sie Ihre Mitarbeiter regelmäßig überwachen können.* Viele Manager haben eine Art Laisser-faire-Führungsstil: Solange es den Anschein hat, als täten ihre Mitarbeiter alles, was von ihnen erwartet wird, kümmern sie sich nicht um sie. Erst wenn sie aus der Reihe tanzen, werden sie zur Ordnung gerufen.

Dieser Managementstil hat jedoch viele Nachteile. Zum Beispiel merken Sie erst dann, daß etwas nicht richtig läuft, wenn es sich zu einem großen Problem ausgeweitet hat. Dann müssen Sie zurückverfolgen, wo der Fehler liegt, und unter Umständen hart durchgreifen, und die Beteiligten werden sich unweigerlich bestraft fühlen. Ihr Dinosaurierhirn tritt in Aktion, und sie werden sich entweder wehren oder ihr Heil in der Flucht suchen.

Es ist viel besser, bereits in den täglichen Arbeitsablauf kleine Überwachungssysteme einzubauen, damit Sie ständig über alles auf dem laufenden sind. Sie können zum Beispiel jeden Tag mit dem Notizbuch in der Hand durch Ihre Abteilung gehen und alle Mitarbeiter bitten, Ihnen eine kurze Zusammenfassung über den Stand ihrer Projekte zu geben.

Sie können sich auch komplizierter Management-Informationssysteme bedienen. Egal, was Sie tun – tun Sie es konsequent und regelmäßig und nicht nur dann, wenn Sie das Gefühl haben, daß etwas schiefgeht.

Wenn Sie ein solches regelmäßiges Überwachungssystem haben, werden Ihre Mitarbeiter von vornherein damit rechnen, überprüft zu werden, und es nicht als Kritik auffassen. Aber Sie müssen unbedingt darauf achten, alle gleichermaßen zu überwachen, denn Ihre Mitarbeiter werden ihrem Dinosaurierinstinkt folgen und genau aufpassen, ob Sie bei Ihren Überprüfungen auch keine Ausnahmen machen!

8. *Stellen Sie Mitarbeiter niemals vor den anderen Kollegen bloß.* Fast alle Manager wissen, daß man einem Mitarbeiter nicht die Meinung sagen darf, wenn jemand anders zuhört. Doch die häufigste Form öffentlicher Bloßstellung besteht darin, daß man eine schriftliche Mitteilung an alle Angehörigen der Abteilung in Umlauf bringt, in der auf eine bestimmte Regel hingewiesen wird, nachdem ein Mitarbeiter gegen diese Regel verstoßen hat. Natürlich wissen dann alle in der Abteilung genau, aus welchem Grund diese Mitteilung ergangen ist und wer den Fehler begangen hat. Das ist nicht nur eine öffentliche, sondern zusätzlich auch noch eine schriftliche Bloßstellung!

Sie sollten es auch unter allen Umständen vermeiden, Ihre Mitarbeiter immer nur dann in Ihr Büro zu rufen, wenn Sie vorhaben, sie zu kritisieren; denn dann wissen sie jedesmal schon im voraus, was ihnen bevorsteht.

9. *Sie sollen Aufgaben an Ihre Mitarbeiter delegieren und sie ihnen nicht einfach nur aufbürden.* Delegieren ist eine wichtige Managementstrategie. Aber leider wissen viele Manager nicht, was Delegieren wirklich bedeutet. Es besteht nicht darin, seinen Mitarbeitern unangenehme Aufgaben aufzubürden, die man selbst nicht tun möchte. Das werden Ihre Mitarbeiter – und vielleicht sogar zu Recht – als Machtmißbrauch betrachten. Delegieren bedeutet, jemand anderem eine Aufgabe zu übertragen, die Sie ebensogern selbst tun würden, und ihm auch die dazu notwendige Autorität zu verleihen.

10. *Geben Sie nach Möglichkeit jedem Ihrer Mitarbeiter einen Aufgabenbereich, in dem er selbst schalten und walten kann.* Die Angestellten sollten in ihrem Aufgabenbereich so viel Autorität haben, wie es nur möglich und praktisch ist. Wenn sie Sie bei jeder Entscheidung erst vorher fragen müssen, werden sie sich machtlos und überflüssig vorkommen. Geben

Sie ihnen alle Informationen, die sie für ihre Aufgabe brauchen, und räumen Sie ihnen bei allen Entscheidungen, von denen sie betroffen sind, ein Mitspracherecht ein. Es ist sehr demoralisierend für Ihre Mitarbeiter, wenn sie merken, daß der Obersaurier über ihr Schicksal bestimmt, ohne sie überhaupt nach ihrer Meinung zu fragen.

11. *Haben Sie stets einen Plan für die Zukunft Ihrer Mitarbeiter im Auge.* Wer in einer Firma keine Aufstiegsmöglichkeiten sieht, wird in der Regel nicht lange dort bleiben. Wenn es in Ihrer Firmenstruktur keine großen Beförderungsmöglichkeiten gibt, dann sollten Sie sie ändern. Um Positionen zu schaffen, die besser bezahlt werden und mehr Autorität bieten, müssen Sie zwar kurzfristig Zeit und Mühe investieren; langfristig gesehen wird Ihre Mühe aber auf jeden Fall Früchte tragen, weil Sie gute Mitarbeiter dadurch motivieren, bei Ihrer Firma zu bleiben.

Bieten Sie Ihren Mitarbeitern Fortbildungsmöglichkeiten, damit sie irgendwann in bessere Positionen aufsteigen können, und zeigen Sie ihnen, daß Sie sich für sie interessieren und sie fördern. Selbst wenn sie nach einem solchen Fortbildungskurs nicht sofort aufsteigen können, wird schon die bloße Möglichkeit eines baldigen Aufstiegs sehr motivierend auf sie wirken.

12. *Zeigen Sie Engagement und Respekt für Ihre Mitarbeiter.* Wenn Sie mit einem Mitarbeiter zufrieden sind und er um seine Stellung nicht zu fürchten braucht, geben Sie es ihm deutlich zu verstehen, vor allem, wenn Ihre Firma sich gerade in einer finanziellen Krise befindet.

Verhalten Sie sich allen Ihren Mitarbeitern gegenüber fair. Nur wenige Manager können sich den Luxus leisten, ihre Mitarbeiter anzuschreien oder in aller Öffentlichkeit zu kritisieren, hinter ihrem Rücken Negatives über sie zu erzählen oder Privatfehden mit ihnen auszutragen. Stellen Sie klare Regeln für die Zusammenarbeit mit Ihrer Belegschaft auf, und halten Sie sich daran. Ihre besten Mitarbeiter werden Sie danach beurteilen, wie Sie sich ihnen gegenüber im schlimmsten Fall verhalten haben!

13. *Wenn es in Ihrer Firma einen Betriebsrat gibt, bemühen Sie sich, eine gute Beziehung zu ihm aufzubauen.* Zeigen Sie den Mitgliedern des Betriebsrats Ihren Respekt, indem Sie auf sie hören und sich nach ihren Vorschlägen richten. Dann werden sie sich Ihnen gegenüber wahrscheinlich genauso verhalten.

14. *Fördern Sie Geselligkeit und Freundschaft zwischen Ihren Mitarbeitern.* Natürlich ist das nur in Maßen möglich. Geben Sie Ihren Mitarbeitern Zeit, auch während der Arbeit miteinander zu reden und Kontakt zu pflegen. Die meisten Angestellten bleiben nur dann lange bei einer Firma, wenn sie ihre Kollegen mögen und gut mit ihnen auskommen. Achten Sie auch darauf, daß die Mitarbeiter verschiedener Ebenen der Firmenhierarchie regelmäßig Gelegenheit haben, sich zu treffen – nicht nur auf der Weihnachtsfeier des Betriebs, sondern das ganze Jahr über! Wenn Ihre Mitarbeiter eine Chance haben, die gesellige Natur ihres Dinosaurierhirns am Arbeitsplatz auf positive Weise einzusetzen, werden sie mit einem Gefühl ganz neuer Energie und Kreativität an ihren Schreibtisch zurückkehren.

15. *Bieten Sie Ihren Mitarbeitern immer wieder neue Fortbildungsmöglichkeiten und Herausforderungen.* Wer das Gefühl hat, sich beruflich weiterentwickeln zu können, ist im allgemeinen eher geneigt, bei einer Firma zu bleiben.

16. *Arbeiten Sie mit Belohnungen und Anspornen.* Wenn Sie zu den Managern gehören, die denken: »Ich belohne meine Angestellten ja – schließlich bezahle ich sie für ihre Arbeit«, dann richtet sich dieser Ratschlag direkt an Ihre Adresse. Sie müssen Ihren Führungsstil ernsthaft überdenken! Die anerkennenden Worte, die Sie Ihren Mitarbeitern nach einer erbrachten guten Leistung aussprechen, können unter Umständen viel wichtiger sein als ihr Gehalt!

Wenn Sie in Ihren Mitarbeitern ein Gefühl der Loyalität und Dazugehörigkeit wecken wollen, dann eignen Sie sich den Führungsstil weiblicher Manager an. Untersuchungen haben ergeben, daß Frauen im allgemeinen einen positiveren Managementstil haben als Männer und ihren Mitarbeitern eher das Gefühl geben, ein Teil der Firma zu sein.

Alle Menschen reagieren positiv auf Lob. Wenn Sie diese wichtige Motivationsstrategie nicht einsetzen, dann arbeiten Sie immer noch mit einem Managementstil, der längst überholt ist. Es wird allgemein empfohlen, bei der Arbeit viermal so häufig zu loben wie zu strafen. Aber leider tun die meisten Manager genau das Gegenteil: Sie kritisieren ihre Mitarbeiter viermal so oft, wie sie sie loben! Denken Sie daran: Nicht nur Bären, sondern auch Dinosaurier fängt man am besten mit Honig.

18. Streß muß nicht immer negativ sein

Manche Leute halten Streß bei der Arbeit automatisch für etwas Schlechtes und Gefährliches. Das stimmt aber nicht immer. In Maßen kann Streß sich durchaus positiv auf unseren Körper und unsere Psyche auswirken – ebenso wie Sport.

Es gibt keine Welt ohne Streß – seien es Termine, das Läuten des Telefons, zu viele berufliche Anforderungen, ständige Besprechungen oder die immerwährenden Schwierigkeiten im Umgang mit anderen Menschen. Streß läßt sich nicht eindeutig definieren. Man kann ihn nur im Hinblick auf die Auswirkungen definieren, die er auf einen Menschen hat.

Manche Menschen sehen eine Bedrohung und stellen sich ihr; andere reagieren lediglich auf sie. Durch diese psychische Reaktion entsteht das Problem. In Kapitel 4 haben wir gesehen, daß die unangemessene »Kampf-, Flucht- oder Erstarrungsreaktion« in uns negative Veränderungen bewirken kann: zum Beispiel erhöhte Herz- und Atemfrequenz, zuviel Adrenalinabsonderung, angespannte Muskeln usw. Wir befinden uns dann psychisch häufig in einem ähnlichen Zustand wie ein Auto, das im dritten Gang einen Hügel hinauffährt. Das ist ein großer Streß für unseren Körper und unsere Psyche.

Dieser Erregungspegel ist meßbar, und er gibt darüber Auskunft, wie »stressig« eine bestimmte Situation für einen Menschen ist. Es ist wichtig, diese Reaktionen zu messen, denn viele Menschen wollen nicht zugeben oder nicht wahrhaben, daß Streß sich auf sie auswirkt. Ihr Hausarzt oder Psychotherapeut kann Ihnen erklären, wie Sie den Grad Ihrer Erregung selbst messen können. Die einfachste Methode besteht darin, auf jede Beschleunigung des Herzschlags zu achten und den Puls zu messen. Auch angespannte Muskeln, vor allem im Nacken- und Schulterbereich und rund um die Kiefer, sind ein Zeichen übersteigerter Erregung. Hoher Blutdruck kann ebenfalls ein solches warnendes Anzeichen sein.

Man kann mit der Zeit lernen, seine Reaktionen auf Streßsituationen in den Griff zu bekommen. Dafür gibt es alle möglichen Strategien;

manche sind gesund und erholsam, doch mit einigen erreicht man genau das Gegenteil: Man untergräbt seine Fähigkeit zur Streßbewältigung noch mehr.

Unempfindlichkeit gegen Streß

Manche Leute scheinen sich selbst in Situationen, in denen andere vor Streß längst krank wären, immer noch wohl zu fühlen wie ein Fisch im Wasser. Sie werden allgemein beneidet, weil ihnen Streß gar nichts auszumachen scheint. Wie stellen sie das an? Befragungen haben ergeben, daß solche Menschen ganz bestimmte Ansichten über das Leben und ihre Arbeit haben. Ihre wichtigsten Grundsätze lauten:

Kontrolle. Diese Manager glauben fest daran, daß sie ihr Leben unter Kontrolle haben und mit ihren Aktionen etwas bewirken können. Sie kämen nie auf die Idee, daß jemand anders an ihren Problemen schuld ist.

Engagement. Sie haben das Gefühl, am richtigen Platz zu sein. Vielleicht haben sie noch nicht unbedingt den Erfolg erreicht, den sie sich wünschen, aber sie glauben, auf dem richtigen Weg zu sein, die richtigen Beziehungen und die richtigen Hobbys zu haben. Und das führen sie weniger darauf zurück, daß sie zufällig »Glück hatten«, als auf ihre Neigung, Entscheidungen auch wirklich konsequent bis zum Ende durchzuführen.

Herausforderungen. »Streßresistente« Manager betrachten Rückschläge als Probleme, die gelöst werden müssen, und nicht als Katastrophen. Auf einen Verlust in einem Bereich ihres Lebens reagieren sie in der Regel, indem sie sich auf einem anderen Gebiet einer Herausforderung stellen: Wenn sie zum Beispiel mit einer Scheidung fertig werden müssen, beginnen sie vielleicht eine Fremdsprache zu lernen. Diese Menschen haben die Fähigkeit, sich zu trösten, indem sie sich auf irgendeinem Gebiet verbessern.

Sie können Ihre Resistenz gegen Streß erhöhen, indem Sie versuchen, das Leben so zu sehen wie diese Manager. Wenn man so tut, als hätte man sein Leben fest im Griff, ist das fast schon so gut, als hätte man es tatsächlich unter Kontrolle.

Ich habe allerdings auch eine schlechte Nachricht für Sie: Diese Untersuchungen haben nämlich auch gezeigt, daß die Menschen, die es am dringendsten nötig hätten, sich gegen Streß zu wappnen, die notwendigen Veränderungen in ihrem Leben in der Regel nicht durchführen. Sie lesen ein Kapitel wie dieses und denken sich: »Ich werde morgen damit anfangen« oder »Ich habe keine Zeit«. Diese Ausreden entspringen direkt aus jenem Teil unseres Dinosaurierhirns, der versucht, uns vor neuen Ideen zu schützen.

Es gibt auch Streßbewältigungstechniken, die ausgesprochen ungesund sind, weil sie unseren Erregungspegel auf lange Sicht noch mehr anheben. Dazu gehören vor allem Drogen, Beruhigungsmittel und Alkohol, aber auch andere Strategien, deren negative Auswirkungen weniger offen auf der Hand liegen: zum Beispiel regelmäßige Zornausbrüche; die weitverbreitete Gewohnheit, bei jedem Problem sofort darüber nachzudenken, wer daran schuld ist; und die Tendenz, seine Arbeit so zu organisieren, daß sie niemals fertig wird (das Workaholic-Syndrom) oder schwierige Aufgaben immer wieder hinauszuschieben, indem man sie einfach vergißt oder sich einredet, daß man keine Zeit für sie hat.

Streßbewältigungstechniken

Wie geht man mit Streß um? Streßresistente Manager werden nicht unbedingt mit den Überzeugungen, die ich im letzten Abschnitt skizziert habe, geboren. Man kann sie erlernen und tagtäglich einüben. Untersuchungen haben gezeigt, daß Menschen, die sich diese Überzeugungen bewußt zu eigen machen, in der Regel viel widerstandsfähiger gegen Streßbelastungen aller Art sind.

1. *Bewahren Sie immer eine positive Haltung.* Ob eine Situation für Sie »stressig« ist oder nicht und wieviel negative Erregung sie in Ihnen auslöst, hängt davon ab, wie Sie sie sehen. Nicht die Welt ist schuld an Ihren Problemen, sondern Ihre Sicht der Welt.

Erfolgreiche Menschen und Überlebenskünstler sind alle von der Überzeugung durchdrungen – so irrig sie auch sein mag –, daß sie alles, was ihnen widerfährt, unter Kontrolle haben. Ihnen brauche ich das natürlich nicht zu sagen; schließlich haben Sie mein Buch gekauft und sind gerade dabei, es zu lesen. Also sind Sie ganz offensichtlich der Meinung, daß Sie etwas tun können, um Ihr Leben zu verbessern!

2. *Bleiben Sie bei Ihren Entscheidungen.* Aufgeben ist keine Alternative! Wenn Sie eine Entscheidung getroffen haben, akzeptieren Sie sie, bleiben Sie dabei, und machen Sie das Beste daraus. Denken Sie daran: Jede Entscheidung kann gut sein. Man muß sie nur dazu machen.

3. *Betrachten Sie Rückschläge als Herausforderung und nicht als Katastrophen.* Achten Sie darauf, daß Ihr Großhirn die Kontrolle nicht verliert, selbst wenn Sie noch so deprimiert sind. Verfallen Sie nicht in Klagen und Schuldzuweisungen. (In Kapitel 8 bin ich auf diese weitverbreitete Unsitte unseres Dinosaurierhirns näher eingegangen.)

Die meisten herkömmlichen Bücher über Streßbewältigung raten, die Anzahl der Herausforderungen, mit denen man konfrontiert ist, zu reduzieren, wenn man sich gestreßt fühlt. Doch wirklich streßresistente Menschen scheinen das Geschick zu haben, neue Situationen zu schaffen, mit deren Hilfe sie Verluste oder Rückschläge in anderen Lebensbereichen wieder ausgleichen und sich dabei gleichzeitig in irgendeiner Weise verbessern können.

4. *Regelmäßige körperliche Betätigung, gesunde Ernährung und Lebensweise.* Natürlich müssen Sie all die medizinischen Ratschläge befolgen, die in den Büchern über Streßbewältigung gegeben werden. Gehen sie pfleglich mit Ihrem Körper um, dann wird er auch mit Ihnen pfleglich umgehen!

5. *Nehmen Sie sich immer Zeit für Spaß und Vergnügen.* Humor und Gelächter kann Sie aus dem Teufelskreis Ihres Dinosaurierdenkens befreien, denn das Dinosauriergehirn hat keinen Humor. Es ist einfach nicht dazu ausgerüstet, irgend etwas lustig zu finden. In der Welt der Reptilien ist alles todernst. Immer wenn Sie lachen, entspannt Ihr Körper sich automatisch, und Ihr Streßpegel sinkt.

6. *Lernen Sie, den Grad Ihrer physischen Erregung auf Befehl zu senken.* Sie müssen wissen, was Entspannung ist und wie man diesen Zustand erreicht. Ich mache mir bei meiner beliebtesten Streßbewältigungstechnik einen Defekt unseres Zentralnervensystems zunutze: die Tatsache, daß unser Gehirn Realität und Phantasie nicht voneinander unterscheiden kann. Das bedeutet: Wenn Sie sich eine Situation vorstellen, in der Sie ruhig und entspannt sind, kann Ihr Gehirn Ihren Körper soweit «überlisten», daß er tatsächlich ruhig und entspannt reagiert. Wollen Sie es einmal versuchen?

Diese Technik hat viele Namen – Denken in Bildern, Selbsthypnose, Entspannungstraining. Nennen Sie sie, wie Sie wollen. Sie funktioniert folgendermaßen:

Entspannungstechnik

Bei diesem Training ist es wichtig, daß Sie genügend Zeit und Platz haben.

Anfangs sollten Sie diese Entspannungstechnik nicht an einem Ort praktizieren, an dem es sehr laut ist. Setzen Sie sich in einen bequemen Sessel.
Schließen Sie die Augen,
tun Sie einen tiefen Atemzug.
Stellen Sie sich den schönsten,
beruhigendsten Ort vor, den Sie sich ausmalen können.
Vielleicht einen Strand.
Versuchen Sie ihn sich so lebhaft wie möglich vorzustellen,
und zwar mit all Ihren Sinnen.
Schließen Sie die Augen und sehen Sie den leuchtendblauen Himmel und die langsam dahinziehenden Wolken vor sich.
Blicken Sie in die Ferne, und sehen Sie, wie die Wellen sich an der Küste brechen;
sehen Sie das Schimmern des warmen Sandes.
Hören Sie im Geiste das Rauschen des Meeres.
Bei jeder Welle, die Sie hören, stellen Sie sich vor, daß das Wasser Ihre innere Anspannung mit sich fortspült.
Sie werden immer entspannter.
Lassen Sie Ihre innere Anspannung aufs Meer hinausströmen.
Spüren Sie, wie die Wellen der Entspannung sich in Ihrem Körper brechen
und Ihre Anspannung mit sich forttragen.
Riechen Sie die salzige Meeresluft,
den kaum merklichen Fischgeruch am Strand,
den warmen, kühlen Duft Ihrer Sonnenmilch?
Je mehr Details Sie sich ins Gedächtnis zurückrufen und vorstellen können, um so lebendiger wird Ihr Phantasiebild.
Auch in unserer Vorstellungskraft können wir Dinge spüren.
Stellen Sie sich vor, was für ein Gefühl es ist, im Sand zu liegen
und die warme Sonne auf der Haut zu spüren.
Ein warmer Windhauch streicht Ihnen über das Gesicht.
Während Sie sich entspannen, spüren Sie vielleicht, daß Ihr Körper sich immer schwerer anfühlt. Sie lassen Ihr Gewicht immer tiefer in den Sessel hineinsinken, auf dem Sie sitzen.

Dieses Gefühl haben Sie vielleicht auch manchmal, wenn Sie sich nach einem harten Tag abends schlafen legen und Ihr Körper immer tiefer ins Bett hineinzusinken scheint.

Lassen Sie Ihren Körper jetzt so schwer wie möglich werden.

Lassen Sie ihn immer tiefer in den Sessel hineinsinken.

Fällt Ihnen auf, daß Sie sich jetzt entspannter und ruhiger fühlen?

Achten Sie darauf, welche Stellen Ihres Körpers noch angespannt sind, und lassen Sie eine wohlige Schwere in sie einkehren.

Vielleicht macht es Ihnen Spaß, sich vorzustellen, daß Sie in eine Wolke oder ins weichste Federbett der Welt hineinsinken.

Versenken Sie sich so tief in diesen Entspannungszustand und verharren Sie so lange darin, wie Sie möchten.

Hinterher können Sie wieder in Ihren gewohnten Zustand des Wachseins zurückkehren und werden sich entspannt und erfrischt fühlen. Auf diese Weise können Sie einzig und allein mit Hilfe Ihrer Phantasie Kontrolle über Ihre körperlichen Reaktionen ausüben!

19. Geistige Trägheit –
was man dagegen tun kann

Unser Gehirn ist zwar kein Muskel, funktioniert aber in mancher Hinsicht genauso. Wenn Sie sich tagtäglich jahrein, jahraus in den gleichen Denkmustern bewegen, wird Ihr Geist mit der Zeit träge. Ein solches Gehirn kann zwar immer noch vieles leisten – aber es arbeitet nicht mehr ganz so effizient. Sie verlieren Ihre Kreativität und Flexibilität und die Fähigkeit, mit Veränderungen zurechtzukommen.

Unser Dinosauriergehirn verleitet uns immer wieder dazu, uns beim Denken auf ein paar altbewährte Muster zu beschränken, die wir nicht so sehr als Ansichten, sondern eher als allgemeingültige Wahrheiten betrachten. Das ist gefährlich. Gehirne, die wissen, statt zu denken, setzen sehr rasch Fett an!

Wie sehen die warnenden Anzeichen geistiger Schwerfälligkeit aus? Achten Sie auf folgende Symptome:

Irritiert es Sie, wenn sich an Ihrem gewohnten Tagesablauf etwas ändert? Menschen, die geistig träge geworden sind, mißtrauen automatisch allem, was neu oder anders ist. Wenn jemand eine neue Idee vorbringt, reagieren sie im allgemeinen erst einmal negativ. Sie kaschieren Ihre Angst vor allem Neuen mit Fakten, die beweisen sollen, daß die vorgeschlagene Veränderung nichts Gutes bringen wird. »Das haben wir schon 1968 versucht, und es hat nicht funktioniert.«

Geistig träge Menschen neigen auch dazu, neue Entwicklungen auf ihrem Fachgebiet lediglich als neue Versionen alter Konzepte zu sehen. Sie bezeichnen fast alles, was nicht langerprobt und bewährt ist, abfällig als »Modeerscheinungen«.

Sind Ihre Interessen sehr eng begrenzt? Ein träges Gehirn beginnt die ganze Welt aus einer eigenen begrenzten Perspektive zu sehen. (»Ob sich die Dürrekatastrophe in Afrika wohl negativ auf den Fernreisetourismus auswirken wird?«) Sie reagieren gereizt oder gelangweilt, wenn irgend jemand ein Thema zur Sprache bringt, das sich nicht um ihr eigenes kleines Universum dreht.

Spielen Sie immer wieder die gleiche alte Schallplatte ab? Menschen, deren Geist lahm wird, wiederholen begeistert immer wieder die gleichen Kommentare und Anekdoten:

> »Daran siehst du wieder einmal . . .«

> »Das Problem ist, daß die Leute heute keine richtige Arbeitsmoral mehr haben.«

> »Daran sind die verdammten Sozialisten schuld.«

> »In meiner Jugend . . .«

Die Ereignisse auf der Welt prägen oder verändern ihre Ansichten nicht mehr. Sie verzerren in Gedanken alles so lange, bis es in die zwei oder drei Grundprinzipien hineinpaßt, nach denen ihr Denken ausgerichtet ist. (Das mit der »richtigen Arbeitsmoral« ist übrigens ein Lieblingsspruch vieler alter Saurier mit rostigen Gehirnen.)

Neigen Sie zu gedämpften Emotionen? Ein träges Gehirn kennt keine Aufregungen. Denn Aufregung entsteht unter anderem dadurch, daß man Risiken eingeht, und auf so eine Idee käme ein träger Geist nie. Ihr enger Gesichtskreis bewahrt geistig träge Menschen vor neuen, unbekannten Situationen. Sie lernen nichts mehr dazu.

Solche Menschen haben im allgemeinen auch nicht viel Angst; sie empfinden eher eine Art gemäßigter Langeweile. Es besteht die Gefahr, daß sie versuchen, sich mit Alkohol oder Tabletten über diese Langeweile hinwegzuhelfen. Im allgemeinen ergeben solche Menschen sich keinen heftigen Alkoholexzessen, sondern trinken ebenso regelmäßig, gewissenhaft und zu genau vorhersehbaren Zeitpunkten, wie sie auch alles andere tun. Auf lange Sicht sind solche Trinkgewohnheiten jedoch genauso destruktiv wie jede andere Form des Alkoholmißbrauchs.

Betrachten Sie Menschen und Dinge einseitig als gut oder schlecht, richtig oder falsch? Ein Gehirn, dessen Fähigkeiten nicht voll ausgeschöpft werden, teilt in der Regel alles in zwei Kategorien ein. Es verfällt in die vereinfachende Schwarzweißmalerei des Dinosaurierhirns (»Gut sind alle, die so sind wie ich«), statt sich mit komplizierten moralischen Fragestellungen herumzuschlagen. Meist fallen in die negative Kategorie fünfmal so viele Menschen wie in die positive.

Ist Ihre Konzentrationsfähigkeit vermindert? Um sich konzentrieren und klar denken zu können, muß ein Gehirn in Hochform sein. Menschen, deren Geist träge geworden ist, können sich in der Regel nur eine kurze Zeitlang konzentrieren. Häufig kaschieren sie das mit der Ausrede, sie seien zu beschäftigt und hätten »zuviel um die Ohren«. In Wirklichkeit ist ihnen ihre Konzentrationsfähigkeit schlichtweg verlorgengegangen.

Wenn Sie das Gefühl haben, daß Ihr Gehirn Rost angesetzt hat, versuchen Sie es doch einmal mit Bernsteins Mentalaerobic:

Lernen Sie regelmäßig etwas Neues. Lesen Sie im Durchschnitt einmal pro Monat ein Buch von einem Autor, der andere politische Ansichten hat als Sie. Männer können ein Buch über Feminismus lesen; Frauen empfehle ich Hemingway. Zumindest sollte es eine Lektüre sein, die außerhalb Ihrer gewohnten Interessengebiete liegt. Gedichte eignen sich sehr gut, denn für Gedichte scheint sich niemand zu interessieren – und selbst die übelsten Gedichte sind im allgemeinen immer noch weit vom Dinosaurierdenken entfernt.

Belegen Sie einen Kurs. Probieren Sie irgend etwas Neues aus. Gehen Sie ein Risiko ein. Bringen Sie im Gespräch mit Freunden oder Kollegen neue Themen zur Sprache. Riskieren Sie es, auf irgendeinem Gebiet einmal nicht die letzte Instanz zu sein.

Wenn etwas zur Routine geworden ist, trennen Sie sich eine Zeitlang davon. Verbringen Sie Ihre Freizeit zur Abwechslung einmal mit anderen Menschen. Sehen Sie sich andere Fernsehprogramme an – oder verzichten Sie eine Zeitlang ganz aufs Fernsehen. Widerstehen Sie der Versuchung, immer wieder in die gleichen alten Redewendungen zu verfallen. Fahren Sie einmal auf einem anderen Weg zur Arbeit.

Hören Sie zur Abwechslung einmal zu. Dinosaurier, die geistigen Speck angesetzt haben, hören niemals zu. Sie wissen sowieso immer schon im voraus, was die anderen Leute sagen wollen, und sie wissen auch, was wahr ist und was nicht. Daher ist Zuhören für sie Zeitverschwendung. Es hat keinen Zweck, anderen Menschen zuzuhören, wenn man ohnehin schon alles weiß.

Zuhören kann aber auch eine ganz neue, aufschlußreiche Erfahrung sein, vor allem, wenn über *Sie* gesprochen wird. Fragen Sie Ihre Frau oder Ihre Freunde doch einmal, ob Ihr Denken sich ihrer Ansicht in eingefahrenen Gleisen bewegt. Vielleicht stellen Sie bei dieser Gelegenheit fest, daß sich bei anderen Menschen in Ihrem Bekanntenkreis die gleiche geistige Trägheit breitgemacht hat, und Sie können mein mentales Aerobics-Programm gemeinsam praktizieren!

Einigen Sie sich darauf, bei Ihrem nächsten Treffen mit diesen Leuten über neue Themen zu reden. Gespräche über Beruf, Kinder und Sport sind tabu!

Nehmen Sie einen Standpunkt ein und verteidigen Sie ihn. Eignen Sie sich so viel Wissen über irgendein Thema an, das Sie interessiert – sei es auf beruflichem, politischem oder kommunalpolitischem Gebiet –, daß Sie eine eigene Meinung darüber entwickeln. Dann diskutieren Sie mit jemandem darüber, der anderer Meinung ist als Sie, und verteidigen Sie Ihren Standpunkt mit gutdurchdachten Argumenten. Das ist eine gute Gehirnübung und gibt Ihnen darüber hinaus Selbstvertrauen – und ein neues Gesprächsthema für Ihre Mentalaerobic-Gruppe!

Lehren Sie irgend etwas. Nichts zwingt Sie so sehr dazu, gründlich über ein Gebiet nachzudenken, als wenn Sie es jemand anderem vermitteln möchten. Wenn Sie sich ausmalen, wie Sie Ihre Reptilienlogik vor einem Seminarraum voll fragender Augenpaare ausbreiten, stürzt sie von selbst in sich zusammen!

Versuchen Sie es zur Abwechslung doch einmal mit körperlicher Betätigung – es kann zumindest nicht schaden! Untersuchungen haben gezeigt, daß regelmäßiger Sport nicht nur unserem Körper guttut, sondern sich auch positiv auf unsere Denkprozesse auswirkt.

Wenn Menschen mit diesem Gehirngymnastikprogramm beginnen, haben sie meistens alle möglichen guten Vorsätze; doch sobald der Zeitpunkt zur Verwirklichung dieser Vorsätze dann näherrückt, verfallen sie wieder in ihren alten Trott. Dagegen gibt es eine recht wirksame Strategie: Tragen Sie für jede Woche irgend etwas Neues in Ihren Terminkalender ein. Die wenigsten Menschen wagen es, sich ihrem Terminkalender zu widersetzen.

Und jetzt bringen Sie Ihr Gehirn in Schwung!

20. Warum langfristige Planung so wichtig ist

Langfristige Planung ist dem Dinosaurierhirn fremd. Dieser Teil unseres Gehirns konzentriert sich immer nur auf das Nächstliegende: die nächste Mahlzeit oder die nächste Bedrohung (zum Beispiel den Abschluß des kommenden Geschäftsvierteljahres). Das ist eine sehr verhängnisvolle Tendenz, denn wer im Berufsleben nicht langfristig plant, der geht dem sicheren Untergang entgegen.

Alle klagen darüber, wie aufreibend es ist, geschäftlich von einer Krise zur nächsten zu steuern, und doch tun es alle – nicht, weil es so viele Krisen gibt, sondern einfach, weil es aufregender ist und mehr Spaß macht. Wir sind auf diesen Managementstil programmiert. Um uns dazu zu bringen, daß wir von Kurzsichtigkeit auf langfristige Planung umschalten, müßte man der todlangweiligen Großhirnaufgabe des Planen als Anreiz eine kleine Dosis Aufregung beimischen.

Niemand kann in die Zukunft sehen. Langfristige Planung hat den Zweck, erstens klare Ziele zu setzen, damit man weiß, wo man hinsteuert, und zweitens die Firmenorganisation so flexibel zu gestalten, daß die Firma jederzeit vernünftig und kooperativ auf Krisen oder Veränderungen reagieren kann.

Zeitmanagement

Die häufigste Klage von Geschäftsleuten lautet, daß sie keine Zeit haben. Ich habe schon viele Zeitmanagementseminare miterlebt und bin zu dem Schluß gekommen, daß schon der Name dieser Kurse irreführend ist, denn Zeit kann man eigentlich nicht managen. Was man auch tut – der Tag hat immer nur 24 Stunden. Man kann nur sich selbst managen und diese 24 Stunden möglichst gut nutzen. Zeitmanagement ist also im Grunde genommen nichts anderes als Selbstmanagement.

Eine Firma, in der eine »Keine-Zeit«-Mentalität herrscht, ist durch eines oder mehrere der folgenden Probleme blockiert:

1. Die Firmenleitung unterstützt und fördert langfristige Planung nicht. Niemand bemüht sich, die Belegschaft langfristig auf Krisen vorzubereiten. Erst wenn eine Krise am Horizont auftaucht, werden alle Mitarbeiter in größter Hektik zusammengetrommelt. Selbst die Planung, die eine solche Firma als langfristig bezeichnet, ist im allgemeinen erstaunlich kurzfristig und liegt lediglich in den Händen einiger weniger Leute auf der obersten Ebene der Firmenhierarchie.

2. Die Firma hebt sich die Planung in der Regel für spezielle Konferenzen auf. Man trifft sich ungefähr alle Vierteljahre (oder noch seltener) irgendwo in einem schönen Hotel am Meer oder im Gebirge, und das Ganze endet als Erholungsurlaub oder als willkommene Gelegenheit, persönliche Konflikte zur Sprache zu bringen.

3. Die Ziele, die das Unternehmen sich über einen längeren Zeitraum (etwa fünf oder zehn Jahre) hinweg setzt, sind im allgemeinen nicht konkret genug. Zum Beispiel setzen Unternehmen sich häufig keine maximale Gewinngrenze. Das ist aus verschiedenen Gründen problematisch: Wenn die Firma gerade ein gutes Geschäftsjahr hinter sich hat, steigen die Erwartungen ihrer Investoren und Angestellten, und wenn der Abschluß des nächsten Jahres dann wieder wie gewohnt ausfällt, haben sie das Gefühl, daß die Firma den Boden unter den Füßen verliert. Außerdem muß ein Unternehmen in der Lage sein, vorher festzulegen, wieviel Gewinn es maximal erzielen möchte, damit es das überschüssige Geld dann woanders investieren kann.

4. Die Planung ist häufig zu eindimensional. Man konzentriert sich zu sehr auf einen einzigen Aspekt des Firmengeschehens und vernachlässigt darüber die anderen – je nachdem, welche Abteilung oder welcher Manager besonders im Mittelpunkt des Interesses steht. Bei vielen Firmen spielen zum Beispiel die Finanzen eine entscheidende Rolle. Der bevorstehende Abschluß des nächsten Quartals veranlaßt viele Manager, wichtige Entscheidungen immer wieder hinauszuzögern, obwohl man, wenn man diese Entscheidungen jetzt träfe, in zehn Jahren höhere Gewinne erzielen könnte.

Viele Firmen neigen auch dazu, sich bei der Planung zu sehr auf ihre eigenen Aktionen zu konzentrieren. Manchmal ignorieren sie dabei die Tatsache, daß sie Teil eines internationalen Wirtschaftsgefüges sind, in der eine ständige Fluktuation herrscht.

5. Meistens plant man, ohne die Geschichte der Firma zu kennen oder zu berücksichtigen. George Santayana hat einmal gesagt: »Wer sich nicht an die Vergangenheit erinnert, der ist dazu verdammt, sie zu wiederholen.« Wenn man bei seiner Planung die Geschichte eines Unternehmens im Auge behält, bekommt man eine Vorstellung davon, was für Prioritäten die Firma früher gesetzt hat, und kann entscheiden, ob man bei diesen Prioritäten bleiben oder sie ändern will.

Die Geschichte belehrt uns auch darüber, was passiert, wenn wir schlecht oder gar nicht planen. Aus früheren Fehlern unserer eigenen Firma und anderer Unternehmen können wir mehr lernen als aus früheren Erfolgen. Viele Firmen halten sich so lange an ein Erfolgsrezept, bis es zum Mißerfolg führt!

Nicht umsonst stehen die Historien bekannter Firmen und die Memoiren von großen Managern (oder Leuten, die sich für große Manager halten) auf der Bestsellerliste. Nun, da den Unernehmen die Bedeutung der Firmenkultur immer deutlicher zum Bewußtsein kommt, bin ich sicher, daß mehr und mehr Firmen eine neue Position schaffen werden: die des Firmenhistorikers. Er wird als eine Art »Firmengroßhirn« fungieren.

6. Vor allem aber ist Planung langweilig. Daher stellt sich das Dinosauriergehirn längerfristigen Planungen in der Regel in den Weg; wenn man es richtig einsetzt, kann es aber auch Ideen beisteuern, die das Planen leichter machen.

Was bei Planungskonferenzen im allgemeinen passiert

Wenn Sie eine Konferenz einberufen, die der Aufstellung eines längerfristigen Plans dienen soll, werden viele Mitarbeiter von vornherein vor diesem langweiligen Unterfangen zurückschrecken und unter irgendeinem Vorwand absagen. Sie werden sagen, daß sie zu beschäftigt sind, um länger als bis morgen nachmittag um zwei Uhr vorauszuplanen. Viele Menschen tun langfristige Planung als Zeitvertreib von Leuten ab, die nichts Besseres zu tun haben.

Diejenigen, die an der Konferenz teilnehmen, werden das Gefühl haben, daß ihre Beiträge eigentlich überflüssig sind und daß sie nur dazu da sind, um sich anzuhören, wie ihre Chefs die Zukunft voraussagen. Wieder andere Mitarbeiter, die gar nicht zur Teilnahme aufgefordert wurden, ärgern sich über Planungskonferenzen, weil sie immer erst hinterher erfahren, was dort besprochen wurde. Sie fühlen sich übergangen.

Einige werden sich bei der Konferenz auch in Mutmaßungen darüber ergehen, was ihrer Meinung nach in der nächsten Zukunft passieren wird. Vielleicht haben Sie in einem Wirtschaftsjournal irgendwelche düstere Prophezeiungen gelesen und bringen sie jetzt aufs Tapet. Wenn auf einer solchen Konferenz überhaupt so etwas wie Planung stattfindet, dann ist sie garantiert sehr oberflächlich. Die meisten Anwesenden werden den Plan akzeptieren, der von dem dominierendsten Konferenzteilnehmer vorgetragen wird. Die anderen sitzen da und hören zu.

So etwas macht natürlich überhaupt keinen Spaß. Daher habe ich ein paar Vorschläge für Sie ausgearbeitet, wie Sie Ihre Planungskonferenzen effizienter gestalten können:

1. *Sichern Sie sich die Unterstützung der Firmenleitung.* Wenn der Generaldirektor oder Vorstandsvorsitzende nicht hinter Ihnen steht, werden Sie wohl kaum in der Lage sein, einen langfristigen Plan für die Zukunft Ihrer Firma aufzustellen. Wenn die Firmenleitung Ihre Planung nicht unterstützt, ist es vielleicht ratsam, die Planungskonferenz auf die größte Abteilung zu beschränken, deren Leiter bereit ist, daran teilzunehmen.

2. *Seien Sie sich über Ihre Ziele im klaren.* Stellen Sie ein flexibles Team zusammen, das auch unter Druck gut zusammenarbeitet. Diese Zielsetzung ist häufig sinnvoller, als mit einem vorgefertigten Plan in die Konferenz zu kommen, da man mit vorgefertigten Plänen niemals für alle Eventualitäten gewappnet ist.

3. *Machen Sie die Planung zu einem festen Bestandteil des Arbeitsablaufs in Ihrer Firma.* Ganz gleichgültig, welche Methode Sie sich zur langfristigen Planung bedienen – setzen Sie sie regelmäßig ein.

4. *Halten Sie ruhig an Ihren Zusammenkünften in Hotels außerhalb der Firma fest,* aber nutzen Sie sie in Zukunft nicht mehr zur Planung, sondern um über Kommunikationsprobleme und persönliche Konflikte zwischen Mitarbeitern zu sprechen. Es ist sehr gut, einen festen Zeitpunkt für die Besprechung solcher Probleme zu haben, weil sie sich immer wieder ergeben.

5. *Gestalten Sie die Planungskonferenz interessant* und strukturieren Sie sie so, daß Ihre Mitarbeiter dabei mit unerwarteten Arbeitsmethoden konfrontiert werden. Den meisten Managern erscheint die Aufstellung eines Fünfjahresplans für ihre Abteilung sterbenslangweilig; so etwas entspricht nicht ihrem Arbeitsstil. Man muß die Konferenz also so gestalten, daß sie eine Herausforderung für die Dinosaurier darstellt. Auf den nächsten Seiten habe ich einige Anregungen hierfür zusammengestellt.

6. *Sorgen Sie dafür, daß Ihre Mitarbeiter die Konferenz auch ernst nehmen.* Wer zu solchen Besprechungen gute Ideen und sorgfältig ausgearbeitete Pläne beisteuert, sollte genau die gleiche Belohnung und Anerkennung erhalten wie diejenigen Mitarbeiter, die in Krisensituationen immer die Kastanien aus dem Feuer holen.

7. *Beziehen Sie möglichst viele Leute mit ein.* Die Planung sollte für Ihre Mitarbeiter zu einem regelmäßigen Bestandteil ihrer Arbeitswoche werden. Häufig kann man ihnen eine solche Konferenz schmackhaft machen, indem man sie wie ein Spiel oder einen Wettkampf aufzieht. Lassen Sie alle Mitarbeiter wissen, was bei der Konferenz besprochen werden soll und daß Sie auf ihre Ideen neugierig sind. Das Dinosauriergehirn funktioniert am besten in einer Menschenmenge!

8. *Verlieren Sie nicht den Bezug zur Gegenwart.* Sprechen Sie am besten in der Zeitform der Gegenwart über die Zukunft. Dann wird sie Ihren Mitarbeitern gleich viel interessanter und realer erscheinen. Denken Sie daran: Das Dinosauriergehirn hat keine Phantasie!

9. *Gehen Sie in kleinen Schritten an die Planung heran.* Bei einer Konferenz gleich einen ganzen Plan zu besprechen ist eine enorme Aufgabe. Beschränken Sie sich auf kürzere Konferenzen, bei denen jeweils nur ein Teilaspekt besprochen wird.

10. *Vergessen Sie nicht, die Ergebnisse der Besprechung zusammenzufassen und schriftlich festzuhalten.*
Nun möchte ich Ihnen noch ein paar Planspiele vorstellen, um Ihnen Anregungen zu geben, wie man Mitarbeiter zu langfristiger Planung motivieren kann:

Die »Mitternachtskonferenz«. Manager, die nicht langfristig planen, berufen im allgemeinen immer wieder sogenannte »Mitternachtskonferenzen« ein – das heißt, sie trommeln ihre Mitarbeiter mit der dringenden Aufforderung zusammen, alles stehen- und liegenzulassen und sofort herzukommen, weil angeblich die Zukunft der Firma auf dem Spiel steht. Solche Konferenzen sind den meisten Mitarbeitern verhaßt, weil sie ihren ganzen Tagesablauf durcheinanderbringen. Andererseits sind sie aber natürlich auch spannend. Wie wäre es, wenn Sie zur Abwechslung einmal eine Planungskonferenz auf diese Weise einberufen und so tun, als stecke die Firma gerade in einer Krise? Sie können Ihre Mitarbeiter ja mit einer hypothetischen Krise konfrontieren – zum Beispiel: »Meine Damen und Herren, soeben habe ich erfahren, daß der Kreditzins auf 20 Prozent ansteigt. Was für Auswirkungen wird das auf Ihre Abteilung haben?« Das Ziel dieser Methode besteht darin, die Leute an Krisen zu gewöhnen, damit sie Strategien entwickeln, die ihnen im Ernstfall dabei helfen, mit wirklichen Krisen fertig zu werden. Wenn Sie die Konferenz so aufziehen, werden Sie sehr rasch erkennen, wer wirklich mitdenkt und wer nicht, wer nur eine Show abzieht und wer am präzisesten denken kann.

Trends der Zukunft. Geben Sie allen Teilnehmern vor der Konferenz das gleiche Buch eines Zukunftsforschers zu lesen. Dann besprechen Sie mit ihnen, welchen Kurs die Firma einschlagen müßte, um mit den Veränderungen, die der Autor in seinem Buch prophezeit hat, zurechtzukommen. Sobald Ihr Team darin ein bißchen Übung hat, können Sie beginnen, sich mit weitreichenderen Problemen auseinanderzusetzen.

Wenn Sie einfach auf eine Krise warten, statt vorauszuplanen, werden im akuten Krisenfall mit ziemlicher Sicherheit mehr Entscheidungen getroffen werden, die dem Dinosaurierhirn entspringen. Wenn Sie dagegen ein regelmäßiges »Krisentraining« mit Ihrer Belegschaft durchführen, werden Ihre Mitarbeiter im Ernstfall besser in der Lage sein, ihre Dinosaurierreaktionen mit Hilfe ihres Großhirns zu kontrollieren.

Der Konkurrenzeffekt. Das Dinosauriergehirn liebt Konkurrenzsituationen. Das können Sie sich zunutze machen, indem Sie die Konferenzteilnehmer in zwei Teams einteilen und sagen: »Mal sehen, welches Team den besten Plan aufstellt.«

Man kann Planungskonferenzen wesentlich interessanter gestalten, indem man das Dinosauriergehirn einbezieht. Dazu müssen die Konferenzen kurz sein, in einer Konkurrenzsituation stattfinden und die Mitarbeiter vor konkrete, handfeste Aufgaben stellen. Mit anderen Worten: Ihre Mitarbeiter müssen den Eindruck haben, »wirklich etwas zu tun«, statt »nur« zu planen.

Allein kann das Dinosaurierhirn nichts zustande bringen; doch auch das Großhirn braucht die Hilfe des Dinosaurierhirns, um überhaupt in Gang zu kommen. Also müssen Sie bei Planungskonferenzen beide Teile des menschlichen Gehirns nutzen.

21. Können Sie sich gut verkaufen?

Nehmen Sie einmal ein Blatt Papier zur Hand, und listen Sie Ihre drei wichtigsten beruflichen Leistungen auf.

Dann schreiben Sie Ihre drei wichtigsten beruflichen Fähigkeiten dazu.

Wenn Sie so reagieren wie die meisten Menschen, dann hat sich Ihr Herzschlag gerade eben beschleunigt. Ihre Atemzüge sind kürzer und flacher geworden, und vielleicht konnten Sie sogar plötzlich keinen klaren Gedanken mehr fassen: die »Kampf-, Flucht- oder Erstarrungsreaktion«. Warum haben Sie so reagiert? Wenn ich Sie aufgefordert hätte, sich vorzustellen, wie Sie die Liste Ihrer bedeutendsten Leistungen einer Gruppe von Kollegen oder – noch schlimmer – Ihrem Chef vorlesen, hätten Sie noch heftiger reagiert. Wenn ich Sie dagegen gebeten hätte, die Namen unserer letzten drei Bundeskanzler aufzuzählen, wären Sie nicht in Panik geraten.

Warum empfinden wir es als so schlimm, über uns selbst etwas Positives zu sagen? Das Gefühl der Gefahr und des Unbehagens, das uns dabei beschleicht, entspringt direkt aus unserem Dinosaurierhirn.

In Kapitel 5 bin ich hauptsächlich auf aggressive Dinosaurier eingegangen, die ständig miteinander konkurrieren und nur ein Ziel haben: möglichst rasch vorwärtszukommen. Doch die meisten Menschen sind in dieser Hinsicht zurückhaltender und ziehen es vor, bei der Herde zu bleiben. Unser Dinosaurierhirn flüstert uns warnend zu, daß es ein aggressiver Akt ist, für sich selbst Reklame zu machen – ein Versuch, das bestehende System umzustürzen und in die gefährliche vorderste Reihe vorzudringen.

Viele Menschen halten es für unter ihrer Würde, sich selbst ins rechte Licht zu rücken. Sie sind der Meinung, daß es vollauf genügt, seine Arbeit gut zu erledigen. Der Erfolg, so meinen sie, stellt sich dann mit der Zeit ganz von selbst ein. Aber wie sollen die anderen erfahren, wie gut Sie sind, wenn sie noch nie etwas von Ihnen gehört haben?

Diese Abneigung vieler Menschen dagegen, sich gut zu verkaufen, ist tief in unserem Dinosauriergehirn verankert. Die Aufrechterhaltung der bestehenden Hierarchie ist für die Dinosaurier sehr wichtig. Ohne diese Hierarchie, die Leuten mit einer ganz bestimmten Ausbildung einen besonderen Status verleiht, hätte unsere Ausbildung ja gar keinen Sinn!

Bisher haben wir uns hauptsächlich damit beschäftigt, was für Reaktionen unser Dinosaurierhirn auslöst. Es gibt jedoch auch Reaktionen, auf die das Dinosauriergehirn eine dämpfende Wirkung hat. Für Dinosaurier war es sehr wichtig, gute Mitglieder der Herde zu sein, auf die bestehende Hierarchie zu vertrauen und in ihr zu leben. Daher ist tief in uns ein gewisser Widerstand gegen jede Veränderung einprogrammiert.

Schon von Kind an bleut man uns ein, daß wir bescheiden sein und uns nicht selbst loben sollen. Und auch in der Erwachsenenwelt wird es nicht gern gesehen, wenn jemand sich zu sehr in den Vordergrund spielt. Im Berufsleben haben wir einige wenig schmeichelhafte Bezeichnungen für ein solches Verhalten: Wir sagen einem solchen Kollegen nach, daß er sich »beim Chef einschmeicheln will«, »ein raffinierter Taktiker ist« und so weiter.

Die meisten Menschen lassen sich nach ihren rebellischen Teenagerjahren irgendwo als verantwortungsbewußte Mitglieder einer Firmenhierarchie nieder und betrachten jeden, der an den bestehenden Zuständen etwas verändern möchte, mit Mißbilligung. Dennoch hoffen sie insgeheim auf eine Beförderung und glauben, daß die Firma sie früher oder später dafür belohnen wird, wenn sie ihre Arbeit gut machen.

Doch das ist leider ein Irrtum. Befördert wird in der Regel nur derjenige, der »sich gut verkaufen kann«. Sobald Sie aufhören, Reklame für sich zu machen, werden Sie in Ihrer Firma garantiert nicht mehr weiter aufsteigen. Hören Sie nicht auf Ihr Dinosauriergehirn, das Ihnen einzureden versucht, daß es genügt, seine Aufgaben zufriedenstellend zu erledigen. Wenn wir in einer idealen Welt lebten, wäre das vielleicht tatsächlich so. Aber die Realität sieht nun einmal anders aus.

Wenn wir aufsteigen und eine führendere Position erlangen wollen, dann müssen wir auch Führungsverhalten an den Tag legen – und wir müssen dafür sorgen, daß unser Verhalten den Leuten, die über unsere Karriere zu entscheiden haben, auffällt.

In Kapitel 28 werde ich näher darauf eingehen, wie man sich in die bestehende Hierarchie einfügt und die anderen Dinosaurier davon überzeugt, daß man ein würdiges Mitglied ihrer Herde ist. Hier jedoch möchte ich Ihnen zeigen, wie man sich gut verkauft und auf diese Weise beruflich aufsteigt.

Aber zunächst wollen wir jenen Irrglauben, daß man früher oder später automatisch belohnt wird, wenn man gute Arbeit leistet, noch ein wenig näher beleuchten. Erstens: Woher wissen Sie überhaupt, ob Sie gute Arbeit leisten? Listen Sie die Antworten, die Ihnen dazu einfallen, hier auf:

1. _____

2. _____

3. _____

4. _____

Diese Aufgabe ist Ihnen vielleicht ein wenig leichter erschienen als die Frage, die ich Ihnen zu Beginn dieses Kapitels gestellt habe. Aber ganz einfach ist sie auch nicht. Im allgemeinen haben wir einfach nur den vagen Eindruck, gute Arbeit zu leisten, oder wir gehen stillschweigend davon aus, daß unsere Leistungen gut sind, weil uns bisher noch niemand das Gegenteil gesagt hat. Diese Übung soll Ihnen dabei helfen, zu erkennen, daß Sie eine gute Arbeitskraft sind, weil Sie bestimmte Eigenschaften und Fähigkeiten besitzen und bestimmte Dinge tun. Arbeiten Sie so lange an Ihrer Liste, bis Sie klare Vorstellungen von Ihren Qualifikationen und Leistungen haben.

Als nächstes fragen Sie sich: Wer in der Firma muß wissen, daß Sie ein guter Mitarbeiter sind, damit Sie befördert werden? Und welche Möglichkeiten hat dieser Vorgesetzte, herauszufinden, ob Sie gut sind oder nicht? Glauben Sie, daß er sich Ihre Personalakte ansieht oder Ihren Chef um eine Liste aller Mitarbeiter bittet, die eine Beförderung verdient haben? Das wäre sehr schön (und manche leitenden Angestellten tun das tatsächlich), doch grundsätzlich können Sie nicht davon ausgehen, daß diese Leute sich ihre Informationen auf systematischere Art und Weise beschaffen als Sie.

Und nun wollen wir uns einmal überlegen, wie man es anstellt, in einer Firma den richtigen Leuten aufzufallen. Auf was für Eigenschaften legen Ihre Vorgesetzten bei ihren Mitarbeitern Wert? Besitzen Sie diese Eigenschaften? Wenn ja, wie können Sie ihnen das klarmachen? Oder wenn Sie selbständig sind: Was können Sie tun, um mehr Kunden für sich zu interessieren?

Ich habe hier ein paar Vorschläge für Sie zusammengestellt, die Ihnen dabei helfen sollen, sich besser zu verkaufen.

1. Sie müssen eine klare Vorstellung von dem Produkt – Ihnen selbst – und seinen Fähigkeiten und Vorzügen haben. Denken Sie reiflich darüber nach, worin Ihre bedeutendsten Fähigkeiten und Leistungen bestehen. Das kann ziemlich schwierig sein; vielleicht haben Sie zwar eine vage Vorstellung von sich selbst als gutem, qualifiziertem Mitarbeiter, können aber nicht genau definieren, wo Ihre Stärken liegen. Noch schwerer ist es, diese Vorzüge in Worte zu fassen: »Ich bin einer der besten . . . in meiner Firma.« Ihr Dinosaurierhirn wird Ihnen sofort warnend zurufen: »Sei vorsichtig! Hochmut kommt vor dem Fall.« Die einzige Anmaßung, die wir uns fast alle zugestehen, ist die Selbstgerechtigkeit.

Es wird Ihnen leichter fallen, diese Hemmschwelle zu überwinden, wenn Sie von sich selbst in der dritten Person reden. Es ist viel leichter, einem anderen Menschen ein Kompliment zu machen als sich selbst. Wenn wir uns selbst loben, sendet unser Dinosauriergehirn sofort Warnsignale aus. Die meisten Menschen wagen nur dann etwas Gutes über sich zu sagen, wenn sie hundertprozentig sicher sind, daß es auch stimmt.

2. Sobald Sie eine Liste Ihrer besonderen Stärken, Fähigkeiten und Leistungen aufgestellt haben, üben Sie, diese Dinge auch auszusprechen: »Ich bin ein guter Manager« oder »Ich weiß mehr über Computerprogramme als meine Mitarbeiter« oder »Ich bin flexibel und behalte in Krisensituationen immer einen kühlen Kopf« usw.

Jetzt denken Sie darüber nach, wie Ihre Liste sich mit den Bedürfnissen Ihrer Firma und den Wunschvorstellungen vereinbaren läßt, die die Firmenleitung von Führungskräften hat. Fassen Sie Ihre Liste kurz; ein oder zwei Punkte genügen. Diese Überschneidung zwischen Ihren besonderen Stärken und den Anforderungen Ihrer Firma ist das Produkt, für das Sie Reklame machen müssen.

3. Um sich richtig verkaufen zu können, müssen Sie auch eine Vorstellung davon haben, was für eine Richtung Sie beruflich einschlagen möchten. Die »Wie werde ich ein erfolgreicher Manager?«-Ratgeber, die Ihnen verraten, wie Sie Ihre Karriere für die nächsten fünf Jahre vorausplanen können, vereinfachen die Situation zu sehr. Es ist sehr schwer zu sagen, wo Sie in fünf Jahren sein werden; aber Sie haben sicherlich eine ungefähre Vorstellung davon, ob Sie bei der Firma bleiben oder auch noch woanders Erfahrungen sammeln möchten. Und mit Sicherheit wissen Sie auch in etwa, was für berufliche Aufgaben und Befugnisse Sie sich wünschen.

4. Zunächst einmal müssen Sie dafür sorgen, daß Ihre Vorgesetzten mit Ihrem Namen etwas assoziieren können. Wenn sie Ihren Namen hören, sollten Sie ein Bild von Ihnen vor Augen haben und an ein paar Worte und ein paar Beispiele Ihres Verhaltens denken. Auf diese Informationen werden sie alle Entscheidungen begründen, die sie im Hinblick auf Sie treffen.

Das ist ein guter Beginn für Ihre Strategie, weil Sie Ihre Vorzüge dabei nicht unbedingt direkt anpreisen müssen. Entscheiden Sie, woran Ihre Vorgesetzten sich im Zusammenhang mit Ihrem Namen erinnern sollen. Dann lassen Sie Bemerkungen fallen, mit denen Sie dieses Image aufbauen.

Sie können zum Beispiel sagen:

»Ich bin ein alter Hase. Ich war schon in dieser Abteilung, als sie aufgebaut wurde.«

oder

»Im Jahr 1967, als ich anfing, diese Abteilung zu leiten . . .«

oder

»Ich kann dieses Problem aus mehreren verschiedenen Perspektiven betrachten. Ich habe in der technischen Abteilung angefangen, bin dann in die Marketingabteilung übergewechselt, und jetzt arbeite ich in der Produktentwicklung. Ich kann Ihnen versichern: In jeder Abteilung sieht man die Dinge mit ganz anderen Augen.«

All das sind Möglichkeiten, Ihre langjährige Berufserfahrung zu unterstreichen.

Wenn Flexibilität Ihre besondere Stärke ist, könnten Sie zum Beispiel erwähnen, was Sie schon für Erfahrungen gesammelt haben. Sie können den Eindruck erwecken, ein »Hansdampf in allen Gassen« zu sein, was manchmal durchaus eine positive Eigenschaft sein kann.

Ein beförderungsgieriger junger Dinosaurier könnte sein Engagement folgendermaßen zum Audruck bringen:

»Computerprogramme sind mein einziges Hobby. Manchmal träume ich sogar nachts davon.«

»Eigentlich ist mein Beruf gleichzeitig mein Hobby. Ich bastle auch zu
Hause ständig an allen möglichen technischen Geräten herum und versuche sie zu verbessern.«

»Ich bin ein sehr teamorientierter Mensch. Meine Stärke besteht darin,
die Stärken der anderen Leute zu erkennen.«

5. Erzählen Sie Geschichten – je anschaulicher, um so besser. Statt
von Ihrer Managementphilosophie zu reden, erzählen Sie Ihren Vorgesetzten lieber: »Gestern ist in meiner Abteilung folgendes passiert...
Ich habe zu Herrn X gesagt... Und dabei ist folgendes herausgekom-
men:...« Abstrakte Ideen und Konzepte vergessen die Leute leicht, aber
eine Geschichte behalten sie im Gedächtnis.

6. Lassen Sie sich niemals eine Gelegenheit zu einer Präsentation
im Beisein Ihrer Vorgesetzten entgehen; denn dabei können Sie demonstrieren, wie Sie auf Zuhörer wirken.
Eine gute Strategie besteht darin, so anzufangen, wie es die Zuhörer
erwarten, dann aber nicht zu der erwarteten Schlußfolgerung zu kommen, sondern irgendeine unerwartete Wendung oder einen Überra-
schungseffekt einzubauen. Damit fesseln Sie die Aufmerksamkeit Ihrer
Zuhörer. Zum Schluß demonstrieren Sie, daß Sie Ihre Hausaufgaben gemacht haben, indem Sie große Mengen von schriftlichem Informationsmaterial – Fakten und Zahlen – verteilen. Ihre Zuhörer werden es in positiver Erinnerung behalten, daß Sie bei Ihrer Präsentation viele Informationen geboten haben; aber sie werden sich selten die Mühe machen, sie
zu analysieren.

7. Warten Sie nicht, bis in Ihrer Firma eine Stelle frei wird, um die
Sie sich bewerben können. Halten Sie stets Ausschau nach neuen beruflichen Möglichkeiten. Sie können Ihren Vorgesetzten auch vorschlagen,
eine neue Position zu schaffen, für die Sie der geeignete Mann sind.
Warten Sie nicht, bis eine offene Stelle am Schwarzen Brett angeschlagen
wird. Vielleicht müssen Sie die ideale Position für sich selbst erst erfinden!

8. Wenn Sie alle meine Ratschläge befolgt haben, scheuen Sie sich
nicht, um eine Gehaltserhöhung oder eine Beförderung zu bitten. Auch
dazu müssen Sie wahrscheinlich erst einmal den energischen Wider-

stand Ihres Dinosaurierhirns überwinden. Wir alle sind im engeren oder weiteren Sinn Vertreter, die irgend etwas verkaufen müssen. Ein guter Vertreter unterscheidet sich von einem schlechten dadurch, daß er das Geschäft zum Abschluß bringt. Jeder kann sein Produkt über den grünen Klee loben; doch nur ein guter Vertreter wird es auch verkaufen.

Ihr Dinosaurierhirn wird Sie warnen: »Warte noch damit! Es ist noch zu früh! Vielleicht machst du dich lächerlich oder fällst unangenehm auf!« Bringen Sie es zum Schweigen. Sie bekommen nie eine Stellung, um die Sie sich nicht bewerben!

22. Erfolg macht einsam

Es ist erstaunlich, daß beruflich erfolgreiche Menschen häufig so wenige Freunde haben. Noch verblüffender ist die Tatsache, daß manche Menschen ihren Mangel an Freunden nicht einmal bemerken. Ich spreche hier nicht über exzentrische Genies oder menschenscheue Workaholics. Die Leute, die ich meine, sind meistens (aber nicht immer) auf der mittleren und oberen Managementebene anzutreffen.

Ihren Untergebenen kommen diese Vorgesetzten wie Königssaurier vor, die sich in den Privilegien von Macht, Autorität und einem eigenen Revier sonnen. Sie haben die besten Beziehungen, werden vom Generaldirektor auf Spesen zum Mittagessen eingeladen und verbringen ab und zu ein Wochenende auf der firmeneigenen Jacht.

Doch in Wirklichkeit sind diese Männer häufig sehr einsame Dinosaurier, die allein auf ihren Gipfeln stehen, einander über die Täler hinweg mißtrauisch beobachten und ihre Herde nicht aus den Augen lassen. Sie wissen instinktiv, daß man als Vorgesetzter zwar freundlich zu seinen Mitarbeitern, aber nicht wirklich mit ihnen befreundet sein kann. Es gibt zu viele Dinge, die man seinen Kollegen oder Untergebenen einfach nicht anvertrauen darf.

Herr Melanchosaurus hat es bis zur mittleren Managementebene einer Firma gebracht, in der es von Dinosauriern nur so wimmelt. Seine Stimme klingt wehmütig, wenn er sich über seinen Mangel an Freunden beklagt. »Nein, ich habe keinen Freundeskreis«, sagte er. »Sonst hätte ich es niemals so weit gebracht. Ich arbeite vierzehn Stunden am Tag und häufig auch noch am Samstag. Wenn ich dann nach Hause komme, breche ich zusammen. Ich kann mit dem belanglosen Geplauder auf den Partys, zu denen meine Frau und ich eingeladen werden, nichts anfangen. Wir werden immer von ihren Freundinnen eingeladen, und mit deren Ehemännern habe ich keinerlei Gemeinsamkeiten. Ich glaube, es ist mir einfach nicht wichtig genug, Freundschaften zu schließen. Ich habe zuviel zu tun.

Viele leitende Angestellte haben zwar ein großes Talent, berufliche Kontakte zu pflegen, doch zweckfreie Geselligkeit bedeutet ihnen nichts und ist für sie nur überflüssiges Geplauder. Sie sind viel zu beschäftigt und nach Feierabend zu erschöpft, um sich um neue Kontakte zu bemühen. Daher haben sie nicht viele Freunde, auf die sie wirklich zählen können, wenn sie sich einmal in einer emotionalen Krise befinden.

Das gilt besonders für weibliche Manager. Wenn sie eine führende Position erlangt haben, befinden sich mit Sicherheit nicht viele Frauen auf der gleichen Ebene der Firmenhierarchie wie sie. Freundschaft mit männlichen Kollegen zu schließen ist schwierig, weil Frauen aus den Beziehungsgefügen, die männliche Führungskräfte untereinander aufbauen, in der Regel immer noch ausgeschlossen sind. Und aus Managementbüchern wissen diese Frauen, daß es ein Fehler ist, sich mit den Sekretärinnen auf Du und Du zu stellen. Wenn sie neben ihrem Beruf auch noch Kinder zu versorgen haben, ist ihr Tagesablauf so hektisch, daß sie gar nicht genügend Zeit haben, um sich den »Luxus« enger Freundschaften leisten zu können.

Manche Manager und Managerinnen sind so beschäftigt, daß ihnen ihre Einsamkeit gar nicht auffällt. Sie empfinden nur ein vages Gefühl des Unbehagens, dessen Ursache sie sich nicht erklären können. Sie überlassen es ihrem Dinosaurierhirn, die Regeln für ihr Leben aufzustellen: ein strenges Moralempfinden (»Arbeit ist wichtiger als Freundschaften; außerdem weiß ich bei meiner Arbeit wenigstens, woran ich bin. Beziehungen zu anderen Menschen sind immer eine zweischneidige Angelegenheit«); Dominanzstreben (»Es ist ein Fehler, sich mit seinen Untergebenen anzufreunden«) und Revierdenken (»Meine Stellung gehört mir«).

Vielleicht langweilen Sie sich, sind apathisch und haben das Gefühl, daß Ihnen irgendwie alles keinen rechten Spaß mehr macht. Außerhalb der Arbeit machen diese Empfindungen sich in der Regel am stärksten bemerkbar; doch früher oder später hält die Teilnahmslosigkeit auch in Ihrem Büro Einzug. Nichts kann Sie mehr begeistern.

Langeweile kann auch zu Machtmißbrauch führen. Der Obersaurier kann tun, was er will, und ein solcher gelangweilter Obersaurier spielt manchmal böse kleine Spielchen mit seinen Untergebenen, um sich zu zerstreuen. Sich in das Leben armer Sterblicher einzumischen war schon immer der Zeitvertreib der Götter – seit Zeus auf den Gedanken verfiel, sich mit hübschen jungen Mädchen zu treffen.

Liebesaffären können einem solchen Menschen ein Gefühl der Vertrautheit und Geborgenheit geben. Menschen, die keine Freunde haben, schlittern leicht in Liebesaffären hinein, die ihnen als Ersatz für Freundschaften dienen. Diese Beziehungen sind jedoch im allgemeinen kurzlebig und scheinen mehr Probleme mit sich zu bringen, als zu lösen, denn sie isolieren den Beteiligten noch mehr. (In Kapitel 25 werde ich noch ausführlicher auf die Hintergründe von Büroaffären eingehen.)

Wenn man sich so ausschließlich auf seine Arbeit konzentriert, daß man vergißt, wie man mit den Menschen in seinem täglichen Leben umgeht, ergeben sich natürlich auch Ehe- und Familienprobleme. Wer ständig etwas Wichtiges zu tun hat, reagiert leicht gereizt, wenn Menschen etwas von ihm wollen.

Alkoholmißbrauch kann ein weiteres Anzeichen emotionaler Isolation sein. Man gewöhnt es sich an, zu trinken, wenn man von der Arbeit heimkommt – vielleicht nicht unmäßig, aber regelmäßig, allein und so lange, bis man die nötige »Bettschwere« hat. Am nächsten Morgen beginnt der einsame Teufelskreis dann wieder von vorn.

Emotional vereinsamte Führungskräfte haben häufig das Gefühl, daß es niemanden gibt, mit dem sie reden können – niemanden, der sie wirklich versteht. Daß man sich den anderen Menschen erklären muß, um verstanden zu werden, auf diese Idee kommen sie gar nicht.

Häufig verbergen sie ihre Einsamkeit vor sich selbst, indem sie ein starkes Abhängigkeitsverhältnis zu einem einzigen Menschen – beispielsweise einem Ehepartner oder Untergebenen – aufbauen. Diese übertriebene Abhängigkeit kann sich zu einer wahren Tyrannei auswachsen: Man ist dann bei der geringsten Mißachtung von seiten dieses Menschen tödlich beleidigt und erwartet von ihm, daß er immer und in jeder Hinsicht für einen da ist. Man braucht nicht viel Phantasie, um sich vorzustellen, wie solche überspitzten Erwartungshaltungen sich auf eine Ehe oder eine berufliche Beziehung auswirken können!

Woran merkt man, daß man nicht genügend Freunde hat?

Wem würden Sie sich anvertrauen, wenn Sie an sich selbst zweifeln, bei einem wichtigen Projekt versagt oder einen großen Fehler begangen haben? Wer würde Ihnen zuhören, wenn Sie ein Problem hätten, über das Sie unbedingt mit jemandem reden müssen?

Wenn Ihnen nicht mindestens drei Leute einfallen, dann haben Sie wahrscheinlich nicht genügend wahre Freunde.

In vielen einschlägigen Ratgebern zum Thema »Freundschaften« steht, wenn man nicht genug Freunde habe, dann solle man eben neue

Kontakte suchen. Für jemanden, der bei seiner Arbeit großem Streß ausgesetzt ist und regelmäßig Überstunden machen muß, ist das jedoch leichter gesagt als getan. Um Freundschaften zu schließen, muß man Zeit, Mühe und Energie investieren – und man geht zusätzlich auch noch das Risiko ein, zurückgewiesen zu werden.

Frau Stressosaura hat eine eigene Firma, zwei Kinder im Schulalter und einen Mann, der ebenso wie sie häufig Überstunden macht. Manchmal denkt sie an die Zeit zurück, als sie noch keine Kinder und kein eigenes Unternehmen hatte. Damals traf sie sich mit ihren Freundinnen regelmäßig zum Mittagessen, telefonierte stundenlang mit ihnen, machte am Samstag gemeinsame Einkaufsbummel und ging abends häufig mit ihnen aus. Sie weiß zwar nicht mehr genau, worüber sie sich damals mit ihren Freundinnen unterhalten hat; aber sie erinnert sich noch an die Fröhlichkeit und Geborgenheit, die diese Kontakte ihr vermittelten – das Gefühl, daß sie nicht allein damit fertig zu werden brauchte, wenn ihr einmal alles über den Kopf wuchs.

Nun, da ihr Beruf und ihre Kinder sie so sehr beanspruchen, macht es ihr einfach zuviel Mühe, sich mit ihren Freundinnen zu treffen. Nach der Arbeit geht sie nach Hause, kocht und wäscht für ihre Familie, putzt die Wohnung und macht Einkäufe. Am Wochenende hat sie meistens etwas mit ihren Kindern vor, oder sie muß irgend etwas erledigen oder ihre alten Eltern besuchen. Hin und wieder geht sie mit ihrem Mann abends essen oder ins Kino. Manchmal vermißt sie ihre alten Freundinnen, denen sie früher alles anvertraut hat, schmerzlich. Doch jetzt ist es zu spät; sie hat sie aus den Augen verloren.

Vielleicht ist es doch noch nicht zu spät. Kontakte zu alten Freunden und früheren Kollegen – den Menschen, mit denen man seine Zeit verbrachte und die man gern hatte, als man noch ein wenig jünger war – wieder aufzufrischen, kann ein durchaus lohnendes und sinnvolles Unterfangen sein.

Selbst wenn man nicht mehr dreimal in der Woche stundenlang mit seinen alten Freunden telefonieren kann, ist das noch lange kein Grund, zu resignieren. Vielleicht läßt sich die Freundschaft auch aufrechterhalten, wenn man nur einmal im Monat mit ihnen frühstückt oder zu Mittag ißt und ihnen ab und zu per Postkarte einen kleinen Gruß übermittelt, um ihnen zu zeigen, daß man an sie denkt, wenn man einmal keine Zeit für ein Treffen hat.

Manchmal muß man weiter als nur ein paar Jahre zurückdenken, um seine alten Freunde wiederzufinden. Für viele Menschen waren die

Studentenjahre die letzte Zeit, in der sie noch zu einer großen Gruppe gleichaltriger Menschen gehörten und Zeit für Geselligkeit hatten. Versuchen Sie doch einmal wieder Kontakt zu ein paar alten Studienkollegen aufzunehmen! Sie werden erstaunt sein, wie leicht sich eine solche Freundschaft wieder auffrischen läßt.

Haben Sie schon Freundschaft mit Ihren Eltern geschlossen? Eine enge Beziehung zu Eltern und anderen Familienangehörigen über die Grenze der Generationen hinweg kann eine große emotionale Stütze sein.

»Aber ich bin inzwischen erwachsen«, werden Sie jetzt vielleicht sagen, »und selbst wenn meine Eltern tatsächlich endlich bereit sein sollten, mich wie einen Erwachsenen zu behandeln, haben sie doch nicht so viel Verständnis für mich und können auch meinen beruflichen Problemen nicht so recht folgen«. Vielleicht ist das ein Vorurteil, und Sie werden erstaunt darüber sein, wie gut Ihre Eltern geistig noch mit Ihnen Schritt halten können! Schließlich kennen sie Sie länger als jeder andere Mensch.

Wie man neue Freundschaften schließt und alte Kontake wieder auffrischt

Wenn Sie beschlossen haben, sich wieder mehr Zeit für Kontakte zu nehmen, habe ich hier ein paar Anregungen für Sie:

1.   Sie müssen sich darüber im klaren sein, daß es Sie anfangs ein wenig Mühe kosten wird.

Wie wäre es, wenn Sie versuchten, außerhalb Ihres Arbeitsplatzes ein paar Menschen kennenzulernen, mit denen Sie gemeinsame Interessen haben? Vergessen Sie nicht: Viele enge Freundschaften beginnen mit einem belanglosen nachbarlichen Gespräch am Gartenzaun. Vielleicht haben Sie bei Elternabenden schon ein paar Leute kennengelernt, die Ihnen sympathisch sind? Oder Sie nehmen am Wochenende Tennisunterricht? Aus solchen Aktivitäten entwickeln sich leicht und auf ganz natürliche, spontane Weise Freundschaften.

2.   Erwarten Sie nicht von den anderen Menschen, daß sie Sie anrufen. Tun Sie selbst den ersten Schritt und laden Sie jemanden zum Mittagessen oder Abendessen ein. Und machen Sie gleich einen festen Zeitpunkt aus, statt nur vage zu sagen: »Wir sollten uns einmal treffen.«

Denken Sie darüber nach, wie Sie die Zeiten, die Sie frei haben, für freundschaftliche Kontakte nutzen können: zum Beispiel die Mittags- oder Kaffeepause, ein kurzer Anruf aus dem Büro oder wenn die Kinder im Bett sind, ein Abendessen mit Freunden in einem schönen Restaurant am Samstagabend.

In der heutigen Zeit haben alle Menschen zuviel zu tun; Sie stehen mit diesem Problem nicht allein da. Selbst wenn Sie einen Freund nur einmal im Jahr sehen, kann das für beide eine Bereicherung sein, statt Ihnen Gewissensbisse einzuflößen, weil Sie sich nicht häufiger sehen. Machen Sie doch einfach eine Tradition daraus: Treffen Sie sich jedes Jahr in der Weihnachtszeit einmal zu einem ausgedehnten Mittagessen, laden Sie einen alten Freund einmal im Jahr zu sich nach Hause ein, oder veranstalten Sie jedes Jahr zu Beginn der Sommerferien gemeinsam mit ihm ein Familienpicknick.

3.   Signalisieren Sie den anderen Menschen, daß Sie gern mit ihnen zusammensein möchten. Sagen Sie Verabredungen nach Möglichkeit niemals ab und gehen Sie geselligen Anlässen nicht mit Ausreden aus dem Weg. Wenn Sie sich mit jemandem zum Mittagessen verabredet haben, sollten Sie Ihre Meinung nicht kurz davor noch ändern, weil Sie zuviel zu tun haben.

4.   Räumen Sie Ihren Freundschaften Priorität ein. Machen Sie sich klar, daß Sie andere Menschen brauchen. Denken Sie daran: Je älter Sie werden, um so schwieriger ist es, Freundschaften zu schließen!

Wenn Sie das nächstemal mit einem Nachbarn über etwas lachen, der einen ebenso skurrilen Sinn für Humor hat wie Sie, oder mit einem Kollegen Kaffee trinken, dessen Schreibtisch ebenso mit unerledigten Arbeiten überhäuft ist wie Ihrer, winken Sie ihm zum Abschied nicht einfach zu, um dann wieder in Ihr Büro zurückzuhasten oder sich im Garten mit Ihrem Unkraut herumzuärgern, sondern verabreden Sie sich mit ihm. Das könnte der Beginn einer wunderschönen Freundschaft sein!

23. Der Admiral-Kirk-Managementstil

In einer Episode aus dem Film »Star Trek« (vielleicht erinnern Sie sich noch daran) werden die Führer des Raumschiffs Enterprise von Strahlen eines Kometen getroffen, die sie vorzeitig und sehr rasch altern lassen. Nach kurzer Zeit sind Kirk, Spock, Bones und Scotty so alt geworden, daß sie ihre Aufgaben nicht mehr erfüllen können. Die Besatzung des Raumschiffs sucht fieberhaft nach einem Gegenmittel.

Die Situation ist ziemlich hoffnungslos, und es kommt noch eine größere Katastrophe hinzu: Ausgerechnet jetzt, wo die Anführer des Raumschiffs außer Gefecht gesetzt sind, greifen die Romulaner an! Niemand weiß so recht, was er tun soll. Doch glücklicherweise wird gerade noch rechtzeitig ein Gegenmittel gegen die Strahlen des Kometen – Adrenalin – entdeckt, und die Führer sind weiter einsatzbereit.

Vielleicht erinnern Sie sich noch daran, wie erleichtert Sie waren, als die Tür aufging und Admiral Kirk in alter Jugendfrische dastand, bereit, das Kommando zu übernehmen. Ich habe vor Freude aufgeschrien. Binnen Minuten waren die Romulaner besiegt. James T. Kirk wußte, wie man mit so einem Problem fertig wird!

Wußte er es wirklich? Jahre später, als ich meine Tätigkeit als Unternehmensberater aufnahm, fiel mir die »Star-Trek«-Episode wieder ein, und mir kamen Zweifel an der Richtigkeit von Admiral Kirks Managementstil. Warum wußten die anderen Astronauten sich beim Angriff der Romulaner nicht zu helfen? Offensichtlich hatten die Führer des Raumschiffs Enterprise Probleme mit der Fortbildung ihrer mittleren Managementebene!

In unserer Kultur werden Management und Heroismus leicht miteinander verwechselt. Dabei liegt der Unterschied ganz klar auf der Hand: Ein Held wird mit allem allein fertig; ein Manager delegiert. Ist ein Manager, der für seine Firma unentbehrlich ist, wirklich ein guter Manager?

Unser Dinosauriergehirn redet uns ein, daß diejenigen, die an der Spitze der Firmenhierarchie stehen, alle wichtigen Aufgaben erledigen und auch alle Lorbeeren dafür einheimsen sollen.

Solche Führungskräfte kämpfen sich zu einer Machtposition empor oder gründen eine eigene Firma. Dann machen sie lange Zeit kostspielige Fehler, bis sie alles gelernt haben, was sie wissen müssen, um die Firma zu leiten. Sie sagen zwar immer: »Natürlich delegiere ich«, und sie tun es auch; aber sie delegieren nur die tägliche Routinearbeit, an der sie kein Interesse haben. Dreimal dürfen Sie raten, wer die interessanten Expeditionen zu anderen Planeten leitet!

Diese Führungskräfte delegieren zwar Aufgaben, aber niemals Autorität. Die behalten sie ängstlich für sich.

Man kann nur lernen, Macht auszuüben, wenn man welche hat. Die Besatzungsmitglieder des Raumschiffs Enterprise hatten keine Macht.

Zum Abschluß dieses kleinen Exkurses in die Welt der Science-fiction möchte ich Ihnen eine Frage stellen, über die Sie nachdenken sollen: Was würde passieren, wenn die Romulaner Ihre Firma angriffen, während Sie im Urlaub sind?

24. Die Beziehung zwischen Schützling und Mentor

Unsicher späht das junge Tyrannosaurus-Weibchen in den unbekannten Dschungel hinein, aus dem es überall feindselige Augenpaare fremder Reptilien anstarren. Zögernd beginnt es sich einen Weg durch das Dickicht zu bahnen. Wird es eine falsche Richtung einschlagen und von den anderen Dinosauriern überfallen und zum Abendessen geröstet werden? Warum zeigt ihm denn niemand den Weg?

Es kann sehr schwierig sein, sich im Dschungel einer neuen Firma zurechtzufinden und Überlebensstrategien zu entwickeln. Ein Mentor kann in so einer Situation eine große Hilfe sein. Er kann den Neuling in die ungeschriebene Gesetze der Firmenpolitik einweihen und ihm verraten, wer in der Firma etwas zu sagen hat, wie Entscheidungen getroffen werden, warum man das Büro nicht eher verlassen sollte als der Chef usw. Er kann ihm vieles beibringen und ihm bei seinem beruflichen Aufstieg helfen.

Die Beziehung zu einem Mentor kann also durchaus nützlich sein – aber sie bringt auch ihre Probleme und Nachteile mit sich. Alle Management-Ratgeber empfehlen Neuanfängern in einer Firma, sich einen Mentor zu suchen – jemanden, der älter ist als sie und sie berät und bei ihrem beruflichen Aufstieg unterstützt. Sie geben auch Ratschläge, was für einen Mentor man sich suchen sollte – ob er in derselben oder in einer anderen Abteilung tätig oder bereits pensioniert sein soll. Doch diese Bücher gehen selten darauf ein, was für Gründe ein solcher Mentor hat, sich eines jungen Schützlings anzunehmen, und welchen Preis man dafür zahlen muß, unter seine Fittiche genommen zu werden.

Der Mentor wird Sie als seinen verlängerten Arm betrachten. Alles, was Sie tun, wirft ein gutes oder schlechtes Licht auf seine Karriere. Wenn Sie einen Mentor haben, müssen Sie sich darüber klarwerden, was er dabei gewinnt, wenn er Ihnen hilft. Wenn Sie darüber noch nie nachgedacht haben, tun Sie es jetzt. Die Beziehung zu einem Mentor ist etwas, was man nicht auf die leichte Schulter nehmen darf.

Mentoren gelten häufig als selbstlose alte Dinosaurier, die jungen Mitarbeitern den Weg zum beruflichen Aufstieg ebnen, weil ihr Ruhm dann auf sie zurückfällt. Daran ist etwas Wahres. Ihr Erfolg ist gleichzeitig auch der Erfolg Ihres Mentors. Es kann ein sehr positives Licht auf einen solchen Manager werfen, wenn er ein paar junge Abteilungsleiter gefördert hat. Das ist auch seiner Karriere förderlich. Aber der Schützling kann durch eine solche Beziehung auch einen Knacks bekommen.

Die Vorteile und Auswirkungen einer solchen Beziehung und die Auswahlkriterien, nach denen man sich einen Mentor sucht, sind in anderen Büchern schon eingehend behandelt worden. Doch die Spielregeln, die für eine Mentor-Schützling-Beziehung gelten, werden nur selten erwähnt. Vom Standpunkt des Mentors aus basiert die Beziehung in der Regel eindeutig auf dem Prinzip der Dominanz. Eines steht einwandfrei fest: Der Mentor ist der dominierende Saurier, und daran wird sich niemals etwas ändern. Loyalität ist oberstes Gebot: »Frage niemals, was dein Mentor für dich tun kann. Frage immer nur, was du für deinen Mentor tun kannst.«

Bei einer Mentor-Schützling-Beziehung muß Ihr Großhirn ständig in Aktion sein, denn erwachsene Menschen sind auf eine solche Beziehung nicht programmiert. Sie hat große Ähnlichkeit mit der Beziehung zwischen Eltern und Kindern.

Wenn Sie zu jemandem eine solche Beziehung eingehen, sehen Sie sie als eine Art Vertrag. In dieser Situation ist es wichtig, die altbewährte Frage zu stellen: »Was soll ich tun?« Und hören Sie genau auf die Antwort! Es ist nicht gut, die Elternrolle des Mentors blindlings zu akzeptieren, vor allem, wenn er von Anfang an einen arroganten oder herrischen Eindruck macht.

Es ist nicht leicht, eine gute Beziehung zu einem Mentor aufzubauen. Beide müssen etwas dafür tun.

Wenn Sie Mentor sind, machen Sie sich Gedanken darüber, was Sie von dieser Beziehung erwarten. Wenn Sie sich das nicht bewußtmachen, entwickeln Sie vielleicht eine vage emotionale Bindung zu Ihrem Schützling, die immer stärker wird und – ähnlich wie in einer Familie – unausgesprochene Erwartungen, Ressentiments und Schuldgefühle nach sich ziehen kann.

Sexuelle Spannungen

Wenn die Grenzen nicht klar abgesteckt sind, entwickelt die Beziehung zu einem Mentor sich häufig ähnlich wie eine sexuelle Beziehung. Beide Parteien müssen sich darüber im klaren sein, daß sie ihren sexuellen Wünschen nicht nachgeben dürfen, obwohl sie durchaus darüber diskutieren können. Es ist eine ähnliche Situation wie das Verhältnis zwischen Arzt und Patient oder Anwalt und Klient, wo der eine Partner seine dominierendere Position ausnutzen würde, wenn er seinen sexuellen Wünschen nachgäbe.

Sex hat in einer solchen Beziehung nichts zu suchen. Und dennoch verläuft das Verhältnis zwischen Mentor und Schützling häufig nach ähnlichen Gesetzmäßigkeiten wie eine Liebesaffäre.

Ebenso wie eine glückliche Liebesbeziehung ist es dauerhaft, die Spielregeln für den Umgang zwischen den beiden Partnern stehen von vornherein fest, und sie sind einander treu.

Eine Firma hatte sich das Ziel gesetzt, freundschaftliche Beziehungen zwischen älteren, erfahreneren Mitarbeitern und jungen Neulingen zu fördern. Die Firmenleitung arrangierte also eine Party, bei der junge Manager – viele von ihnen waren weiblichen Geschlechts – ältere Mitarbeiter kennenlernen sollten.

Da die Beteiligten keine Ahnung von den Spielregeln hatten, die für die Beziehung zwischen Mentor und Schützling gelten, legten sie statt dessen die Verhaltensmuster einer Liebesbeziehung an den Tag, mit denen sie sich besser auskannten. Und tatsächlich ergaben sich aus diesem Kontakt viele Büroaffären zwischen älteren, dominierenden Männern und jüngeren Frauen, die bewundernd zu ihnen aufblickten. Die Firma mußte ihre Bemühungen um den Aufbau solcher Beziehungen einstellen, weil die Ehefrauen ihrer leitenden Angestellten dagegen protestierten.

Ihr Mentor kann ein älterer Manager in Ihrer Firma, ein Experte auf Ihrem beruflichen Gebiet, ein ehemaliger Chef oder Ihr Lieblingsprofessor sein. Er muß nicht unbedingt in Ihrer Firma arbeiten, aber er muß zu Ihrer Firma in Verbindung stehen.

Die Spielregeln für Ihre Beziehung müssen eindeutig feststehen und von beiden befolgt werden. Ein Mentor ist ein Mensch, mit dem Sie zusammenarbeiten, um ganz bestimmte Ziele zu erreichen. Er kann auch Ihr Vertrauer sein, aber nicht Ihr Liebhaber, Ihr Vater, Ihr Therapeut oder eine tröstende Schulter, an der Sie sich ausweinen können, wenn Sie Kummer haben.

Frau Lamentosaura war spät ins Berufsleben eingestiegen und war entschlossen, die verlorene Zeit aufzuholen. Als Mutter dreier kleiner Kinder begann sie zu studieren und war eine der besten Studentinnen auf ihrem kleinen College. Eine ihrer Professorinnen, die ihre Energie und ihren Ehrgeiz bewunderte, ließ ihre Beziehungen spielen und verschaffte ihr eine sehr begehrte Stellung bei einer Firma in ihrer Heimatstadt.

Aus Dankbarkeit blieb Frau Lamentosaura mit ihrer Professorin, die etwas älter war als sie selbst, in Verbindung, besuchte sie häufig und schrieb ihr auch regelmäßig. Anfangs fühlte die Professorin sich geschmeichelt, weil diese Frau sie sich als Mentorin erwählt hatte; doch allmählich begann diese Beziehung sie zu irritieren. Frau Lamentosaura fragte sie dauernd um Rat, und zwar sowohl in beruflichen als auch in privaten Angelegenheiten, ignorierte aber dann alle Vorschläge der erfahreneren Frau. Alle paar Wochen jammerte sie ihr vor, daß sie in ihrer Firma nicht die Aufgaben bekam, die sie sich wünschte, und daß niemand sie beförderte. Wenn ihre Mentorin ihr zu erklären versuchte, daß man nach drei Monaten noch keine Beförderung erwarten darf, hatte sie das Gefühl, zu tauben Ohren zu reden.

Frau Lamentosaura wurde in beruflicher Hinsicht allmählich immer frustrierter, was sich auch negativ auf ihr Privatleben auswirkte. Manchmal stand sie unangemeldet und mit tränenüberströmtem Gesicht vor der Tür ihrer Professorin und erwartete eine Tasse Tee und drei Stunden geduldigen Zuhörens. Die Mentorin fühlte sich in eine Mutterrolle hineingedrängt, die zu spielen sie keinerlei Interesse hatte. Frau Lamentosauras Gefühlsausbrüche berührten sie unangenehm und enttäuschten sie auch, denn sie hatte von dieser Frau eigentlich ein höheres intellektuelles Niveau erwartet. Als Frau Lamentosaura sie das nächstemal besuchte, forderte die Professorin sie auf, endlich erwachsen zu werden oder sich eine neue Mutter zu suchen.

Wer einen Mentor hat, muß dafür den gleichen Preis zahlen wie jemand, der sich einen Papagei hält: Man muß ihm zuhören, ob man will oder nicht.

Wenn ein Mentor Ihnen einen Rat gibt, sollten Sie ihn sehr ernst nehmen. Entweder befolgen Sie ihn, oder Sie entschuldigen sich bei ihm dafür, daß Sie es nicht tun. Und fragen Sie niemals andere Leute um Rat! Das ist für Ihren Mentor ein Schlag ins Gesicht oder ein Signal, daß Ihre Beziehung beendet ist. Ein ehemaliger Mentor kann zu einem erbitterten Feind werden. Wenn Sie noch eine zweite Person um Rat fragen möchten, dann tun Sie es mit dem Wissen Ihres Mentors und erklären Sie ihm genau, warum Sie Ihre Entscheidung nicht allein auf seinen Rat begründen können. Ebenso beleidigend ist es für Ihren Mentor, wenn Sie erwarten, daß Sie das gleiche Gehalt bekommen wie er oder daß er Sie wie einen eben-

bürtigen Mitarbeiter behandelt. Sie können Ihrem Mentor nicht eben-
bürtig sein, sondern müssen seine Führerrolle akzeptieren. Ihre Rolle
verlangt von Ihnen eine gewisse Ehrerbietung. Sie müssen auf seine
emotionale Verfassung achten, ihm zum Geburtstag eine Karte schreiben
und ihn mindestens alle zwei Wochen einmal anrufen. Wenn Sie nicht
bereit sind, ihm diesen Respekt zu erweisen, haben Sie kein Anrecht auf
einen Mentor.

Wie trennt man sich von seinem Mentor

Wenn der junge Schützling von seinem Mentor genügend gelernt hat
und sich selbständig machen will, ist das für den Mentor eine schmerzliche Erfahrung. Es ist schwierig, sich aus einer solchen Beziehung zu befreien, doch manchmal muß man es tun, um sich weiterentwickeln zu
können.

Ein Ex-Mentor kann ein sehr erbitterter, unversöhnlicher Feind
sein. Ich habe schon oft erlebt, wie ein junger Mitarbeiter unter den Fitti-
chen seines Mentors vieles lernte, bis er eines Tages beschloß, es auf
eigene Faust zu versuchen, und nicht mehr widerspruchslos alle Ratschläge seines Mentors befolgte. Der Mentor reagierte darauf mit irra-
tionalem Zorn und versuchte die Karriere, bei deren Aufbau er mitgehol-
fen hatte, wieder zu zerstören.

*Herr Y, ein intelligenter, junger leitender Angestellter, hat Probleme mit sei-
nem Chef. Er ist jetzt Verkaufsleiter, und sein Chef ist Bezirksleiter. Zu Beginn
seiner Karriere in der Firma war Herr Y Vertreter und sein jetziger Chef Verkaufsleiter gewesen. Der Verkaufsleiter hatte den jungen Neuankömmling unter seine Fittiche genommen und ihm alles beigebracht. Die beiden waren Freunde geworden,
und zwischen ihnen hatte sich eine typische Schützling-Mentor-Beziehung entwik-
kelt.*

*Das ging einige Jahre lang gut, bis beide beruflich aufstiegen. Herr Y wurde
Verkaufsleiter und hatte jetzt das Gefühl, seine Entscheidungen selbständiger treffen zu müssen. Sein ehemaliger Mentor fühlte sich übergangen, weil er nicht mehr
bei jeder Gelegenheit um Rat gefragt wurde. Er reagierte wie ein typischer Dinosaurier, behandelte Herrn Y ironisch und kritisierte ihn bei jeder Gelegenheit.*

Solche Reaktionen sind vorhersehbar. Sie sind der Preis, den Sie für
die Unterstützung Ihres Mentors zahlen müssen. Wenn man jemanden

als Mentor akzeptiert, muß man auch dessen Führungsrolle akzeptieren. Es ist zwar möglich, seinem Mentor die gewünschte Ehrerbietung zu erweisen und trotzdem seine eigenen Entscheidungen zu treffen; aber das ist eine sehr schwierige Gratwanderung. Befolgen Sie die Ratschläge, die ich Ihnen in Kapitel 5 für den Umgang mit dominanten Dinosauriern gegeben habe, und denken Sie daran, daß ein Mentor keineswegs immer vollkommen selbstlos, aufopfernd und nachsichtig ist.

Herr Y hatte ein ganz ähnliches Problem wie ein Teenager, der von zu Hause fortgeht. Er versuchte, sich aus der Beziehung zu seinem Mentor zu befreien, ohne den Konflikt zu erkennen: Sein früherer Mentor benahm sich wie ein Vater, der von seinen Kindern verlassen wird!

Ich habe Herrn Y geholfen, dieses Problem zu lösen, indem ich ihm riet, sich an seine Jugend zu erinnern und sich ins Gedächtnis zurückzurufen, wie er wieder eine tragbare Beziehung zu seinem Vater aufbaute, nachdem er von zu Hause fortgegangen war, um zu studieren. Einige dieser Verhaltensweisen – daß er seinen Vater nach wie vor um Rat gefragt, ihn immer respektvoll behandelt und große Rücksicht auf seine Gefühle genommen hatte –, waren auch im Umgang mit seinem Exmentor angezeigt.

Es genügt nicht, einfach zu beschließen, daß Sie der Beziehung zu Ihrem Mentor entwachsen sind und jetzt eigene Wege gehen möchten. Ob man Sie in der Firma als »Erwachsenen« anerkennen wird, hängt zu einem großen Teil vom Verhalten Ihres Mentors ab – ob er reif und souverän genug ist, um Sie Ihres Weges ziehen zu lassen, oder ob er sich besitzergreifend an Sie klammert. Diesen Faktor sollten Sie bei der Wahl Ihres Mentors berücksichtigen.

Die meisten Menschen kämpfen ihr Leben lang darum, von ihren Eltern wie Erwachsene behandelt zu werden. In der Regel sind ihre Bemühungen nicht von großem Erfolg gekrönt. Freud hat gesagt, daß ein Mensch erst dann richtig erwachsen wird, wenn beide seine Eltern tot sind.

Für manche Menschen – vielleicht auch für Ihren Mentor – bleiben Sie Ihr Leben lang ein Kind. Wenn Sie erwarten, daß jeder in der Firma Sie für voll nimmt, stehen Ihnen vielleicht ein paar Enttäuschungen bevor.

Ein Mentor sollte die Unabhängigkeitsbestrebungen seines Schützlings nicht ignorieren, sondern muß sich darüber im klaren sein, daß sie etwas ganz Normales sind, und sich bemühen, den Übergang für beide so leicht wie möglich zu machen. Das bedeutet, daß er seinen Schützling respektieren muß und kein zu starkes Abhängigkeitsverhältnis zu ihm entwickeln darf.

Herr X merkte bald, daß sein neuer junger Mitarbeiter das Zeug zu einem guten Manager hatte. Er teilte ihm Projekte zu, durch die er sich in der Firma profilieren konnte, und lobte ihn gegenüber dem Generaldirektor, so oft er nur konnte. Sein Schützling freute sich über diese Unterstützung und begann, Herrn X wie einen Mentor zu behandeln: Er kam regelmäßig in sein Büro, um mit ihm zu plaudern und ihn um Rat zu fragen, imitierte seinen Arbeitsstil und war immer zu Überstunden bereit. Herr X war begeistert über die Fortschritte seines jungen Mitarbeiters und hatte den Eindruck, daß dieser auch zufrieden war.

Doch als der junge Mann sich um eine Stellung innerhalb der Firma bewarb, von der Herr X wußte, daß sie für ihn noch nicht geeignet war, da war es mit den guten Zeiten vorbei. Herr X empfahl ihn trotz seiner Bedenken für die Stellung, weil er sich dazu verpflichtet fühlte. Außer ihm empfahl er aber auch noch einen anderen, erfahreneren Mitarbeiter. Der ältere Bewerber bekam die Stellung, und der enttäuschte junge Mann beschloß, sich einen neuen Mentor zu suchen.

»Ich konnte doch nicht mehr für ihn tun«, sagte Herr X später traurig. »Und nun fühlt er sich von mir im Stich gelassen.«

Die beiden Männer halfen sich über das Ende ihrer Beziehung hinweg, indem sie eine Zeitlang eine höfliche Distanz zueinander wahrten. Später ließ der junge Mitarbeiter sich in eine andere Abteilung versetzen. Er ist beruflich immer noch nicht aufgestiegen, gibt seinem Mentor aber nicht die Schuld an der Stagnation seiner Karriere. Herr X wünscht seinem ehemaligen Schützling alles Gute, ist aber ein wenig enttäuscht über dessen unrealistische Erwartungen.

25. Wie entstehen Büroaffären?

Warum verlieben Menschen sich so häufig am Arbeitsplatz? Eigentlich ist das gar kein Wunder. Die Liebe ist nun einmal eine allgegenwärtige Macht, und wo ist die Chance, den Richtigen oder die Richtige zu finden, größer als im Büro? Aus der Zusammenarbeit an einem Projekt und ein paar harmlosen Gesprächen in der Kaffeepause kann ganz plötzlich mehr werden – etwas, was keiner von beiden geplant hatte. Eine Büroaffäre.

Viel zu viele Romanzen zwischen Kollegen entstehen völlig unbeabsichtigt. Eigentlich ist die Liebe zu wichtig, um sie dem Zufall zu überlassen; und doch beginnen die meisten Büroaffären so. Warum?

Wie wir in Kapitel 7 gesehen haben, richtet sich das menschliche Werbungsverhalten nach ganz bestimmten, genau festgelegten Mustern, die in unserem Dinosauriergehirn verankert sind. Als Teenager oder Student erkennt man diese ersten Anzeichen sofort; doch am Arbeitsplatz kommen sie einem nicht so rasch ins Bewußtsein, vor allem, wenn einer der Beteiligten verheiratet ist.

Die Menschen sehen nur das, was sie sehen wollen. Hinterher haben sie dann vielleicht das Gefühl, daß sie gar keine Wahl hatten und daß sie erst merkten, wie es um sie stand, als es kein Zurück mehr gab. In diesem Kapitel möchte ich untersuchen, warum Büroaffären so häufig sind, und Ihnen ein paar Kriterien an die Hand geben, mit deren Hilfe Sie den Unterschied zwischen einer »wahren Liebe« und einer vorübergehenden Liebschaft erkennen können.

Liebesaffären zwischen Kollegen müssen nicht unbedingt etwas Negatives sein; doch die Gefahren, die sie in sich bergen, sind in der Regel sehr groß. Am Anfang scheint eine solche Büroromanze etwas Wunderschönes zu sein. Sie kann den Liebenden die Energie und das Selbstvertrauen geben, fünf Kilogramm abzunehmen oder sich um eine Beförderung zu bemühen. Erst später, wenn die erste Begeisterung verflogen ist und die Komplikationen beginnen, fragt man sich: »Wie bin ich nur in diese Sache hineingeraten?«

Das Gefühl der Vertrautheit

Wir verlieben uns am ehesten in jemanden, der Tag für Tag in unserer unmittelbaren Nähe ist. An der Binsenweisheit, daß man den richtigen Partner am ehesten bei der Arbeit findet, ist tatsächlich etwas Wahres. Wenn zwei Menschen eng zusammenarbeiten, ihre Probleme miteinander teilen und zueinander Vertrauen haben, kann es leicht passieren, daß sie sich eine noch intensivere Beziehung wünschen. Unser Dinosaurierhirn reagiert nun einmal so.

Büroaffären sind aber auch Ausdruck eines echten Bedürfnisses. Unsere Arbeit ist für uns sehr wichtig, und es ist ein wunderbares Gefühl, mit jemandem reden zu können, der wirklich etwas davon versteht. Vor allem am Anfang ist die treibende Kraft hinter den meisten Büroaffären kein sexuelles Begehren, sondern der Wunsch, verstanden und geschätzt zu werden. Sehen wir der Tatsache doch einmal ins Auge: Die meisten Menschen zeigen sich bei der Arbeit von einer liebenswerteren Seite als sonst. In der Regel finden wir uns im Büro sympathischer als zu Hause. Wir sind beherrschter und selbstsicherer. Wir gehen einer Tätigkeit nach, die wir beherrschen und für die wir bezahlt werden.

Der Spielraum der Vertrautheit gegenüber unseren Kollegen ist begrenzter als zu Hause, und daher lassen wir uns am Arbeitsplatz auch weniger gehen als unserer Familie gegenüber. Bei der Arbeit fällt es uns leichter, uns von unserer besten Seite zu zeigen und unsere weniger angenehmen Eigenschaften zu verbergen. Wie viele Ihrer Kollegen, die sehen, wie Sie beim Mittagessen mit dem Chef elegant Krabben verspeisen, als hätten Sie noch nie im Leben etwas anderes getan, wissen, daß Sie zu Hause am liebsten Pommes frites essen, dazu Bier aus der Flasche trinken und die Butter vom Messer ablecken? Und haben Ihre Kollegen, die Ihnen immer Komplimente wegen Ihrer eleganten Anzüge machen, Sie schon einmal in Ihrer typischen Wochenendkluft gesehen: einem jahrhundertealten Flanellhemd und ausgebeulten Shorts?

Die Arbeit gibt Kollegen auch einen Gesprächsstoff, der so lange vorhält, bis sie sich näher kennengelernt haben und auch über private Dinge reden können. Wenn Sie schon einmal erlebt haben, welch quälendes Schweigen bei einem ersten Rendezvous eintreten kann, wenn keiner mehr etwas zu sagen weiß, wissen Sie, wie wichtig das ist.

Büroaffären entstehen auch, weil es verbindet, gemeinsam mit einem Kollegen berufliche Höhen und Tiefen zu erleben. Solche Affären beginnen häufiger in schlechten Zeiten als in guten, denn wenn man

Probleme hat, sucht man automatisch nach einem mitfühlendem Gefährten, mit dem man sich aussprechen kann, statt stumm zu leiden.

Häufig entwickeln sich durch die Vermittlung unseres Dinosaurierhirns aus heftigen Emotionen im Konferenzraum heftige Emotionen im Schlafzimmer.

Oft spielt bei solchen Affären auch der berufliche Status eine Rolle. Für unser Dinosaurierhirn sind Dominanz und Hierarchie sehr wichtig. Daher fühlen wir uns geschmeichelt, wenn jemand, der in der Firmenhierarchie höher steht als wir, sich für uns interessiert. Viele Menschen lassen sich aus solchen Motiven auf eine Affäre ein und entdecken erst hinterher, daß sie sexuell ausgenutzt worden sind.

Die Illusion vom verständnisvollen Kollegen

Büroaffären bieten uns auch eine trügerische Zuflucht vor den miteinander widerstreitenden Anforderungen von Beruf und Privatleben. Man gibt sich leicht der Illusion hin, daß es keine Konflikte zwischen Arbeit und Privatleben mehr geben wird, wenn man sich mit jemandem liiert, mit dem man auch beruflich zusammenarbeitet. Ein Kollege, denkt man, wird doch sicher Verständnis dafür haben, wenn ich Überstunden mache! Und wer könnte es besser nachfühlen als er, wenn ich zu müde zum Sex bin, weil ich beruflich so unter Streß stehe?

Am Anfang der Beziehung wird Ihr Kollege (und Geliebter) vielleicht tatsächlich verständnisvoll reagieren; aber Sie können sicher sein, daß sein Verständnis mit der Zeit immer mehr schwindet.

Aus einer Büroaffäre kann sich tatsächlich die »wahre Liebe« entwickeln, und das geschieht auch oft. Bis jetzt ist noch niemand dahintergekommen, welche Voraussetzungen erfüllt sein müssen, damit eine Liebesbeziehung Bestand hat und befriedigend verläuft. Die Liebe ist letzten Endes etwas Unfaßbares; aber es gibt doch einige Richtlinien und Warnsignale, mit deren Hilfe man feststellen kann, ob eine Beziehung erfolgversprechend oder von vornherein zum Scheitern verurteilt ist.

1.   Versuchen Sie einmal in die Zukunft zu sehen. Wie wird diese Beziehung sich in Ihr Leben und Ihre berufliche Karriere einfügen? Wo könnten sich Konflikte ergeben? Versuchen Sie, sich vorzustellen, wie Ihre Beziehung, Ihr Privatleben und Ihre berufliche Existenz in einem Jahr aussehen werden. Wenn Sie das Gefühl haben, daß Ihre Beziehung

dann immer noch genauso sein wird wie heute, ist das vielleicht nur Wunschdenken.

2. Werden Sie sich darüber klar, wie der nächste Schritt in Ihrem Werbungsritual aussehen wird, welche Ebene der Vertrautheit Sie als nächstes erreichen werden. Dann denken Sie darüber nach, was die Zukunft Ihnen bringen wird, wenn Sie diesen Schritt tun. (Eine genaue Beschreibung der verschiedenen Stadien einer typischen Büroaffäre finden Sie in Kapitel 7.)

Fragen Sie sich: Was erwarten wir? Wie soll unsere Beziehung sein? Eine flüchtige sexuelle Begegnung, die beiden Spaß macht und hinterher keinem leidtut? Eine Freundschaft, bei der sich beide gegenseitig unterstützen und auch sexuellen Kontakt miteinander haben, aber trotzdem keinerlei Verpflichtungen eingehen? Oder eine dauerhafte Bindung?

3. Wenn einer von Ihnen beiden schon mehrere Büroaffären hinter sich hat, seien Sie auf der Hut!

Was tut man, wenn jeder der beiden Partner andere Vorstellungen von der Beziehung hat? Wenn der eine nur an Gelegenheitssex und der andere ans Standesamt denkt, kann es Probleme geben.

Eine solche Affäre läßt sich durchaus in aller Freundschaft beenden, wenn beide Partner sich darüber einig sind, daß sie zu unterschiedliche Vorstellungen haben. Doch wenn sie sich nicht darüber einigen können, in welche Richtung ihre Beziehung gehen soll, und sie trotzdem nicht beenden, dann wird das daraus, was manche Liebesromane als »verhängnisvolle Leidenschaft« bezeichnen – und so etwas wirkt sich am Arbeitsplatz meistens negativ aus.

4. Wenn einer der beiden Partner verheiratet ist, sind die Chancen für eine glückliche Beziehung sehr gering. Dann steht man vor schwierigen Entscheidungen: Beide müssen sich darüber klarwerden, was für eine moralische Einstellung sie zum Thema Ehebruch haben, wie wichtig ihnen ihre Beziehung ist und inwieweit sie zur Diskretion bereit sind. Man kann nicht einfach so tun, als existierte der Ehepartner des oder der Geliebten gar nicht.

In einem solchen Fall müssen Sie sich auch darüber im klaren sein, daß Ihr geliebter Partner Sie vielleicht früher oder später genauso behandeln wird wie seine Ehefrau oder seinen Ehemann.

Auch wenn einer von Ihnen beiden sich im letzten halben Jahr von einem Partner getrennt oder scheiden lassen hat, sinken die Chancen für eine gute, dauerhafte Beziehung. Ein solcher Mensch muß in der Regel erst noch einige Veränderungen durchmachen, sich an die neue Situation anpassen und ein paar Beziehungen beginnen, die sich hinterher als Fehlschläge erweisen, ehe ihm die »wahre Liebe« begegnet.

5.   Sie oder Ihr Partner sollten sich nicht einreden, daß keiner etwas von Ihrer Beziehung weiß. Sie können ziemlich sicher sein, daß es doch irgend jemand weiß oder zumindest ahnt. Wenn Sie das nicht glauben können, beweist das nur, daß Sie die Realität ignorieren, und das ist niemals ein gutes Zeichen.

6.   Ist in Ihrer Beziehung einer der beiden Partner immer der Gebende? Wenn ja, was erwartet dieser Mensch wohl als Gegenleistung? Wenn jemand sich in die Schuld des anderen begibt, sieht die Zukunft meistens düster aus. Und wenn Liebesbeweise nicht erwidert werden, ist das auch ein negatives Zeichen.

7.   Wenn Sie mit Ihrem Partner nicht von vornherein feste Spielregeln im Hinblick auf Besitzansprüche und die Ausschließlichkeit Ihrer Beziehung aufgestellt haben, machen Sie sich auf das Schlimmste gefaßt!

8.   Fragen Sie sich, ob einer von Ihnen beiden diese Beziehung als eine Art Heilmittel gegen Depressionen oder gegen Streßsymptome und Erschöpfung benutzt. Wenn diese Liebesbeziehung das einzige ist, was Ihnen morgens die Energie verleiht, überhaupt aufzustehen und zur Arbeit zu gehen, dann stimmt etwas nicht: Sie bedienen sich eines typischen Dinosaurier-Verhaltensmusters – einer Überdosis an Emotionen –, um sich von einem Problem abzulenken, das gelöst werden muß. Viele Menschen sind adrenalinsüchtig, und die täglichen Emotionen, die sie sich mit Hilfe ihres Dinsosaurierhirns verschaffen, können ein Zeichen dafür sein, daß sie mit ihrer Arbeit nicht sehr glücklich sind.

9.   Können Sie beide zueinander nein sagen oder Kompromisse schließen? Wenn Sie sich grundsätzlich immer einig sind, ist Vorsicht geboten. Menschen, die sich so geben, wie sie sind, und dem Partner nicht ihre Schokoladenseite zeigen, werden sich zwangsläufig früher

oder später einmal uneinig sein. Wenn es in Ihrer Beziehung Meinungsverschiedenheiten, Kompromisse und wirkliche Veränderungen in wichtigen Punkten gibt, ist das ein sehr gutes Zeichen.

10. Und was am wichtigsten ist: Geben Sie sich gegenseitig Versprechen und halten sie dann auch ein? Das Geheimnis der wahren Liebe ist Engagement. Beide Partner müssen bereit sein, etwas zu versprechen und sich dann auch daran zu halten, auch wenn es ihnen noch so schwer fällt. Hält sich Ihr Partner anderen Menschen gegenüber an seine Versprechungen? Wenn nicht, wie kommen Sie dann auf die Idee, daß er Sie anders behandeln wird?

11. Sprechen Sie mit einem Freund, dem Sie vertrauen, über Ihre Gefühle, und ermutigen Sie ihn, Ihnen offen seine Meinung zu sagen. Wenn es Schwierigkeiten gibt, fragen Sie einen Therapeuten um Rat. Und glauben Sie diesen Leuten! Wenn Sie immer wieder neue Gründe finden, warum Ihr Freund oder Ihr Berater Sie nicht versteht oder warum diese Beziehung anders ist als alle anderen, ist es an der Zeit, sein Heil in der Flucht zu suchen.

12. Wenn einer von Ihnen beiden übermäßig trinkt oder Drogen einnimmt, sind Ihre Chancen für eine glückliche Beziehung gleich Null. Solche Menschen haben häufig sehr viel Charme. Es gibt viele Leute, die sich immer wieder in einen Alkoholiker verlieben und sich einreden, daß ein solcher Mensch sich vielleicht ändert, wenn er jemanden hat, der ihn versteht. Das ist aber selten der Fall, und Leute, die zu übermäßigem Alkohol- oder Drogenkonsum neigen, ziehen im allgemeinen auch unglückliche Beziehungen an wie ein Magnet. Wenn Sie an jemandem interessiert sind, der ein Alkohol- oder Drogenproblem hat, sollten Sie die Situation überdenken, und zwar sofort.

26. Wie retten Sie sich, wenn Ihre Firma eine »große Familie« ist?

Wenn ich höre, wie jemand seine Firma als eine »große Familie« beschreibt, dann weiß ich in der Regel, daß ich mit dem Vater dieser Familie spreche. Er ist zufrieden, weil seine Firma so organisiert ist, daß sie ihn auf Kosten aller anderen Mitarbeiter glücklich macht. Vielleicht spreche ich auch mit einem Onkel oder mit einer leidgeprüften, treuergebenen Mutter; aber der Vater ist im allgemeinen derjenige, der von dieser »Familie« am meisten profitiert.

Die Grundregeln für das Leben innerhalb einer Hierarchie sind in unserem Dinosauriergehirn einprogrammiert; doch detaillierte Instruktionen im Hinblick auf unsere spezielle Rolle erhalten wir in der Regel erst von der Hierarchie, in die wir hineingeboren werden. Viele Menschen lassen sich nicht davon abhalten, im Büro ihre familiären Rollen weiterzuspielen. Das gilt vor allem für Familienbetriebe.

Ist eine Firma tatsächlich so etwas Ähnliches wie eine Familie, und kann man sie auf die gleiche Weise organisieren? Ich bediene mich hier des Vorrechts des Psychologen und antworte: Ja und nein. Ja, in einer Firma gelten tatsächlich die gleichen Gesetzmäßigkeiten wie in einer gut funktionierenden Familie; nein, in einer Firma geht es ebenso zu wie in den verrückten Familien, in denen die meisten aufgewachsen sind.

Die familiären Verhaltensmuster, die wir im Betrieb an den Tag legen, sind nur allzu häufig Dinosaurierreaktionen, in die wir verfallen, wenn wir nicht denken. Das ist gefährlich. Menschen, die nicht darüber nachdenken, was sie tun, geraten fast immer in Schwierigkeiten. Management ist eine so wichtige Aufgabe, daß man sie nicht mechanisch ausführen sollte.

Eine Firma funktioniert in der Regel nicht so wie eine gesunde, glückliche Familie, in der die Rollen der Familienmitglieder flexibel und nicht allzu starr festgelegt sind und alle offen über Konflikte reden und Kompromisse schließen können. Menschen, die aus solchen Familien stammen, wachsen in der Regel leicht aus der Rolle heraus, die sie in ihrer Familie gespielt haben; sie sind nicht dazu gezwungen, sie ein Leben lang zu spielen.

Wenn eine Firma eine »große Familie« ist, dann hat sie im allgemeinen viel mehr Ähnlichkeit mit einer unglücklichen oder nicht funktionierenden Familie – einer Familie, in der wichtige Dinge totgeschwiegen werden, vor allem, wenn es um abnorme Verhaltensweisen geht. In einer solchen Familie sind die Rollen der einzelnen Mitglieder im allgemeinen starr festgelegt und ziemlich klischeehaft, und die Mitglieder haben das Gefühl, sich gar nicht anders verhalten zu können.

Aus solchen ungesunden Verhaltensmustern wächst man viel schwerer heraus als aus der Rolle, die man in einer glücklichen Familie gespielt hat; und die Gefahr, daß man eine solche Rolle später auf das Berufsleben überträgt, ist viel größer. Wer in einer unglücklichen Familie aufgewachsen ist – zum Beispiel in einer Familie, in der ein Elternteil den anderen mißhandelte oder Alkoholiker war –, neigt dazu, in jedem neuen Problem lediglich eine neue Version des ungelösten Grundproblems aus seiner Vergangenheit zu sehen, und versucht es in der Regel mit den gleichen inadäquaten Methoden zu lösen. Selbst wenn eine solche »Firmenfamilie« wahrhaft skurrile Formen angenommen hat, bemerkt er es meist gar nicht. Er bleibt einfach da und versucht, so gut wie möglich mit der Situation zurechtzukommen – so wie er es zu Hause getan hat.

Wie sieht eine solche Firma aus?

Ich möchte Ihnen nun ein paar Beispiele solcher Firmen vorstellen, in denen es wie in einer »großen Familie« zugeht, und Ihnen zeigen, wie Sie sich retten können, wenn Sie selbst in einem solchen Betrieb arbeiten. Ob solche Firmen glückliche »Familien« sind, diese Entscheidung möchte ich Ihnen selbst überlassen.

Der moralistische Patriarch

Herr Bigottosaurus, der Leiter der Finanzabteilung, weiß, worauf der Niedergang unserer Zivilisation zurückzuführen ist: Die Menschen glauben nicht mehr an die alten Werte. Alle seine Konferenzen beginnen mit einem kleinen Gebet. Über das Geschäft wird nur sehr wenig gesprochen: Im allgemeinen hält Herr Bigottosaurus einen Vortrag über irgendein ethisches Problem, zum Beispiel die Arbeitsmoral, oder verbreitet sich über die Scheidung oder den Alkoholkonsum eines Mitarbeiters aus einer anderen Abteilung. Er zitiert gern aus der Bibel, und zwar vor allem jene Stellen, in denen es darum geht, was für ein fürchterliches Schicksal die Menschen nach ihrem Tod ereilen wird, wenn sie gegen bestimmte Gebote verstoßen.

Beförderungschancen hat man in dieser Abteilung nur, wenn man an ein ähnliches Wertesystem glaubt wie der Chef. Mit Fähigkeiten oder Leistungen hat das wenig zu tun. Manchmal scheint Kompetenz sogar geradezu ein Hindernis für eine Beförderung zu sein. In einem Kurzwarengeschäft auf dem Lande wäre Herrn Bigottosaurus' Managementsstil angebrachter als in einem multinationalen Unternehmen; doch wer es wagt, anderer Meinung zu sein als er, dem wird sofort die Tür gewiesen.

Was tut man in einer solchen Situation?

1. *Überlegen Sie sich, ob Sie mit dieser Situation leben können – denn ändern läßt sie sich nicht.* Wenn Sie die Rolle des rebellierenden Teenagers spielen – zum Beispiel beiläufig bemerken, daß Sie Atheist sind, oder verlangen, nach Ihren beruflichen Leistungen beurteilt zu werden und nicht nach Ihren persönlichen Überzeugungen –, erreichen Sie gar nichts. Menschen wie Herr Bigottosaurus sind von einem unumstößlichen Glauben an ihr Wertesystem durchdrungen. Nicht einmal Gott selbst könnte diesen Glauben erschüttern.

Es hat keinen Sinn, sich darüber aufzuregen. Sobald Sie die Situation erkannt haben, gibt es für Sie nur zwei Möglichkeiten: sie zu akzeptieren oder die Firma zu wechseln. Sicherlich wird es Ihnen nicht gelingen, eine Revolution in Gang zu bringen. Sie müssen sich überlegen, ob Sie mit einer doppelten Moral leben können: in der Firma mit dem Wertesystem Ihres Chefs konform zu gehen und nur zu Hause Ihr wahres Ich zu zeigen.

2. *Seien Sie sich darüber im klaren, daß irgend jemand insgeheim die Fäden in der Hand halten muß, damit dieses System funktioniert.* Man kann eine Firma oder Abteilung nicht wie eine religiöse Sekte leiten; sonst ist sie früher oder später dem sicheren Untergang geweiht. Im allgemeinen steht irgendeine unsichtbare Macht hinter dem Patriarchen, der den Betrieb offiziell leitet. Um in einer solchen Firma überleben zu können, müssen Sie diesen unsichtbaren Machthaber finden.

Sobald Sie den Menschen entdeckt haben, der hinter dem Thron des Patriarchen steht, müssen Sie sich um näheren Kontakt bemühen. Seine

Protektion ist das einzige, was Ihnen in dieser Firma etwas nützen wird. Verlassen Sie sich nicht auf Ihre Kompetenz. In einem solchen System spielt Kompetenz keine große Rolle. Es kommt nur darauf an, die richtigen Beziehungen zu haben.

3. *Seien Sie gefaßt auf Strafen und Belohnungen, die mit Ihrem Verhalten nicht das geringste zu tun haben.* Ihr Patriarch betrachtet Belohnungen als Gottesgaben und Strafen als Vergeltung für Sünden – zum Beispiel für Gedankenverbrechen. Solche Menschen kaschieren ihren Sadismus häufig mit der Rechtfertigung, daß sie jemandem »eine Botschaft übermitteln« möchten.

4. *Planen Sie, wann und wie Sie Ihren Abschied von dieser Firma nehmen wollen.* Natürlich können Sie mit Ihrem Chef einen Streit vom Zaun brechen und erreichen, daß er Sie hinauswirft. Besser ist es jedoch, sich irgendein innerhalb kurzer Zeit erreichbares Karriereziel zu setzen und die Firma mit einem guten Zeugnis zu verlassen, sobald man dieses Ziel erreicht hat. Sagen Sie Ihrem Chef, wie dankbar Sie ihm dafür sind, daß er Ihre Seele gerettet hat; aber erklären Sie ihm, daß Ihre wahre Berufung woanders liegt.

Schildern Sie Ihrem nächsten Chef (oder Ihrem Gesprächspartner beim nächsten Vorstellungstermin) nicht, wie unmöglich die Situation in Ihrer alten Firma war, weil Sie ja schließlich noch nicht wissen, mit was für einem Dinosaurier Sie es diesmal zu tun haben. Ihr künftiger Arbeitgeber wird vielleicht alle Klagen über Ihren früheren Chef – so gerechtfertigt sie auch sein mögen – als negativ empfinden, weil er denkt, daß Sie eines Tages auch über ihn so reden könnten.

Der unverbesserliche Optimist

Frau Optimosaura ist eine nette Frau, und in ihrer Abteilung arbeiten nur nette Leute. Sie schätzt Harmonie und Kooperation über alles und weigert sich zu glauben, daß es auch etwas anderes geben könnte. Kommen Sie ihr ja nicht mit einem Problem, und schon gar nicht, wenn es dabei um Emotionen oder persönliche Meinungsverschiedenheiten geht! Sie wird Ihnen sagen, daß sich mit einer positiven Einstellung alle Probleme lösen lassen. Insgeheim wird sie es vielleicht übel vermerken, daß Sie sich bei ihr beschwert haben. Sie neigt manchmal dazu, den Boten zu bestrafen, der eine schlimme Nachricht überbringt. Ihre Abteilung ist eine einzige große, glückliche Familie, und die Mutter weiß am besten, was für ihre Kinder gut ist.

Dieser Managementstil ist ziemlich weit verbreitet und kann durchaus funktionieren, solange der Manager nicht alle Probleme unter den Tisch kehrt, sondern sich wenigstens um die wichtigsten kümmert. Die emotionalen Konflikte ignoriert er in der Regel. Wenn sie schwerwiegend sind und immer wieder auftauchen, steht er vor einem Problem – und seine Mitarbeiter auch. Einem solchen Chef gegenüber verhält man sich am besten folgendermaßen:

1. *Seien Sie sich darüber im klaren, daß Probleme einen solchen Vorgesetzten leicht überfordern.* Überlegen Sie sich, welche Ihrer Probleme am schwerwiegendsten sind, und präsentieren Sie sie ihm dann eines nach dem anderen. Achten Sie unbedingt darauf, mit dem größten Problem zu beginnen! Für Kleinigkeiten wird er kein Verständnis haben.

2. *Legen Sie sich eine genaue Strategie für die Darlegung Ihres Problems zurecht.* Denken Sie daran: Ihr Chef ist mehr an Fakten als an Emotionen interessiert.

3. *Wenn Sie sich bei einem solchen Vorgesetzten Gehör verschaffen wollen, dürfen Sie ihm nie mit Klagen kommen, sondern höchstens mit einem Plan, wie man die Situation verbessern könnte.* Sagen Sie nicht: »Ich habe ein Problem . . .«, sondern: »Ich möchte Ihnen ein paar Verbesserungsvorschläge unterbreiten.«

Menschen, die noch in den Verhaltensmustern rebellierender Teenager befangen sind (siehe Kapitel 27), hassen solche Manager im allgemeinen. Es passiert häufig, daß ein Mitarbeiter, der in der Firmenhierarchie unter diesem Chef steht, die Rolle der »Mutter« der Abteilung übernimmt und sich aller Klagen und Wehwehchen der Kinder annimmt.

Die »Firmenmutter«

Wenn die Abteilungsleiter der Firma nur wüßten, wie sehr Herr Materosaurus sich ständig bemüht, sie vor dem Zorn und den Launen des Chefs zu bewahren, dann würden sie ihm das Leben nicht so schwermachen. Es stimmt natürlich – der Vorstandsvorsitzende reist viel in der Weltgeschichte herum, und wenn er dann wiederkommt, bringt er irgendwelche verrückten Ideen mit, will sofortige Veränderungen einführen oder hat sich einen Plan zur radikalen Geldeinsparung ausgedacht. Das alles muß dann natürlich erst einmal überdacht und modifiziert werden, ehe es sich durchführen läßt. In solchen Zeiten arbeitet Herr Materosaurus am härtesten, versucht nach beiden Seiten zu vermitteln und zu überzeugen, verlegt sich manchmal sogar aufs Betteln. Wenn seine Mitarbeiter nur ahnten, was für Schwierigkeiten er ihnen erspart! Warum sind sie immer so wütend auf ihn? Sie wollen ihn ganz offensichtlich loswerden, aber warum? Wissen sie denn nicht, daß ohne ihn alles noch viel schlimmer wäre?

Die Rolle der Firmenmutter besteht darin, den Vater vor allen Schwierigkeiten und Ärgernissen abzuschirmen, die ihn in Wut bringen könnten. Gleichzeitig beschützt sie dadurch die Kinder vor dem Zorn des Vaters. Zu einer solchen Konstellation kann es kommen, wenn der Vater ein moralistischer Patriarch, ein Alkoholiker oder der Typ des Vaters ist, der immer alles am besten weiß – oder wenn er seine Funktion als Vorgesetzter aus irgendeinem Grund nicht angemessen erfüllt.

Die »Mutter« muß nicht unbedingt eine Frau sein. Er oder sie ist zwischen der Loyalität gegenüber dem Vater und der Loyalität gegenüber den Kindern hin und her gerissen. Im besten Fall reibt die Firmenmutter sich mit diesen Emotionen selbst auf: im schlimmsten Fall ermöglicht sie damit genau jene chaotischen Zustände, die sie eigentlich verhindern möchte.

In den meisten Firmen, die so strukturiert sind, werden die Mitarbeiter wütend auf die Mutter, weil sie zwischen ihnen und dem Vater steht; oder sie lassen einen Teil ihres Zorns auf den Vater an der leichter zugänglichen Mutter aus.

Der einzige Ausweg für eine solche Firmenmutter besteht darin, sich zurückzuziehen. Solange der Vater von den Kindern isoliert ist und der Firma keinerlei Rechenschaft für seine Handlungen ablegt, wird sich an der Situation niemals etwas ändern. Wenn Sie sich in der Position einer »Firmenmutter« befinden, überlegen Sie sich, ob Sie einmal für längere Zeit in Urlaub gehen oder sich in eine andere Abteilung versetzen lassen möchten. Das wird Ihnen sicherlich schwerfallen, wenn Sie sich in Ihrer Rolle für unentbehrlich halten und das Gefühl haben, daß es ohne Sie zwangsläufig zu einer Tragödie kommen wird. Lassen Sie die Tragödie ruhig eintreten! Auf lange Sicht betrachtet wird das für alle Beteiligten besser sein.

Mutterfiguren sind häufig sehr gute Menschen, die sich die größte Mühe geben, eine unlösbare Aufgabe zu bewältigen. Viele betrachten ihre Arbeit als eine Art Heimat: Wenn sie sie nicht hätten, wüßten sie gar nicht, was sie tun sollten. Oft sind sie sehr begabte, fähige Leute, die in einer anderen Position mit anderen Aufgaben enorme Leistungen erbringen könnten.

Die böse Mutter

Niemand kann voraussagen, in was für einer Laune Herr Despotosaurus heute sein wird. Wenn er gutgelaunt ist, herrscht im Büro eitel Sonnenschein; aber wenn er seinen schlechten Tag hat, bekommt er schon beim geringsten Vergehen eines Mitarbeiters einen Tobsuchtsanfall, oder – noch schlimmer – er bestraft seine Belegschaft mit schweigender Verachtung. Manchmal hat er ohne ersichtlichen Grund einen Haß auf einen seiner Mitarbeiter und schwärzt ihn dann hinter seinem Rücken überall an. Dieser Chef ist ein sehr kompetenter Mann; aber es ist schwierig, mit ihm zusammenzuarbeiten. Er hat Probleme mit seiner Familie, sein Chef setzt ihn unter Druck, und auch die momentane Wirtschaftslage bereitet ihm Kopfzerbrechen. Er gibt seinen Streß an seine Untergebenen weiter und merkt gar nicht, daß er sich selbst dadurch noch mehr Probleme schafft. Seine Unberechenbarkeit ist ein guter Schutzmechanismus; sie beschützt ihn vor den Schrecken des Unbekannten. Da er wie ein Pulverfaß ist, das jederzeit explodieren kann, versuchen seine Mitarbeiter, alles Unangenehme von ihm fernzuhalten.

Dieser Managementstil ist für Herrn Despotosaurus selbst nicht angenehm. Er verhält sich nicht so, weil es ihm Spaß macht. Es ist vielmehr so, daß er sich ständig über irgend etwas Sorgen macht und dann impulsiv reagiert. Manager wie er lassen sich fast ausschließlich von ihrem Dinosauriergehirn leiten. Wenn man das weiß, kennt man auch bereits das Rezept für den Umgang mit ihnen:

1. *Widerstehen Sie der Versuchung der indirekten Kommunikation.* Kümmern Sie sich nicht darum, was Ihr Chef hinter Ihrem Rücken über Sie

sagt. Die Menschen, die Ihnen diese Gerüchte zutragen, sind nicht Ihre Freunde. Ebensowenig sollten Sie darauf achten, was Ihr Chef Ihnen über andere Mitarbeiter anvertraut. Er wird es später wieder leugnen; er versucht nur, Sie dazu zu bringen, daß Sie sich auf sein indirektes Kommunikationssystem einlassen.

2. *Reden Sie ganz offen und unverblümt mit ihm* – nach dem folgenden Schema: »Als Sie gestern sagten . . . hatte ich folgendes Gefühl: . . . War das Ihre Absicht?«

Solche Chefs werfen im allgemeinen niemanden hinaus und fügen auch keiner Karriere irreparablen Schaden zu. Sie neigen eher dazu, unliebsame Mitarbeiter so lange zu reizen, bis sie die Firma von selbst verlassen. Wenn Sie sich offen mit einem solchen Vorgesetzten auseinandersetzen, müssen Sie sich auf viele kleine Angriffe, aber keine wirkliche Katastrophe gefaßt machen. Es hängt davon ab, wieviel Sie verkraften können. Schlimmstenfalls wird Ihr Chef versuchen, Sie in eine andere Abteilung versetzen zu lassen – und das wäre schließlich nicht unbedingt eine Katastrophe!

3. *Versuchen Sie es mit Schmeicheleien.* Menschen wie Ihr Chef lassen sich so sehr von ihrem Dinosaurierhirn leiten, daß sie in emotionalen Dingen keinerlei Feingefühl haben. Sie sind äußerst empfänglich für Komplimente. Wenn Sie sich bei ihnen Gehör verschaffen wollen, können Sie Ihre Schmeicheleien so dick auftragen, daß es Ihnen nahezu unglaublich erscheint, wie ein intelligenter Mensch auf so etwas hereinfallen kann.

Sie können sich zum Beispiel der »Bugs-Bunny«-Strategie bedienen, die ich entdeckt habe, als ich mir einen Zeichentrickfilm ansah, in dem ein riesiger Boxer im Begriff war, Bugs Bunny sämtliche Knochen im Leib zu zerbrechen. Bugs sah ihn an und sagte: »Zeigen Sie mir Ihr Profil. Haben Sie schon mal in einem Film mitgespielt? Sie haben das ideale Filmgesicht.« Sofort stellte sich der Boxer in Positur und grinste wie ein Honigkuchenpferd.

Ob Sie es glauben oder nicht – mit Schmeicheleien dieses Niveaus werden Sie bei einem solchen Chef Erfolg haben. Sie können Sie vor Demütigungen und anderen unangenehmen Reaktionen Ihres Chefs bewahren, und Sie können sich mit ihnen auch besondere Vergünstigungen erschmeicheln, wenn Sie das möchten.

Exzentrische Onkel und Lieblingssöhne

Wenn der Chef launisch ist oder andere schwerwiegende Fehler hat, erscheint häufig noch eine andere Person auf der Bildfläche – jemand, der Kenntnisse auf einem Gebiet hat, auf dem der Chef sich nicht auskennt. Dieser Mitarbeiter gilt als Experte, obwohl er das häufig gar nicht ist. Oft kümmert er sich um die Finanzen, und seine Hauptqualifikation besteht darin, daß er alle Handlungen des Obersauriers rechtfertigt. Er ist nichts anderes als ein Lakai auf hoher Ebene.

In dieser Position gibt es zwei Mitarbeitertypen. Der eine ist der exzentrische Onkel, dessen Kenntnisse auf dem Gebiet der Finanzverwaltung seit ungefähr zwanzig Jahren überholt sind. Er kann ziemlich polternd und und jovial sein. Loyal ist er nur dem Chef gegenüber.

Der andere Typus – der Lieblingssohn – ist im allgemeinen intelligent und ehrgeizig. Er hat vielleicht gerade erst sein Betriebswirtschafts- oder Jurastudium abgeschlossen und sieht diese Position als Möglichkeit, rasch zu Macht zu kommen.

Der exzentrische Onkel oder Lieblingssohn hat die Funktion, für den Vater die Risiken auf sich zu nehmen. Wenn der Vater in Bedrängnis gerät, wird er diesen Mitarbeiter den Sauriern vorwerfen, um seine eigene Haut zu retten. Dafür zahlt er ihm auch sein hohes Gehalt – nicht seiner Qualifikationen wegen.

Manche Menschen merken beim Einstellungsgespräch gar nicht, daß sie im Begriff sind, eine solche Position anzunehmen. Wenn Sie einen solchen Verdacht haben, sollten Sie mit dem Mitarbeiter sprechen, der diese Position zuletzt innehatte. Informieren Sie sich genau darüber, was von ihm erwartet wurde und was er für Aufgaben hatte. Der exzentrische Onkel und der Lieblinssohn müssen sich darüber im klaren sein, daß sie im Krisenfall über die Klinge springen werden, obwohl sie das System des Vaters voll und ganz unterstützen.

Was tut man, wenn es in der »Firmenfamilie« kriselt?

In fast jeder Firma werden familiäre und berufliche Rollen manchmal miteinander verwechselt, und das ist auch gar nicht so verwunderlich. Unser Dinosauriergehirn gibt uns die hierarchischen Grundmuster vor, und die persönlichen Erfahrungen, die wir in unserer Familie gemacht haben, warnen uns: »Reize deinen Vater nicht!« Durch diese Situation entsteht häufig Verwirrung. Die Mitarbeiter fragen sich ebenso wie damals in ihrer Jugendzeit, wenn sie Probleme mit ihren Eltern hatten: »Sind diese Zustände wirklich normal? Oder habe ich ein Recht, mich in dieser Familie unwohl zu fühlen?« Ich brauche wohl nicht zu erwähnen, daß solche Konflikte Streß und Frustration zur Folge haben und daß dadurch viel Energie verschwendet wird.

Der große Unterschied zwischen glücklichen und unglücklichen »Firmenfamilien« besteht darin, daß Probleme und Konflikte in den glücklichen Familien offen zur Sprache gebracht werden können.

Wenn in Ihrer Firma pathologische Zustände oder starre Verhaltensmuster herrschen, müssen Sie vielleicht einen »Firmenfamilientherapeuten« (das heißt, einen Unternehmensberater) hinzuziehen. In den meisten Firmen kann man jedoch vernünftig über solche Probleme sprechen.

Dazu bedient man sich am besten der gleichen Strategie wie beim Managertypus des »unverbesserlichen Optimisten«: Denken Sie über Ihre Prioritäten und Erwartungen nach, und bringen Sie die Probleme dann eines nach dem anderen zur Sprache, statt auf alle Mißstände gleichzeitig hinzuweisen. Die meisten Menschen sind darauf programmiert, bei solchen Konflikten so zu tun, als sei die Situation völlig normal, und nur sie selbst verhielten sich nicht richtig, oder sie benehmen sich wie zornige Teenager oder rivalisierende Dinosaurier. Vielleicht spielen sie auch mit dem Gedanken, eine Revolution anzuzetteln, indem sie alle Mitarbeiter auf die Mißstände in der Firma aufmerksam machen; oder sie setzen sich einfach mit ihren Kollegen zusammen und nörgeln. Solche Tratschereien sind aber niemals etwas Konstruktives – es sei denn, in der Firma sind wirklich schwerwiegende Verbrechen im Gange.

In solchen Situationen muß man einen kühlen Kopf bewahren und sein Großhirn einsetzen. Setzen Sie sich der Reihe nach mit den Problemen auseinander. Wenn sich in Ihrer Firma jemand zwischen die Angestellten und die oberste Firmenleitung schiebt, versuchen Sie ihn davon zu überzeugen, daß Konferenzen stattfinden sollten, in denen die Mitarbeiter offen mit den Leuten aus der Chefetage sprechen können.

27. Die schreckliche Jugend von heute

Ist Ihnen auch schon aufgefallen, daß die neuen Mitarbeiter in Ihrer Firma von Jahr zu Jahr jünger zu werden scheinen? Sie wirken längst nicht so reif, wie Sie in diesem Alter waren, und sie arbeiten auch nicht so hart. Und was Respekt den älteren Mitarbeitern gegenüber anbetrifft – den scheint die Jugend von heute überhaupt nicht mehr zu kennen.

Erinnern Sie sich noch daran, wie Sie sich, als Sie noch jung waren und ganz unten auf der Firmenleiter standen, geschworen haben, daß Sie Ihre jungen Untergebenen später einmal besser behandeln würden? Haben Sie sich an diese guten Vorsätze gehalten? Wenn nicht, dann hatten Sie sicherlich Ihre Gründe dafür.

Wenn ich von »jungen« Mitarbeitern spreche, ist das natürlich relativ. Teenager bekommen im allgemeinen keine Positionen im Management, doch die meisten Leute, die neu in einer Firma sind oder gerade eine neue Stellung bekommen haben, verhalten sich ein wenig wie Teenager, denn das ist eine Rolle, die ihnen vertraut ist. Sie sind vorläufig noch Außenseiter und müssen irgendwie dahinterkommen, was man tun muß, um »dazuzugehören«.

Junge Leute und junge Dinosaurier legen seit Menschengedenken das gleiche Verhalten an den Tag: Sie bekämpfen einander, zeigen Imponiergehabe und versuchen, sich gegenseitig an die Wand zu drücken in dem niemals endenden Kampf um Vormacht und Unabhängigkeit. »Teenager« in Firmen entwickeln ähnlich wie Heranwachsende ihre eigene Identität, indem sie gegen das System rebellieren. Damit wollen sie sagen: »Ich habe ein Recht darauf, mich auf meine Weise zu verwirklichen, ob es den anderen nun paßt oder nicht.« Sie begeben sich auf die Suche nach ihrer Identität, indem sie die Autorität anzweifeln und versuchen, selbständig zu denken.

Im Grunde genommen sind das normale, vorhersehbare und zeitlich begrenzte Verhaltensweisen; aber sie können die Elternfiguren der Firma irritieren und frustrieren, und wenn sie zu lange anhalten, schaden die Teenager sich damit selbst. Manche Leute bleiben bis zu ihrer Pensionierung Teenager!

Wenn die Firmenleitung dieses normale Verhalten zu einer Art Jugendkriminalität hochstilisiert, dann ist Kampf angesagt. Die Firmenleitung kann diesen Kampf nicht gewinnen. Alle werden mit dem »unverstandenen« Teenager sympathisieren. Vielleicht wird die Firmenleitung den Unruhestifter tatsächlich los; aber sie schadet dadurch ihrem Prestige.

Heranwachsende – sowohl im wörtlichen als auch im übertragenen Sinn – können offen, sachlich und kreativ sein. Sie zweifeln die Autorität und die bestehende Ordnung an. In vielen Fällen verdient die Autorität auch nichts Besseres. Selbst die intelligentesten und besten älteren Mitarbeiter verfallen irgendwann einmal in eingefahrene Denkgeleise.

Am schlimmsten sind diejenigen, die um des Rebellierens willen rebellieren – denn das ist ein selbstzerstörerisches Verhalten. In unserer Kultur scheint die Jugend über alles geschätzt zu werden. Wir lieben die Frische der Jugend, und insgeheim bewundern wir Rebellen vielleicht sogar; aber es ist nicht einfach, mit solchen Mitarbeitern auszukommen.

Ich möchte Ihnen in diesem Kapitel zeigen, wie man mit typischen »Firmenteenagern« umgeht.

Der Unterschied zwischen Stellung und Karriere

Frau Egosaura scheint zu erwarten, daß ihr alles zufällt. Sie ist sehr intelligent, hat ihr Betriebswirtschaftsstudium mit hervorragenden Zensuren abgeschlossen und bekam sofort eine Stellung. Acht Stunden lang gibt sie ihr Bestes für die Firma, aber dann geht sie nach Hause. Ihr Privatleben ist schließlich auch wichtig. Sie nimmt immer so viel Urlaub, wie ihr zusteht, weil das ihr Recht ist – selbst wenn in der Firma gerade alles drunter und drüber geht.

Sie setzt sich sehr für die Mitarbeiter in ihrer Abteilung ein, doch die anderen sind ihr völlig egal. Sie wurde schon einige Male befördert, denn in ihrem Vertrag war ihr zugesichert worden, daß sie in ihrer Stellung Aufstiegsmöglichkeiten haben würde. Sie bekommt auch regelmäßige Gehaltserhöhungen, weil sie sie verlangt.

Vor kurzem war sie sehr böse auf ihren Chef, weil sie bei einer wichtigen Beförderung übergangen wurde – und das war nicht das erste Mal. Sie hat etwas von »Beziehungen« gemurmelt und gedroht, sich beim Vorgesetzten zu beschweren. Vielleicht bekommt sie ihre Beförderung doch noch; aber bis an die Spitze der Firmenhierarchie wird sie niemals vordringen.

Für diese Frau umfaßt ihr Territorium ausschließlich sie selbst und ihre Abteilung. Der Firma als Ganzes scheint sie keinerlei Loyalität entgegenzubringen, und sie ist auch nicht bereit, ihre persönlichen Interessen dem Wohl der Firma zu opfern. Das kann ihr niemand vorwerfen; aber natürlich fällt es ihren Vorgesetzten und Mitarbeitern auf, wenn sie jeden Tag pünktlich um fünf Uhr heimgeht oder Urlaub nimmt, obwohl ihre Abteilung gerade mitten in einer Krise steckt.

Vielleicht sollte man seine Rechte nicht ganz so vehement verteidigen wie Frau Egosaura. Es kommt darauf an, ob man sich eine Stellung oder eine Karriere wünscht: Wer seine Arbeit lediglich als *Stellung* betrachtet, dem sind seine eigenen Interessen wichtiger, wenn es einmal zu einem Konflikt zwischen dem Wohl der Firma und dem persönlichen Wohl kommen sollte. Wer dagegen an einer *Karriere* interessiert ist, für den steht das Interesse der Firma an erster Stelle.

Wer in einer Firma Privilegien genießt, der hat im allgemeinen auch große Verpflichtungen. Die Außenstehenden sehen nur die Privilegien; nur wer selbst eine solche Position innehat, der sieht auch die Verpflichtungen. Frau Egosaura wollte in den Genuß der Privilegien kommen, ohne die Verpflichtungen auf sich zu nehmen.

Wenn Sie einen solchen Mitarbeiter haben, können Sie nicht von ihm verlangen, daß er an das gleiche Wertesystem glaubt wie Sie. Daß ihm sein Privatleben wichtiger ist als sein Beruf, läßt sich vielleicht absolut nicht mit Ihren Wertvorstellungen vereinbaren; aber das bedeutet noch lange nicht, daß es falsch ist.

Es ist wichtig, daß Sie Ihren Mitarbeitern von vornherein klarmachen, wie Ihre Firma den Unterschied zwischen »Stellung« und »Karriere« definiert. Weisen Sie sie darauf hin, welches Engagement sie an den Tag legen müssen, um Aufstiegschancen zu haben. Wenn ein Mitarbeiter befördert wird und ein anderer, der ebenso lange in der Firma ist, nicht, können sie ihm zum Beispiel klarmachen, inwieweit sein Verhalten sich von dem des erfolgreicheren Mitarbeiters unterschieden hat.

Veranschaulichen Sie es mit detaillierten Beispielen, beispielsweise: »In dieser Situation haben Sie eine Gehaltserhöhung verlangt; Ihr Kollege dagegen bat um größere Verantwortung« oder »Er hat sich freiwillig zur Teilnahme an folgenden Projekten gemeldet, und Sie sind jeden Tag pünktlich um fünf Uhr nach Hause gegangen.«

Der Rebell um des Rebellierens willen

Herr Rebellosaurus weiß, daß die Firmenleitung etwas gegen ihn hat. Er wurde schon zweimal bei Beförderungen übergangen und hat das Gefühl, sich jetzt alles erlauben zu können. Er hat ja sowieso keine große Hoffnung mehr auf einen beruflichen Aufstieg in dieser Firma, also will er seinen Vorgesetzten wenigstens das Leben schwermachen. Er hat allen seinen Mitarbeitern gesagt, was er von der Firma hält. Eigentlich sollte man meinen, daß er daran interessiert sein müßte, sich um eine andere Stellung zu bemühen, die ihm mehr Erfolg verspricht; doch insgeheim hat er immer noch das Gefühl, daß die Firma ihm etwas schuldet und daß er früher oder später bekommen wird, was er verdient. Er wird einfach seine Zeit absitzen, bis er pensioniert ist!

Einem solchen Mitarbeiter hätte man schon vor Jahren klarmachen müssen, welche Ziele die Firma verfolgt und nach welchen Systemen sie ihre Mitarbeiter bewertet, belohnt und befördert. Dann hätte er von vornherein gewußt, in welche Richtung er seine Energien lenken soll, und wäre heute nicht so verbittert. Ist der Schaden erst einmal angerichtet, so ist es sehr schwer – wenn auch nicht unmöglich –, ihn noch für sich zu gewinnen.

Es gibt in Firmen unglaublich viele verbitterte Rebellen wie diesen Mann, denn Mitarbeiter werden nun einmal seltener für ihre wahren Verdienste belohnt als dafür, daß sie zufällig zur rechten Zeit am rechten Ort waren. In den meisten Firmen gibt es Bewertungssysteme für die Angestellten; aber häufig haben die Firmen diese Systeme nur, weil das nun einmal so üblich ist, und überprüfen gar nicht, ob oder wie sie wirklich eingesetzt werden.

Die einzige Lösung dieses Problems besteht darin, Herrn Rebellosaurus nach Möglichkeit von den anderen Mitarbeitern zu isolieren: Man befördert ihn in eine Position, in der er etwas tun kann, was ihm Spaß macht und was für die Firma wertvoll ist, aber nicht viel mit Untergebenen zu tun hat. Wenn er viele Mitarbeiter unter sich hätte, könnten seine Ideen und Geschichten – und die natürliche Neigung von Teenagern, sich für die Benachteiligten einzusetzen – ihn zu einem Volkshelden machen.

Wenn sich die Möglichkeit ergibt, ihn vorzeitig zu pensionieren, tun Sie es. Dann werden beide Seiten glücklich sein. Sie können es sich nicht leisten, den Kampf mit einem Mitarbeiter wie Herrn Rebellosaurus aufzunehmen. Er wird sich bei Ihrem Vorgesetzten über Sie beschweren oder die Rolle des Märtyrers spielen, und das wirft ein schlechtes Licht auf Sie. Wenn Sie mit einem solchen Menschen zusammenarbeiten müssen, wird Ihr Dinosaurierhirn Ihnen pausenlos zurufen: »Bring ihn um!« Doch Sie müssen auf Ihr Großhirn hören, das Ihnen rät: »Gib dir besondere Mühe, fair zu ihm zu sein.« Was Sie auch tun – schaffen Sie ihn aus dem Weg. Er kann viele Arbeitsbeziehungen vergiften.

Menschen wie Herr Rebellosaurus neigen auch zu Krankheiten, die auf Streß zurückzuführen sind. Die Menschen, die glauben, am wenigsten Kontrolle über ihr Leben zu haben, haben in der Regel die größten Streßprobleme. Wenn ich bei meiner Tätigkeit als Unternehmensberater ein neues Firmengebäude betrete, bediene ich mich eines kleinen Tricks, um meinen Kunden zu zeigen, wie schlau ich bin. Ich sage: »Ich brauche nur einen Blick auf die leeren Arbeitsplätze Ihrer Mitarbeiter zu werfen, und schon weiß ich, wer von ihnen Streßprobleme hat und wer nicht.«

Wie mache ich das? Ich achte nicht auf unordentliche oder mit Arbeit überhäufte Schreibtische, sondern auf Poster mit Zitaten von Murphys Gesetzen oder Sprüchen wie: »Ich freue mich schon am Montagmorgen auf den Freitagabend« und Kalender mit Comics, die ihrem Besitzer 365 Gründe im Jahr liefern, warum er ein Opfer des Lebens ist. Verräterisch sind alle Abbildungen und Lebensweisheiten, die, ins Deutsche übersetzt, besagen: »Ich habe das, was mir widerfährt, nicht unter Kontrolle. Das Berufsleben ist für mich ein Kampf. Meine Arbeit macht mir keinen Spaß.«

Das kranke Kind

Ein anderer Typ des jugendlichen Rebellen ist das kranke Kind. Natürlich werden alle Mitarbeiter ab und zu krank. Sie bekommen Grippe oder einen Herzinfarkt, verrenken sich die Schulter, entwickeln psychische Probleme oder haben Schwierigkeiten mit Alkohol oder Drogen. Die Menschen, von denen ich hier spreche, sind aber ständig krank, und zwar haben sie meistens immer wieder andere Krankheiten. Ein paar Jahre lang sind es vielleicht Probleme mit der Wirbelsäule, dann Magenbeschwerden, dann Migräne. Solche Menschen reagieren auf Streß am Arbeitsplatz, indem sie krank werden und von der Arbeit fernbleiben. Sie merken, daß weniger Anforderungen an sie gestellt werden, wenn sie krank sind, also achten sie peinlich genau auf alle ihre Krankheitssymptome.

Dieses Problem läßt sich bekämpfen, indem man ein Fitneß- oder Krankheitspräventionsprogramm in der Firma einführt. Neuere Nachforschungen haben ergeben, daß Kampagnen zur Reduktion des Rauchens und zum Gewichtsverlust sowie Gymnastik- und Entspannungsübungen sich auf lange Sicht positiv auswirken.

Tun Sie nichts, womit Sie den Eindruck erwecken könnten, daß Sie Ihre Mitarbeiter für ihr Kranksein bestrafen. Dafür gibt es zwei Gründe: Erstens ist das auch wieder ein Kampf, den Sie nicht gewinnen würden. Diese Leute simulieren in der Regel nicht, sondern fühlen sich wirklich krank. (Simulanten würden wahrscheinlich irgendwann einmal keinen Arzt mehr finden, der sie krankschreibt.) Zweitens gilt auch hier die Regel: Ihre besten Mitarbeiter werden Sie danach beurteilen, wie Sie sie im schlimmsten Fall behandelt haben.

Die verrückten Teenager

Sicherlich kennen Sie dieses Phänomen auch: Um in einer verrückten Situation nicht den Verstand zu verlieren, benimmt man sich selbst verrückt. Dieses Symptom ist vor allem bei jungen, intelligenten, kreativen Menschen sehr verbreitet. Vielleicht haben Sie selbst solche Mitarbeiter in der Software-Entwicklungsabteilung Ihrer Firma: Sie ziehen sich seltsam an, tragen eigenartige Hüte, und an den Wänden ihrer Büroräume hängen ironische Parodien des Firmenslogans. Das ist das Verhalten, das intelligente, kreative Menschen an den Tag legen, wenn sie glauben, keinerlei Chancen zu haben, oder unter beinahe unerträglichem Streß stehen.

Ein solches Verhalten ist in der Regel positiv, obwohl es die Vorgesetzten natürlich zur Weißglut bringen kann – und die »Teenager« werden es garantiert so lange praktizieren, wie sie merken, daß ihre Chefs sich darüber ärgern. Denn sie haben das Gefühl, daß das der einzige Weg ist, um sich bei den Mächtigen der Firma Gehör zu verschaffen. Es macht ihnen Spaß, die »bösen Buben« zu sein.

Häufig arbeiten solche Leute in Abteilungen, die mit der Forschung und Entwicklung neuer Ideen betraut sind. Sie wissen genau, daß sie entbehrlich sind und daß ihnen bei der nächsten finanziellen Krise, in die die Firma gerät, Kurzarbeit oder Entlassung droht. Sie sehen für sich überhaupt keine beruflichen Zukunftschancen. Sie sind am glücklichsten, wenn sie einfach ihre Arbeit tun können: Führungs- und Managementaufgaben machen ihnen keinen Spaß. In unserem Firmensystem werden solche Menschen selten belohnt, obwohl sie vielleicht die besten und intelligentesten Mitarbeiter sind.

Normalerweise bestrafen die Vorgesetzten solche Gruppen durch innerbetriebliche Mitteilungen, in denen gesagt wird, was für Poster man an seine Wand hängen darf und welche nicht und welche Kleidung bei der Arbeit erwünscht ist. Dadurch entfremden sie sich diesen Angestellten noch mehr.

Statt dessen sollte man ihnen zuhören und sich über ihren Wert klarwerden. Neue Ideen können für eine Firma das A und O sein; doch viele Firmen drängen die Angestellten ihrer Forschungsabteilungen in das Verhalten von Dinosauriern hinein, die aus der Herde ausgestoßen worden sind und nun gezwungen sind, außerhalb der Hierarchie zu leben. Dann benutzen sie das respektlose und unkonventionelle Verhalten dieser Leute als Rechtfertigung, um sie nicht zu fördern.

Solche Mitarbeiter sind in der Regel bei der ganzen Firma äußerst beliebt, und daher werden sie leicht zu Märtyrern hochstilisiert. Man muß ihnen zeigen, wie sie sich Gehör, berufliche Sicherheit und die angemessene Anerkennung für ihre Arbeit verschaffen können.

Das Wolfsrudel

Unter den jüngeren Mitarbeitern der Finanzabteilung herrscht ein heftiger Konkurrenzkampf; sie versuchen ständig, sich gegenseitig bloßzustellen. Die Stellungen an der Spitze der Firmenhierarchie sind begrenzt, und wer einen Fehler macht, hat seine Chance rasch verspielt. Daher spornen sie sich gegenseitig dazu an, möglichst hohe Risiken einzugehen, und fallen einander in den Rücken, wo sie nur können. Sie glauben an den Grundsatz: Befördert werden immer diejenigen, die am vorsichtigsten oder am rücksichtslosesten sind!

Mit diesem Problem, das in unserer Firmenkultur begründet liegt, kann man nur fertig werden, indem man seinen Mitarbeitern von vornherein klarmacht, welche Aufstiegschancen es gibt und welche Verhaltensweisen belohnt werden. Man sollte Mitarbeiter befördern, die sich wie Führungspersönlichkeiten verhalten und verantwortungsbewußt handeln, statt Intriganten und Klatschmäuler zu belohnen.

Häufig steht an der Spitze einer Abteilung, in der ein so erbitterter Konkurrenzkampf herrscht, ein älterer Dinosaurier, der seine Untergebenen in diesem Verhalten bestärkt oder ihnen ein entsprechendes Beispiel gibt. Wenn Ihre Angestellten sich wie Raubtiere benehmen, achten sie einmal darauf, wer sie füttert!

Wenn Sie die Aufgabe haben, ein solches Problem unter Kontrolle zu bringen, dann schaffen Sie am besten eine faire Konkurrenzsituation, in der ganz bestimmte Spielregeln gelten: Stellen Sie Ihren Mitarbeitern ein Problem und versprechen Sie demjenigen, der die beste Lösung findet, eine Belohnung. Geben Sie ihnen Projekte zum Bearbeiten – einzeln oder in Dreier- oder Vierergruppen –, und achten Sie darauf, daß niemals ein einziger die Lorbeeren für die Leistungen einer ganzen Gruppe einheimst. Erfolg und Belohnung winken den Mitarbeitern, die zur Teamarbeit fähig sind, und nicht denjenigen, die sich auf Kosten der anderen profilieren wollen.

In der Regel liegen die Probleme, die man mit solchen schwierigen jungen Mitarbeitern hat, im System begründet. Kein Teenager – weder in einer Firma noch in einer Familie – hat jemals darauf reagiert oder sich geändert, wenn seine Eltern ihm eine Moralpredigt hielten. Geben Sie diesen Leuten lieber klare Instruktionen und ermutigen und belohnen Sie reifes Verhalten; dann werden sie von selbst reif werden. Wenn Sie dagegen insgeheim mit den »bösen Buben« symphatisieren, werden diese den Sieg davontragen.

Achten Sie vor allem darauf, welche Verhaltensweisen in der Vergangenheit dem Wohl Ihrer Firma gedient haben, und fördern und belohnen Sie diese. Lassen Sie Ihren Firmenhistoriker, der für die Firma die Funktionen des Großhirns übernimmt, die Karriere von Mitarbeitern zurückverfolgen, die vor ungefähr 30 Jahren in die Firma eingetreten sind, und achten Sie darauf, wo diese Leute nach 5, 10, 15 und 20 Jahren standen. Dann untersuchen Sie die Karriere der Mitarbeiter, die vor 20 Jahren, 10 Jahren usw. in die Firma eingetreten sind.

Wenn Sie für jede »Generation« von Mitarbeitern willkürlich etwa 25 Leute herausgreifen (je nach der Größe Ihrer Firma), bekommen Sie eine ziemlich gute Vorstellung von den Trends, die in Ihrem Unternehmen herrschen – zum Beispiel, wie sich Arbeitsbewertungen auf den Erfolg auswirken. Dann erkennen Sie vielleicht, daß Ihre Firma nur ein Ausbildungsplatz für Mitarbeiter ist, die dann nach einigen Jahren in andere Firmen abwandern, oder daß Fleiß in Ihrem Unternehmen belohnt wird.

Wenn Sie das praktizieren, erhalten Sie statt Theorien über die Abläufe in Ihrer Firma Fakten. Diese Idee findet in Firmen immer mehr Anklang. Sie ist auch sehr sinnvoll, entspricht aber ganz und gar nicht der Denkweise unseres Dinosauriergehirns. Der Dinosaurier hat nur die unmittelbare Situation im Auge und bestraft denjenigen, der etwas falsch gemacht hat. Wenn man dagegen die Karriere seiner Mitarbeiter zurückverfolgt, sieht man, was aus denjenigen geworden ist, die vor 20 Jahren die jugendlichen »Firmenrebellen« waren. Vielleicht werden Sie dabei ein paar Überraschungen erleben!

28. Wie man mit alten Dinosauriern umgeht

Es ist kein leichtes Los, intelligent, ehrgeizig und sehr jung zu sein; aber wenn man seine Rolle gut spielt, hat man die Chance, in der Hierarchie aufzusteigen. In einer solchen Situation dürfen Sie Ihren eigenen Instinkten und Erfahrungen allerdings nicht trauen; denn junge Dinosaurier verhalten sich gern laut und aggressiv und versuchen ständig, sich in den Vordergrund zu drängen.

Junge Dinosaurier sind – ebenso wie Teenager – im einen Augenblick auf die Erwachsenen angewiesen und im nächsten launisch und mißmutig. Keine dieser beiden Verhaltensweisen ist dazu angetan, die älteren Dinosaurier zu beeindrucken. Wenn Sie wirklich beruflich aufsteigen möchten, müssen Sie den alten Dinosauriern den Eindruck vermitteln, so intelligent, fleißig und zuverlässig zu sein, daß Sie es verdienen, in ihre Reihen aufgenommen zu werden. Das läßt sich mit folgenden Strategien erreichen:

1. *Zeigen Sie, daß Sie zuhören können.* Erwarten Sie nicht von den alten Sauriern, daß sie *Ihnen* zuhören. Die meisten Menschen sind der irrigen Meinung, daß man befördert wird oder die Sympathien anderer Menschen gewinnt, indem man sie mit seinen Fähigkeiten und seinem Geist blendet. Meist erreicht man damit genau das Gegenteil. Die Vorstellung, daß ein Jüngerer intelligenter oder qualifizierter ist als man selbst, ist für niemanden angenehm. Nachforschungen haben gezeigt, daß man sich am ehesten die Sympathien anderer Menschen sichert, indem man sie mag und ihnen Interesse zeigt.

Beweisen Sie, daß Sie Ratschläge annehmen können. Jeder alte Dinoaurier hat sein festes Inventar an Moralpredigten und Geschichten, auf die er immer wieder zurückgreift. Vielleicht geht es dabei um den Niedergang der Arbeitsmoral oder darum, daß man durch Sport die Spielregeln der Fairneß lernen kann. Was Ihr alter Dinosaurier Ihnen auch erzählen mag – hören Sie ihm aufmerksam zu, und greifen Sie in Gesprächen und Berichten stets auf seine Weisheiten zurück.

Am meisten können Sie einen solchen alten Saurier beeindrucken, indem Sie zu einer seiner Binsenwahrheiten noch etwas hinzufügen. Wenn Sie ein Zitat finden, in dem Abraham Lincoln oder Arthur Schopenhauer das gleiche gesagt hat wie er, oder wenn Sie Fakten und Zahlen anführen können, die seine Lieblingstheorien beweisen, werden Sie in seiner Achtung mehr steigen, als die besten Zensuren, Ideen und Empfehlungen es bewirken könnten. Er wird Sie für einen seiner intelligentesten und fähigsten Mitarbeiter halten.

Ihr Chef hat nämlich ganz bestimmte Vorstellungen von Intelligenz: Intelligent sind alle, die ihm zuhören. Und glauben Sie mir: In der Regel lohnt es sich, ihm zuzuhören. Wenn Sie sich davor verschließen und sich sagen: »Es sind immer die gleichen alten Sprüche«, entgeht Ihnen mit ziemlicher Sicherheit etwas Wichtiges – und wenn es auch nur die Chance ist zu erfahren, wie Menschen denken, die älter sind als Sie selbst.

Wenn ein alter Dinosaurier beim Sprechen häufig den Finger hebt oder immer wieder die gleichen Sätze wiederholt, können Sie sicher sein, daß er darauf Wert legt, daß man ihm zuhört. Solche rhetorischen Verhaltensweisen deuten nämlich darauf hin, daß er seine Worte für sehr wichtig hält. Wenn Sie ihn von Ihrer Intelligenz überzeugen wollen, müssen Sie ihm zeigen, daß Sie sie auch für wichtig halten.

2. *Seien Sie stets freundlich.* Das gilt sowohl für den Umgang mit alten Dinosauriern als auch für das Verhalten gegenüber Ihren Altersgenossen. Versuchen Sie möglichst viele alte Dinosaurier kennenzulernen. Sie können zum Beispiel einen älteren Saurier bitten, Sie den anderen vorzustellen. Und zeigen Sie jedem alten Reptil, daß Sie seinen Namen kennen und über seine Errungenschaften im Bilde sind! Sagen Sie so etwas Ähnliches wie: »Sie sind also Herr Goldberg, der mit dem Projekt X so großen Erfolg hatte. Ich habe schon viel von Ihnen gehört!«

Achten Sie besonders auf Ihr Lächeln. Lächeln kann verschiedene Bedeutungen haben. Im allgemeinen wird es als Zeichen der Freundlichkeit interpretiert. Sie sollten sowohl Ihre Vorgesetzten als auch Ihre Untergebenen hin und wieder anlächeln. Untersuchungen haben gezeigt, daß Frauen von Kindheit an mehr lächeln als Männer. In der Regel müssen die Männer also lernen, mehr zu lächeln; Frauen dagegen müssen sich angewöhnen, etwas sparsamer mit ihrem Lächeln umzugehen.

Lächeln, wenn Sie Angst haben (und das erkennt man sehr deutlich), ist ein Zeichen von Unterwürfigkeit. Im Umgang mit Untergebenen ist solches Verhalten im allgemeinen nicht angebracht. Wenn Sie nervös sind oder erreichen möchten, daß die anderen Ihrer Meinung sind, und dabei lächeln, werden alle Dinosaurier in der Firma genauer über Ihre innere Verfassung Bescheid wissen, als Ihnen lieb ist. Üben Sie vor dem Spiegel, Ihre Mimik unter Kontrolle zu halten, wenn Sie besorgt oder ängstlich sind.

Schüchternheit wird in der Regel als Mißmutigkeit interpretiert, und niemand mag einen mißmutigen Teenager. Denken Sie daran, daß alte Dinosaurier auch schüchtern sein können. Wenn Sie bei einer Konferenz oder einem Mittagessen mit ihnen zusammen sind, versuchen Sie, ihnen die Last der Konversation abzunehmen. Plaudern Sie und machen Sie scherzhafte Bemerkungen. Aber wenn die alten Saurier nicht auf Ihre Scherze reagieren sollten, schweigen Sie sofort wieder!

All diese Vorschläge gelten auch für den Umgang mit Gleichaltrigen. Mitarbeiter, die bei ihren gleichrangigen Kollegen einen guten Ruf genießen, werden auch bei den älteren Dinosauriern angesehen sein. Es ist wichtig, möglichst viele Freundschaften zu schließen, ein Loyalitätsverhältnis zu seinen Kollegen aufzubauen und stets dafür zu sorgen, daß sie in einem positiven Licht erscheinen.

3. *Seien Sie ehrerbietig.* Zeigen Sie, daß Sie wissen, daß es auch noch andere Werte gibt als Ihren persönlichen Vorteil – mit anderen Worten: daß Sie Teamgeist haben. Beweisen Sie, daß Sie Opfer bringen und auf Belohnungen und Genugtuungen verzichten können.

Es ist auch wichtig, als guter Bürger zu gelten. Alte Dinosaurier betrachten sich gern als Diener des Gemeinwohls. Sie sitzen häufig im Vorstand verschiedener wohltätiger Organisationen oder Gemeindeinstitutionen. Es ist nicht schlecht für Sie, wenn Sie auch für eine solche Organisation tätig sind und ihr Plakat an der Wand Ihres Büros hängt. Aber vermeiden Sie es, politisch heikle Engagements an die große Glocke zu hängen. Wenn Sie die Wale retten und etwas gegen den Hunger in der dritten Welt tun können, ohne penetrant zu wirken, tun Sie es; aber ein Prophet des Alten Testaments ist nirgends gern gesehen – schon gar nicht, wenn er jung ist.

4. *Sie müssen wissen, wann es angebracht ist, den Mund zu halten.* Nehmen Sie an, daß Ihnen pro Jahr fünf Fragen und eine Beschwerde zustehen. Und wenn Sie Ihre jährliche Beschwerde vorbringen, kleiden Sie sie in folgende Form: »Ich hätte gern genauer gewußt, wie die Prioritäten im Hinblick auf dieses Projekt aussehen. Können Sie mir weiterhelfen?« Sa-

gen Sie auf keinen Fall: »Sie geben mir keine klaren Anweisungen.« Leute, die sich beschweren, werden einfach beiseite geschoben und ignoriert.

Eine Frage kann viele Funktionen haben. Nicht immer ist sie eine Bitte um Informationen. Sie kann auch ein Angriff sein, zum Beispiel: »Habe ich Ihnen nicht gesagt, Sie sollen diese Artikel im Budget unter der Rubrik ›Verschiedenes‹ anführen? Warum haben Sie sie meinem Projekt zugeordnet?«

Ich weiß, daß viele Manager ihre Mitarbeiter ermuntern: »Scheuen Sie sich nicht, Fragen zu stellen«; doch wenn jemand das zu Ihnen sagt, müssen Sie sich Gewißheit verschaffen, ob es auch wirklich so gemeint ist. Meistens unterstellt man Mitarbeitern, die viele Fragen stellen, sie hätten keine Initiative. Hören Sie lieber gut zu, und handeln Sie dann nach dem, was Sie gehört haben. Häufig ist es besser, einen Fehler zu machen, als viele Fragen zu stellen, mit denen Sie leicht den Eindruck der Unsicherheit erwecken. Fast alle Leute in verantwortungsbewußten Positionen hassen es, wenn ihre Mitarbeiter zu sehr von ihnen abhängig sind und sich wegen jeder Kleinigkeit an sie wenden.

Wenn Sie einen Fehler begangen haben, geben Sie es offen zu. Sagen Sie: »Ich habe einen Fehler gemacht und werde die Sache folgendermaßen wieder in Ordnung bringen: . . .« Erklären Sie nicht, warum Ihnen der Fehler unterlaufen ist, vor allem nicht, wenn jemand anders daran schuld war. Es lohnt sich nie, den Eindruck zu erwecken, als wolle man sich verteidigen. Damit fordert man das Dinosauriergehirn seiner Mitmenschen zum Angriff heraus.

Bei Konferenzen wägen Sie Ihre Worte sorgfältig ab. Stellen Sie niemals eine Frage, nur um etwas zu sagen. Achten Sie darauf, wie oft Sie ehrerbietige Verhaltensweisen an den Tag legen, zum Beispiel lächeln oder nicken oder sagen: »Das ist eine gute Idee.« Männer tun das im allgemeinen zu selten und Frauen zu häufig.

Blickkontakt ist immer gut, außer in Situationen, in denen das als Angriff ausgelegt werden könnte. Häufig wirkt man weniger bedrohlich, wenn man die Augen senkt.

Seien Sie sich darüber im klaren, daß es Gespräche gibt, in die Sie sich nicht einschalten dürfen, ohne dazu aufgefordert worden zu sein, ebenso wie es Tische gibt, an die Sie sich nicht unaufgefordert setzen dürfen.

5. *Machen Sie sich unentbehrlich.* Spezialisieren Sie sich auf irgend-ein Gebiet, und werden Sie zum Experten. Halten Sie Ihre Kenntnisse auf dem neuesten Stand. Entscheiden Sie sich aber nicht für eines der Modethemen, auf dem sich bereits viele andere Leute für Experten hal-ten. Wählen Sie sich auch kein leichtes Wissensgebiet, sondern lieber eines, das die anderen Menschen unangenehm oder langweilig finden.

Sie könnten sich zum Beispiel auf Vorschriften und Gesetze speziali-sieren, die für Ihre Firma wichtig sind. Jemand muß sie kennen, und die meisten Leute finden Gesetze langweilig. (Betrachten Sie sich jedoch nicht als einen Vertreter der Gesetzgebung, indem Sie auf alle Vorschrif-ten hinweisen, die Ihre Firma verletzt! Seien Sie als Ansprechpartner da, an den man sich wenden kann, falls Unklarheiten auftauchen.)

Auch neue Technologien eignen sich gut als Spezialgebiete. Zeigen Sie Ihre Sachkenntnis, indem Sie Autoritäten auf diesem Gebiet zitieren, statt einfach nur Ihre eigene Meinung anzuführen. Anfangs sollten Sie sich auf eine ganz bestimmte Theorie oder Methode festlegen. Sagen Sie nie: »Ich habe meine eigene Methode« oder »Ich suche mir aus allen Me-thoden das Beste heraus« – es sei denn, Sie haben bereits zwanzig Jahre Erfahrung! Es ist gut, alle Methoden zu kennen; aber halten Sie sich an eine einzige.

6. *Seien Sie engagiert.* Irgendwo habe ich einmal den Spruch gele-sen: »Kreativität ohne Disziplin ist so wie Flügel ohne Füße.« Er hängt heute noch an der Wand in meinem Büro. Junge Dinosaurier müssen zeigen, daß sie ausdauernd sind und alles, was getan werden muß, gut erledigen – nicht nur das, was ihnen Spaß macht. Inspiration ist leicht; an der Perspiration erkennt man das Engagement.

Erfüllen Sie alle Aufgaben, die man Ihnen zuweist, so, als sei es eine lohnende, befriedigende Arbeit, selbst wenn es nur uninteressanter Kleinkram ist. Wenn Sie etwas versprechen, halten Sie es auch ein. Set-zen Sie sich für alles eine Frist, und halten Sie sich an sie. Sagen Sie: »Ich erledige das bis zum Soundsovielten . . .« und überschreiten Sie diesen Termin dann auf gar keinen Fall!

Wenn man Ihnen Aufgaben zuweist, die Ihnen nicht gefallen, erfül-len Sie sie erst einmal. Nichts ärgert alte Dinosaurier mehr, als einen jün-geren Mitarbeiter sagen zu hören: »Das kann ich nicht« oder »Muß das sein?«

Zeigen Sie, daß Sie Durchhaltevermögen haben. Wenn aus Ihrem Lebenslauf hervorgeht, daß Sie häufig in andere Abteilungen versetzt wurden oder oft die Firma gewechselt haben, ohne wirklich aufgestiegen zu sein, zeigt das, daß Sie Schwierigkeiten haben, sich für Ihre Aufgaben zu engagieren. Alte Dinosaurier werden das sofort erkennen. Sie schätzen Mitarbeiter, die konsequent bei einer Aufgabe bleiben – ganz egal, ob sie leicht oder schwierig ist.

7. *Kümmern Sie sich um Ihre eigenen Angelegenheiten.* Seien Sie selbstsicher, aber drängen Sie sich nicht zu sehr vor. Wenn Sie mit alten Dinosauriern sprechen, lernen Sie, von ihrem Wertesystem auszugehen und nicht von Ihrem eigenen. Es hat noch nie jemand eine Gehaltserhöhung oder Beförderung bekommen, weil er sie brauchte. Daher sollten Sie, wenn Sie um eine Beförderung oder um mehr Geld bitten, klarstellen, was die Firma dabei gewinnt, wenn sie Ihnen Ihre Bitte erfüllt. Was Sie dabei gwinnen, ist Ihren Vorgesetzten ohnehin klar!

Wählen Sie den richtigen Zeitpunkt für Ihre Bitte um eine Gehaltserhöhung. Am günstigsten ist der Zeitpunkt im allgemeinen, wenn man Ihnen eine neue Aufgabe zuweist, bei der Sie mehr Verantwortung übernehmen müssen. Fragen Sie dann, ob diese Aufgabe auch eine entsprechend bessere Bezahlung mit sich bringt, oder schließen Sie ein Abkommen mit den alten Dinosauriern: »Ich werde das für Sie tun, wenn Sie mein Gehalt auf die Summe X erhöhen.«

Das macht allerdings leicht einen etwas geldgierigen, berechnenden Eindruck; wenn Sie sich also nicht hundertprozentig sicher sind, wie man in Ihrer Firma üblicherweise um eine Gehaltserhöhung einkommt, verschaffen Sie sich lieber erst einmal Klarheit darüber. Fragen Sie, was für Kriterien Sie erfüllen müssen, um diese neue Position erfolgreich ausfüllen zu können. Wenn Sie sicher sind, daß Sie diese Kriterien erfüllen, können Sie um mehr Geld bitten.

Bitten Sie niemals mit folgender Begründung um eine Gehaltserhöhung: »Sie haben Herrn X eine Gehaltserhöhung bewilligt, und er ist noch nicht so lange bei der Firma wie ich.« Noch negativer ist es, wenn Sie in Ihrer Arbeitsplatzbeschreibung nachlesen und »zufällig entdekken«, daß man Ihr Gehalt zu niedrig eingestuft hat.

Im allgemeinen können Sie nichts anderes tun, als Ihren Wunsch vorzubringen und es zu akzeptieren, wenn er nicht erfüllt wird. Natürlich können Sie auch fragen, was sich ändern muß oder was Sie tun müssen, um die Gehaltserhöhung zu bekommen. Nörgeln Sie aber nicht, weil Sie das Gefühl haben, daß man Ihnen etwas verweigert, was Ihnen eigentlich zusteht.

Häufig ist es eine gute Idee, sich von jemandem bei seiner Karriere beraten zu lassen. Wenn Sie das tun, müssen Sie sich jedoch darüber im klaren sein, daß das eine Aufforderung an Ihren Gesprächspartner ist, die Rolle eines Mentors zu übernehmen. Dann sind Sie gezwungen, seinen Rat auch anzunehmen, wenn Sie nicht das Risiko eingehen wollen, ihn vor den Kopf zu stoßen.

8. *Verhalten Sie sich stets normal.* Benehmen und kleiden Sie sich so, wie es die erfolgreichen Mitarbeiter in Ihrer Firma tun. Kümmern Sie sich nicht um die Modevorschläge in Zeitschriften; tragen Sie das, was alle in Ihrer Firma tragen. Bei seiner Kleidung und seinem Verhalten eine individuelle Note an den Tag legen, kann sich lohnen; aber Sie müssen sich darüber im klaren sein, daß Sie sich damit in den Vordergrund rükken. Eine persönliche Note wird von den anderen leicht als arrogantes Verhalten interpretiert; also müssen Sie sicher sein, daß Ihre Leistungen diesem eigenwilligen Auftreten auch entsprechen.

In der Regel ist es am besten, ungewöhnliche Kleidungsstücke oder Verhaltensweisen so lange zu vermeiden, bis man wirklich arriviert ist. Und vor allem: Kopieren Sie den persönlichen Stil anderer Leute nicht! Wenn Ihr Chef eine Fliege trägt, begnügen Sie sich mit einer konservativen, dezenten Krawatte.

Es gibt noch viele andere Möglichkeiten zu demonstrieren, daß Sie normal sind. Dazu müssen Sie die Firmenkultur genau kennen. In vielen Firmen muß man zum Beispiel ein Workaholic sein, um an die Spitze zu gelangen. Nur wer auch am Samstag arbeitet, wird befördert. In einer solchen Firma hat es in der Regel keinen Zweck, darauf hinzuweisen, daß das ungerecht ist, oder zu argumentieren, daß Leute, die samstags nicht arbeiten, eben mehr Zeit mit ihrer Familie verbringen möchten und vielleicht auch ausgeglichener sind. Wenn Sie befördert werden möchten, kommen Sie am Samstag – oder sehen Sie sich nach einer Stellung in einer Firma um, in der andere Kriterien gelten.

Um den Eindruck der Normalität zu erwecken, ist es auch wichtig, daß Sie den Unterschied zwischen einem beruflichen und einem privaten Gespräch kennen. Orientieren Sie sich am Verhalten der Obersaurier. Ich kenne einige Frauen, die zu einem Mittagessen, einem Golfspiel oder einem Ausflug mit den Obersten der Firma eingeladen wurden und eine Außenseiterposition einnahmen, indem sie dauernd über die Arbeit sprachen.

Vor allem reden Sie am Arbeitsplatz nicht über Ihre persönlichen

Probleme. Ihr Chef ist nicht Ihre Mutter oder ihr bester Freund. Sie können durchaus ein paar enge Freunde in Ihrer Abteilung haben, denen Sie auch private Dinge anvertrauen; aber begehen Sie niemals den Fehler, Ihren Chef als einen dieser Freunde zu betrachten. Manchmal müssen Sie ihn vielleicht schon über eines Ihrer Probleme – etwa eine Scheidung oder gesundheitliche Schwierigkeiten – informieren; aber lassen Sie ihn immer wissen, daß Sie das Problem im Griff haben oder etwas dagegen tun und daß es sich nicht lange auf Ihre Arbeit auswirken wird. Wenn Sie mit Ihrem Chef über persönliche Probleme diskutieren, wird er das unter Umständen als Zeichen von Schwäche oder als Ausrede auffassen, warum Sie Ihre Arbeit nicht zufriedenstellend erledigen können. Alte Dinosaurier mögen starke Persönlichkeiten, die ihre Privatangelegenheiten für sich behalten.

9. *Ein junger Dinosaurier muß Angriffe einstecken können, darf aber keine austeilen.* Es wird selten gern gesehen, wenn junge Dinosaurier die Beherrschung verlieren. Bewahren Sie stets einen kühlen Kopf. Es ist schlechter Stil, wütend auf Ihre Untergebenen zu werden oder Privatfehden mit ihnen auszutragen. Aber natürlich kann man sie freundlich necken und mit ihnen scherzen. Jemanden, der in der Firmenhierarchie über Ihnen steht, sollten Sie jedoch niemals necken – es sei denn, daß es sich bei dieser scherzhaften Bemerkung eindeutig um eine Schmeichelei handelt, zum Beispiel: »Was hat ein alter, kampferprobter Veteran wie Sie schon für Konkurrenz zu befürchten?«

Sinn für Humor kann ein großer Vorteil sein; aber achten Sie darauf, daß Ihre Scherze niemals verborgene Angriffe sind und daß der Mensch, mit dem Sie scherzen, diesen Spaß auch versteht. Humor sollte man – ebenso wie jede andere Form der Kunst – unermüdlich üben und immer mehr verfeinern, ehe man ihn anderen Menschen gegenüber zur Schau stellt.

10. *Sie müssen wissen, wo Sie in Ihrer Firma stehen.* Sie sollten die Struktur Ihrer Firma genau kennen und wissen, wer im Augenblick etwas zu sagen hat und wer nicht. Behandeln Sie alle Angehörigen Ihres Betriebs mit Respekt. Sie können es sich nicht leisten, irgend jemanden zu kränken. Seien Sie über alle üblichen Verfahrensweisen, Regeln und Gesetzmäßigkeiten informiert. Wenn es irgendwelche schriftlichen Unterlagen über Ihre Firma gibt – zum Beispiel einen Zeitschriftenartikel, Leitlinien für die Firmenpolitik, ein Gerichtsurteil oder irgend etwas an-

deres –, lesen Sie sie so gründlich, daß Sie sie vorwärts und rückwärts auswendig hersagen können.

Seien Sie sich darüber im klaren, zu welcher Gruppierung innerhalb der Firma Sie gehören und in welche Gruppe Sie gern Eingang finden möchten. Das ist vor allem für weibliche Führungskräfte wichtig. Nur allzu leicht erliegen Frauen der Versuchung, sich mit den Sekretärinnen anzufreunden, wenn es auf ihrer Ebene der Firmenhierarchie keine anderen Frauen gibt. Das kann ein Fehler sein. Um als Führungskraft betrachtet zu werden, muß man sich auch so verhalten. Es ist gut, andere Frauen, die unter ihnen stehen, bei ihrer beruflichen Karriere zu unterstützen; aber gehen Sie nicht allzu häufig mit ihnen zum Mittagessen, sonst wird man Sie automatisch für eine von ihnen halten.

Und wie erfährt man, welche ungeschriebenen Regeln und Gesetze in seiner Firma gelten? Woher weiß man, wer das Sagen hat und wer nicht, auf wen man hören muß und wer voraussichtlich in den nächsten Monaten befördert werden wird? Damit sind wir wieder bei dem ersten und wichtigsten dieser zehn Gebote: Hören Sie zu – auch wenn es Ihnen noch so schwerfällt!

29. Konflikte zwischen Arbeitgebern und Arbeitnehmern

»Arbeitgeber« und »Arbeitnehmer« – das ist eines jener Zweikategoriensysteme, zu denen das Dinosauriergehirn neigt: ein System, das die Dinge in »Gut« und »Böse« einteilt. Was gut ist und was böse, hängt natürlich davon ab, auf welcher Seite Sie stehen. Statt »Arbeitgeber« und »Arbeitnehmer« könnten wir auch sagen: Vorgesetzte und Untergebene, die Angestellten und die Chefetage – oder irgendwelche anderen Begriffe einsetzen, die besagen, daß die eine Gruppe die Kontrolle in den Händen hat, während die andere kontrolliert wird.

Häufig geht es im Geschäftsleben so zu, als seien diese beiden Parteien Gegner, und die daraus entstehende konfliktträchtige Beziehung kostet die Unternehmen Milliarden Dollar im Jahr. Es scheinen ständig irgendwelche Auseinandersetzungen im Gange zu sein.

In vielen Firmen herrscht die Annahme, alles, was gut für die Arbeitnehmer ist, sei zwangsläufig schlecht für die Arbeitgeber, und umgekehrt. Jede Partei neigt zu der Überzeugung, daß die andere Seite die finanziellen Mittel der Firma für ihre eigenen Zwecke ausnutzen will.

Unter den Arbeitgebern und Vorgesetzten herrscht die Ansicht vor, daß die Arbeitnehmer mit möglichst wenig Arbeit möglichst viel Geld verdienen möchten und jede Möglichkeit ausnutzen, um zu faulenzen oder sich Vergünstigungen zu erschleichen, ohne eine Gegenleistung dafür zu erbringen.

Die Arbeitnehmer dagegen haben den Eindruck, daß ihre Arbeitgeber und Vorgesetzten für einen Hungerlohn das Äußerste aus ihnen herausholen, während sie selbst hohe Gehälter dafür beziehen, daß sie dasitzen und ihre Untergebenen herumkommandieren. Etwas anderes können sie sowieso nicht.

Beide Seiten sind der festen Überzeugung, daß die ganze Arbeit auf ihren Schultern lastet. In den Firmen, die ich berate, begegnen mir immer wieder die gleichen Ideen, Anekdoten und Überzeugungen, die den Konflikt zwischen Arbeitgebern und Arbeitnehmern aufrechterhalten. Und in jeder Firma versichert man mir, daß diese Ideen tatsächlich den Tatsachen entsprechen. Und doch sind sie nichts anderes als eine Realität, die so lange verzerrt wurde, bis sie den Anforderungen des Dinosauriergehirns entsprach. Was stimmt nun eigentlich wirklich?

Ich bin immer wieder erstaunt darüber, wie häufig Arbeitgeber und Arbeitnehmer, Vorgesetzte und Untergebene sich gegenseitig für inkompetent halten. Beide Parteien glauben, daß die meisten Angehörigen der »Gegenpartei« schlichtweg nichts können und daß ausgerechnet die Unfähigsten unter ihnen zu führenden Positionen aufgestiegen sind. Daß diese Leute wohl doch etwas gekonnt haben müssen, um ihre jetzige Stellung erlangt zu haben – ob es nun Gewerkschaftsmitglieder oder leitende Angestellte sind –, kommt ihnen nicht in den Sinn.

Die beiden Parteien halten sich gegenseitig auch für bösartig und unmoralisch und unterstellen einander, daß sie um ihres persönlichen Vorteils willen lügen, stehlen und betrügen würden. Keine hat das Gefühl, daß es wichtig ist, das Verhalten der anderen Seite zu verstehen oder sich über ihre Befugnisse und Aufgaben zu informieren – sie setzen einfach voraus, daß zu dem, was die anderen können, ohnehin jeder Idiot in der Lage wäre.

Diese beiden Gruppen gehören verschiedenen sozialen Klassen an. Sie kleiden sich unterschiedlich, verhalten sich unterschiedlich, gehen unterschiedlichen Freizeitbeschäftigungen nach und fahren unterschiedliche Autos. Wo man auch hinschaut – die Unterschiede treten deutlicher zutage als die Gemeinsamkeiten. Unser Dinosaurierhirn geht immer von der Annahme aus, daß Menschen, die andere Wertvorstellungen haben als wir selbst, irgendeinen schwerwiegenden Charakterfehler haben müssen.

Dieses Dinosauriergehirn definiert Arbeitgeber und Arbeitnehmer als Feinde und diktiert die Strategien, nach denen der »Kampf« zwischen ihnen abläuft. Beide Seiten neigen zu der Annahme, daß man mit diesen »Galgenvögeln« nur fertig wird, wenn man energisch auftritt, da sie nur auf eine Gelegenheit warten, die Gegenseite zu übervorteilen.

Beide scheinen zu glauben, daß Abschreckung die einzig mögliche Strategie ist, mit der sich Einigungen erreichen lassen: daß die Arbeitgeber bestimmten Forderungen zustimmen, weil sie Angst vor einem Streik haben, und die Arbeitgeber bestimmte Bedingungen akzeptieren, weil sie fürchten, sonst ihre Stellungen zu verlieren. Beide Seiten lassen sich wortreich darüber aus, was für fürchterliche Dinge passieren können, wenn man dem Feind gegenüber nicht bestimmt auftritt.

Die beiden Parteien neigen auch dazu, sich gegenseitig anzulügen oder einander wichtige Informationen vorzuenthalten, weil sie Angst haben, daß diese Informationen mißbraucht werden könnten. Informationen sind häufig die wichtigste Waffe in diesem Krieg.

Beide Seiten erzählen sich Anekdoten übereinander, die veranschaulichen, was »sowieso jeder weiß«: welche Abscheulichkeiten die gegnerische Seite begangen hat; was für horrende Einkommen die Topmanager haben; und daß die Angestellten sich den ganzen Tag hinter Aktenstapeln verschanzen, um Bier zu trinken und Karten zu spielen. Beide Parteien geben sich wenig Mühe, sich ein objektives, vorurteilsfreies Bild voneinander zu machen.

Und wenn sich die Angehörigen dieser beiden Gruppen einmal zusammensetzen, dann kann man sicher sein, daß kein freundschaftlicher Anlaß vorliegt, sondern daß sie über Meinungsverschiedenheiten diskutieren.

Die obigen Annahmen, Überzeugungen und Verhaltensweisen entspringen ausschließlich unserem Dinosaurierhirn – es ist das typische Bild, das Menschen, die sich gegenseitig bekämpfen, voneinander haben. Diese beiderseitige Abneigung ist ebenso alt wie die Dinosaurier selbst.

Das Dinosaurierhirn ruft: »Es ist Zeit, die Arbeitgeber mit einem Generalstreik in die Knie zu zwingen!« oder »Diesmal dürfen wir der Gewerkschaft nicht nachgeben!« Dieses Gehirn kämpft stets mit den gleichen Waffen wie sein Gegner, und wenn es irgendwo brennt, gießt es noch Öl ins Feuer, statt den Feuerlöscher zu betätigen.

Vielleicht ist es allmählich an der Zeit, die Reptilien an den Verhandlungstischen zur Vernunft zu bringen. Viele Firmen kommen jetzt zu der Erkenntnis, daß die ewigen Auseinandersetzungen zwischen Arbeitgebern und Arbeitnehmern einer der größten Hemmschuhe für unsere Konkurrenzfähigkeit auf den Weltmärkten sind. Es muß etwas geschehen. Aber was?

Einige Firmen beginnen jetzt ihr Großhirn einzusetzen, um das Problem aus der Welt zu schaffen. Ihnen ist klar, daß erst einmal eingefahrene Denkgewohnheiten geändert werden müssen, ehe man in Friedensverhandlungen eintreten kann. Folgende neue Einstellungen und Verhaltensweisen könnten zu einer Entspannungspolitik beitragen:

Die beteiligten Parteien müssen erkennen, daß sie beide im selben Boot sitzen, das heißt, dem Wohl derselben Firma dienen. Es muß in den Firmen bestimmte Regeln oder ethische Gesetze geben, die absolut für alle gelten. Wenn irgend jemand über dem Gesetz steht, ist das Gesetz wertlos. Es wäre auch eine große Hilfe, wenn man Arbeitgeber und Vorgesetzte nicht mehr als Kontroll-, sondern eher als Dienstleistungsorgan sähe: Sie sind dazu da, den Untergebenen bestimmte Dienste zu leisten. Hier gilt das »Dienst-am-Kunden-Modell«, auf das ich in Kapitel 16 eingegangen bin.

Man muß davon ausgehen, daß beide Seiten ihren Wert haben und kompetent sind. Bemühen Sie sich zur Abwechslung doch einmal, die Dinge vom Standpunkt der »gegnerischen« Partei aus zu sehen. Für die leitenden Angestellten einer Firma wäre es vielleicht von Vorteil, wenn sie lernten, die Maschinen der Produktionsabteilung zu bedienen, oder sich mit der Arbeit des Betriebsrats befaßten. Der Betriebsrat sollte darin einen positiven Schritt sehen und versuchen, es ihnen zu erleichtern. Andererseits sollten Betriebsratsmitglieder auch einen Einblick in die Entscheidungsprozesse und die Fortbildungsprogramme des Managements bekommen und daran teilnehmen dürfen.

Verzeihen sie es den Menschen, wenn sie in ihrem eigenen Interesse handeln. Versuchen Sie sich, in das Wertesystem der anderen Gruppe hineinzudenken, und bemühen sie sich, in diesen Werten berechtigte Ideen und Interessen zu sehen, statt sie von vornherein als irrelevant abzutun.

Machen Sie die Grenzen, die die beiden Gruppen voneinander trennen, durchlässiger. Geben Sie den Betriebsratsmitgliedern die Möglichkeit – zum Beispiel durch Fortbildungsprogramme –, Manager zu werden.

Teilen Sie Ihre Informationen mit anderen. Wenn zwei Parteien sich gegenseitig belügen, gibt es keine Möglichkeit zur Zusammenarbeit. Beziehen Sie Vertreter der Arbeitnehmerschaft in die Planungsprozesse ein, und geben Sie ihnen ein Mitspracherecht bei der Festsetzung der Firmenziele.

Ermutigen Sie Arbeitnehmer und Arbeitgeber, sich gegenseitig um Hilfe und Unterstützung zu bitten. Versuchen Sie eine positive Kommunikation aufzubauen, statt sich immer nur dann zu treffen, wenn es Streitigkeiten beizulegen gilt. Saurier, die zur selben Herde gehören, helfen sich gegenseitig.

Konzentrieren Sie sich auf die Notwendigkeit, die Firma gegen Angriffe von außen zu verteidigen statt gegen Angriffe von innen. Fördern Sie in Ihren Mitarbeitern das Gefühl, daß die Konkurrenz »dort draußen« ist und nicht »hier drin«. Unterstreichen Sie die Tatsache, daß alle etwas dabei gewinnen, wenn die Firma Erfolg hat.

Meist bricht das Arbeitgeber-Arbeitnehmer-System am ehesten auf der Ebene des unteren Managements und der Arbeitnehmervertreter zusammen. Wer in einer solchen Position tätig ist, hat anscheinend nur Kummer und Mißtrauen zu erwarten. Der Arbeitnehmervertreter hat diese Stellung vielleicht aus Engagement angenommen – aus dem Glauben an die Wertvorstellungen der Gewerkschaft oder dem Wunsch, anderen Menschen zu helfen –, aber er hat dabei eigentlich nichts Konkretes zu gewinnen. Für die Manager auf unterster Ebene ist die Situation noch schlimmer. Sie sind in der Regel die unterprivilegierteste Gruppe innerhalb der Firma: Sie haben niemanden, der sie vertritt, keine gute Ausbildung, die geringste Sicherheit, ihren Arbeitsplatz zu behalten, und auch den geringsten Wert innerhalb der Firmenhierarchie. Und doch sind sie diejenigen, die tagtäglich mit den Betriebsratsmitgliedern umgehen und die Aufgabe haben, die Philosophie der Firmenleitung durchzusetzen. Sie sind die Manager, die die Beschwerden entgegennehmen müssen. Normalerweise erwartet man von einem solchen Mitarbeiter, daß er seine Arbeit tut und dafür sorgt, daß die über ihm stehenden Manager nach Möglichkeit nicht mit Problemen behelligt werden.

Eine Firma, in der es »Insider« und Außenseiter gibt, funktioniert nicht wie eine geschlossene Herde. In ihr wird es immer viele Probleme und Konflikte geben. Einige davon ließen sich leicht vermeiden!

30. Sprechen Sie die gleiche Sprache wie Ihr Kunde?

Wenn Sie möchten, daß Ihre Kunden Ihnen treu bleiben, müssen Sie dafür sorgen, daß sie sich nicht dumm vorkommen. Das liegt eigentlich auf der Hand; und doch kommen sich in unserem Geschäftsleben Tag für Tag immer mehr Kunden dumm vor. Woran liegt das?

Häufig verlangen wir von unseren Kunden, daß sie erst einmal unsere Sprache mitsamt aller Abkürzungen und Spezialausdrücke lernen, ehe sie mit uns zusammenarbeiten dürfen. Das Dinosaurierhirn kommuniziert nur mit Insidern. Wer nicht zur Herde gehört, hat ja keine Ahnung! Die Kunden fühlen sich dann leicht wie Ignoranten und sind verwirrt. Wenn Sie schon einmal mit einem Computerspezialisten gesprochen haben, wissen Sie, was für ein Gefühl es ist, wenn man an seiner eigenen Intelligenz zweifelt.

Wenn die Kunden Ihre Sprache nicht verstehen, müssen sie entweder absolutes Vertrauen zu Ihnen haben oder jemand anderen suchen, der sich ihnen besser verständlich machen kann.

Haben Sie schon einmal versucht, sich in einem fremden Land zurechtzufinden, dessen Sprache Sie nicht kennen? Erinnern Sie sich noch daran, wie verloren Sie sich dabei manchmal vorkamen? Das kann Ihnen auch in Ihrem eigenen Land passieren. Ich hatte in dieser Hinsicht schon sehr frustrierende Erlebnisse. Einmal ging ich in eine Autoreparaturwerkstätte und versuchte ein Ersatzteil zu bekommen. Stockend umschrieb ich, was ich brauchte, weil ich den Fachbegriff nicht kannte.

»*Was?*« fragte der Verkäufer. Sein Gesichtsausdruck sagte: »O Gott. Schon wieder einer von diesen Idioten, die selbst an ihrem Auto herumdoktern.«

Er beantwortete drei Telefonanrufe, während er mich bediente, und zeigte damit deutlich, daß er an mir als Kunden kein großes Interesse hatte.

Als nächstes ging ich zu meinem Arzt, und er erläuterte mir einige Testergebnisse.

»Ihre erhöhten Cholesterin- und Triglyceridwerte deuten auf eine leichte Hyperlipämie hin. Ich befürchte, daß Sie zu viele gesättigte Fett-

säuren zu sich nehmen. Diesen Fettsäurenkonsum müssen Sie ein-
schränken, da er das Risiko von Koronarerkrankungen stark erhöht.«

Diese Ausführungen jagten mir so große Angst ein, daß ich sofort
ins nächste Café ging und mir einen großen Eisbecher bestellte, um
meine Nerven zu beruhigen.

Mittlerweile kam ich mir schon ziemlich dumm vor. Glücklicherweise hatte ich zufällig am selben Tag noch einen Termin bei meiner Psy-
chologin. Ich war sicher, daß sie mich wieder beruhigen würde. Sie erklärte mir:

»Vielleicht haben Sie das Gefühl, sich dumm vorzukommen; aber in
Wirklichkeit sind Sie wütend. Ihre feindseligen Empfindungen gegenüber Autoritätspersonen sind auf ungelöste Konflikte mit Ihrem Vater
zurückzuführen. Sie unterdrücken diese Gefühle und bemühen sich,
übermäßig verantwortungsbewußt und leistungsfähig zu wirken. Das ist
eindeutig eine Reaktionsbildung. Sie sublimieren Ihre Feindseligkeit, indem Sie Selbsthilfebücher schreiben – eine Strategie, mit der Sie Ihre eigene Kompetenz beweisen wollen und die Sie nur notdürftig hinter dem
Versuch verbergen, anderen Menschen zu helfen –, aber die frühkindli-
chen Konflikte, die diesem Verhalten zugrunde liegen, haben Sie noch
nicht gelöst.«

Die Quintessenz ihrer Worte schien zu sein, daß ich mir nicht
dumm vorkam, sondern tatsächlich dumm war.

Anschließend war ich nur noch dazu in der Lage, mir die »Schwarz-
waldklinik« anzusehen. Dort wird wenigstens deutsch gesprochen.

Eigentlich hatte keiner meiner Gesprächspartner die Absicht, mich
für dumm zu verkaufen. Sie redeten lediglich in ihrer eigenen Sprache
mit mir und gingen davon aus, daß ich sie verstand. Ihnen selbst erschien ihre Sprache klar und präzise; also nahmen sie an, daß sie es auch
für mich war.

Ich war sehr beeindruckt von ihrer Intelligenz und kam insgeheim
zu dem Schluß, daß ich in Zukunft mit dümmeren Leuten zusammenarbeiten mußte, da ich die Intelligenten nun mal nicht verstand.

Wie klar und verständlich ist *Ihr* Deutsch? Wie dumm oder intelligent kommen Ihre Kunden oder Klienten sich vor, wenn Sie sich mit Ihnen unterhalten?

Versetzen Sie sich doch einmal in einen »Kunden von einem anderen Planeten« hinein. Wieviel muß jemand, der mit Ihnen zusammenarbeiten möchte, bereits über Ihr Fachgebiet wissen, um Sie zu verstehen?
Geben Sie sich jemals Mühe, Ihren Kunden etwas zu erklären? Versu-

chen Sie Ihre Briefe und schriftlichen Informationsmaterialien einmal mit den Augen eines Außenstehenden zu lesen. Viele Leute denken, wenn es um ihre Arbeit geht, nicht auf deutsch, sondern haben ihre eigene Sprache, die kein anderer versteht.

Möchten Sie wissen, wie Ihr Jargon auf andere Menschen wirkt?

Dann tun Sie einmal so, als sei Ihr Freund oder Kollege ein potentieller Kunde von einem anderen Planeten. Ihr außerirdischer Kunde spricht zwar deutsch, weiß aber nichts von der irdischen Zivilisation und Wirtschaft. Sie müssen ihm nun erklären, was Sie beruflich tun und wie er Ihre Dienste in Anspruch nehmen könnte. Dabei kann es zu folgenden Gesprächen kommen:

Sie: »Ich bin Börsenmakler. Ich verkaufe Firmenaktien an Investoren – Einzelpersonen und Institutionen.«

Ihr Kunde: »Was heißt ›verkaufen‹? Wie sieht eine Aktie aus? Und woher wissen Sie überhaupt, wieviel Geld Sie für eine Aktie verlangen sollen?«

Oder:

Sie: »Ich vertrete eine Haftpflichtversicherungsgesellschaft.«

Ihr Kunde: »Was ist Haftpflicht? Was ist Versicherung? Und warum sind Ihre Beiträge so hoch?«

Mit diesem kleinen Spielchen können Sie überprüfen, wie Ihre Sprache auf Außenstehende wirkt. Es ist ein großer Vorteil, genau zuzuhören, wenn Ihr Kunde über seine Wünsche spricht. Aus seiner Sprache können Sie viele Informationen über seinen Wissensstand entnehmen. Sie können sogar versuchen, sich diese Informationen zu verschaffen, indem Sie ihn gezielt fragen: »Was wissen Sie bereits über . . .?« Und dann versuchen Sie, bei der Erläuterung Ihrer Produkte oder Ihrer Dienstleistung ausschließlich *seine* Begriffe zu verwenden.

Wenn Sie sich der Sprache Ihres Kunden bedienen, wird er Sie für intelligent halten und gleichzeitig auch von seiner eigenen Intelligenz überzeugt sein.

Versuchen Sie einmal, Berufe wie Marketing und Buchhaltung zu erklären, ohne einen Fachjargon oder Abkürzungen zu verwenden. Das ist ebenso schwer, wie Psychologie zu erläutern, ohne sich eines Psychojargons zu bedienen. Die gleiche Sprache zu sprechen wie der Kunde, ist das A und O guten Services.

31. Von der Schwerkraft
und anderen Naturgesetzen

Die Schwerkraft ist eine höchst unfaire Einschränkung unserer Freiheit. Wir haben dabei gar nichts zu sagen; wir durften uns nicht aussuchen, wie schwer wir sind!

Die Schwerkraft ist nicht nur ein persönliches, sondern auch ein wirtschaftliches Problem. Denken Sie nur daran, wieviel Geld jedes Jahr für den Kampf gegen dieses Naturgesetz verschwendet wird! Schon allein im Flugwesen könnte man durch eine Veränderung der Schwerkraft jedes Jahr Millionen einsparen. Natürlich wären unsere Aktivitäten im Freien mit gewissen Problemen verbunden, wenn man die Schwerkraft ausschalten könnte; aber mit dem Geld, das man dadurch einsparen würde, könnte man viel anfangen.

Ist das eine dumme Idee? Natürlich. Die Schwerkraft ist ein Naturgesetz, das wir nicht außer Kraft setzen können. Und doch bekomme ich bei meiner Tätigkeit als Unternehmensberater tagtäglich zu hören, wie die Menschen sich mit vergeblichen Kämpfen gegen die Naturgesetze der Wirtschaftswelt und des menschlichen Verhaltens ihr Leben zur Hölle machen.

Wenn Sie gegen die Schwerkraft anzukämpfen versuchen, werden Sie mit Sicherheit blaue Flecken davontragen. (Diese Weisheit stammt zwar nicht von Isaac Newton – aber sie hätte von ihm sein können. Übrigens, da wir gerade von Newton sprechen – was wäre wohl aus seiner Karriere geworden, wenn er seinem Dinosaurierhirn gehorcht hätte und auf den Baum wütend geworden wäre, statt sich zu fragen, warum die Äpfel auf den Boden fallen?) Jeder Beruf hat seine eigene Schwerkraft, seine eigenen Naturgesetze: Regeln der Loyalität, Kompromisse, Ungerechtigkeiten – mit anderen Worten: jene Gesetzmäßigkeiten, an denen sich niemals etwas ändern wird, ob es Ihnen nun gefällt oder nicht.

Ich spreche hier nicht von sozialen Ungerechtigkeiten, gegen die man natürlich ankämpfen muß. Ich spreche vielmehr von den Regeln, die das Verhalten der Menschen im Geschäftsleben bestimmen. In gewisser Hinsicht handelt also mein ganzes Buch von der Schwerkraft. Dominanzstreben, Revierverteidigung, Aggressivität, Sex und ähnliche

Grundimpulse werden im menschlichen Leben stets eine wichtige Rolle spielen. Wir haben natürlich die Wahl, ob wir uns von ihnen leiten lassen wollen oder nicht; aber auf ihre Existenz haben wir keinerlei Einfluß.

Im folgenden möchte ich Ihnen einige Schwerkraftgesetze nennen, die in Firmen gelten und bei denen es keine andere Möglichkeit gibt, als sich mit ihnen abzufinden.

1. *Es gibt keine Gerechtigkeit.* Fairneß ist eine Erfindung des Menschen; für die Machenschaften der Götter und der Firmen gilt sie nicht. Eine Grundregel des Geschäftslebens lautet, daß Entscheidungen in erster Linie von finanziellen Erwägungen und nicht vom moralischen oder ästhetischen Wert einer bestimmten Idee diktiert werden. Firmen sind auf Profit angewiesen.

Die erste und häufig auch die letzte Frage, die im Hinblick auf eine neue Idee oder eine Veränderung gestellt wird, lautet: Was wird das kosten? Darüber müssen Sie sich im klaren sein und sich eine plausible Antwort überlegen. Mit anderen Worten: Sie müssen mit dem Gesetz der Schwerkraft arbeiten und nicht dagegen. Oder noch besser: Legen Sie sich zurecht, wie Ihre Firma durch die von Ihnen vorgeschlagene Veränderung langfristig Geld verdienen oder einsparen kann. Ich glaube fest an langfristige Planung. Wer eine Idee vorbringt, der muß beweisen, daß sie richtig ist, statt von den anderen zu erwarten, daß sie sie einfach akzeptieren und von vornherein für richtig halten.

Chancen bieten sich im allgemeinen nicht den qualifiziertesten Mitarbeitern, sondern denjenigen, die sich am besten verkaufen können und zum richtigen Zeitpunkt am richtigen Ort sind. Vielleicht ist das unfair; aber es ist kein Zufall, sondern eine Gesetzmäßigkeit. Wenn Sie es zu etwas bringen möchten, müssen Sie lernen, sich ins rechte Licht zu rücken und stets nach dem richtigen Ort und dem richtigen Zeitpunkt Ausschau zu halten!

Es gibt viele Leute, die sich nicht nach diesen Spielregeln richten. Ihr Leben verläuft ziemlich ereignislos.

So sehr Sie sich auch bemühen mögen – Sie können vielleicht niemanden dazu motivieren, sich fair zu verhalten, und auch nicht immer dafür sorgen, daß unfaire Menschen ihre wohlverdiente Quittung bekommen. Das stellt Sie vor ein moralisches Dilemma: Wenn jemand sich illegal oder unmoralisch verhalten hat und ungestraft davongekommen ist, bedeutet das, daß Sie das Recht haben, das gleiche zu tun wie er? Macht die Straflosigkeit dieser Handlung sie irgendwie weniger unmoralisch? Diese Frage kann ich Ihnen nicht beantworten; ich kann nur sagen: Wenn die Tugend ihren Lohn nicht in sich selbst trägt, bringt sie vielleicht gar keinen Lohn.

2. *Nichts läuft so, wie es eigentlich sollte.* Verlassen Sie sich darauf, daß Ihre berufliche Situation sich früher oder später ändern wird. Sie werden immer wieder Dinge tun müssen, die nicht in Ihrer Arbeitsplatzbeschreibung stehen!

Bei allen Instruktionen, die Ihre Vorgesetzten Ihnen geben, werden mit Sicherheit eine oder zwei entscheidende Informationen fehlen. Viele Ihrer wichtigsten Fragen wird man Ihnen nie beantworten.

3. *Die Menschen tun nicht das, was sie tun sollten.* Die Regeln, nach denen Sie sich richten, gelten nicht unbedingt für das ganze Universum.

Die Menschen tun im allgemeinen nur das, wofür sie eine zufriedenstellende Belohnung erhalten – oder das, was am leichtesten ist. Daraus ergibt sich ganz logisch, daß Aufträge, deren Erfüllung nicht überprüft wird, häufig gar nicht erledigt werden. Die meisten Menschen schieben alles bis zur letzten Minute hinaus. Wenn man ihnen keine feste Frist setzt, werden sie ihre Aufgabe erst am Jüngsten Tag erledigen!

4. *Die Menschen denken zuerst an ihre eigenen Gefühle und Interessen und erst dann an Ihre.* Das gilt selbst für enge Freunde und Familienangehörige.

Unterstellen Sie niemals jemandem eine böswillige Absicht, wenn sein Verhalten auch auf bloße Ignoranz zurückzuführen sein könnte.

Die meisten Menschen bitten Sie zwar um Gefälligkeiten, sind aber in der Regel nicht ebenso uneingeschränkt bereit, Ihnen einen Gefallen zu tun, wenn Sie darum bitten. Die Leute werden Ihnen häufig von ihren Problemen erzählen, aber niemals Zeit für Sie haben, wenn Sie ihnen einmal Ihr Herz ausschütten wollen.

Wenn Sie einem Kollegen etwas im Vertrauen mitteilen und es sich um etwas Wichtiges handelt, werden es garantiert auch andere Mitarbeiter erfahren.

Niemand wird Sie darauf aufmerksam machen, wenn Sie aggressiv und kurz angebunden sind – denn dann haben die Leute Angst vor Ihnen.

Wenn Sie sich mit jemandem verbünden, den Zusammenhalt einer Gruppe festigen oder eine Freundschaft schließen möchten, müssen *Sie* die ganze Arbeit leisten. Haben Sie den Eindruck, daß immer Sie derjenige sind, der die anderen anruft, Aktivitäten anregt, Pläne macht oder die unangenehme Arbeit tut, um die sich niemand reißt? Dann machen Sie Ihre Sache richtig!

Wenn Sie Mitglied eines Komitees sind, müssen Sie den Hauptteil der Arbeit erledigen, die Anerkennung dafür aber mit den anderen teilen.

5. *Überall, wo es Menschen gibt, wird auch Politik gemacht.* Davon handelt eigentlich dieses ganze Buch. Die Quelle von »Politik« – Taktiken, Strategien und Intrigen – ist unser Dinosaurierhirn. Sie sollten die Gesetze dieser Politik kennen, denn sie werden Ihr Leben bestimmen.

6. *Sie werden es niemals leicht haben.* Sobald eine Krise erfolgreich gemeistert ist, wird auch schon die nächste vor der Tür stehen. Die Natur duldet kein Vakuum. Sie werden nie eine ruhige, angenehme Zeitspanne vor sich haben, in der Sie über Veränderungen in Ihrem beruflichen Werdegang nachdenken können. Wenn Sie erst in Urlaub gehen oder langfristige Pläne aufstellen möchten, sobald Ihre ganze Arbeit erledigt ist, werden Sie wahrscheinlich nie dazu kommen. (Das ist das Problem der Workaholics. Es ist nicht so, daß diese Menschen am liebsten ständig arbeiten würden, wie man ihnen allgemein unterstellt: aber sie wollen erst einmal alle anliegenden Arbeiten erledigen, ehe sie sich eine Verschnaufpause gönnen.)

7. *Es ist nicht die Aufgabe Ihrer Firma, Ihnen Ihre Arbeit zu erleichtern.* Mehr braucht zu diesem Thema wohl nicht gesagt zu werden.

8. *Sie werden niemals alle Informationen haben, die Sie brauchen.* Sie werden nie im voraus wissen, ob eine Entscheidung richtig oder falsch ist. Meistens müssen Sie sich einfach für einen Weg entscheiden und dann durch Ihr Verhalten dafür sorgen, daß es der richtige Weg ist.

Es gibt keine Gewißheiten. Wir alle müssen den Sprung ins Dunkel wagen. Wenn wir Glück haben, fängt uns jemand auf!

Das sind einige der Firmen-Naturgesetze, die mir bei meiner Tätigkeit als Unternehmensberater begegnet sind. Sicherlich gibt es auch noch andere. Diese Regeln müssen Sie akzeptieren wie Naturgesetze – Sie haben keine andere Wahl. Aber wenn Sie sich das Leben schwermachen wollen, indem Sie sich ständig darüber ärgern, ist das natürlich Ihre eigene freie Entscheidung. Lassen Sie sich durch meine guten Ratschläge nicht davon abhalten!

32. Gewohnheiten und Rituale

Das Dinosaurierhirn glaubt nicht an Experimente und besitzt auch gar nicht die Fähigkeit dazu. Es erledigt immer alles auf dieselbe Weise. Diese konservative Haltung kann ein Vorteil, aber auch ein Hemmschuh sein. Wir müssen unsere individuellen und institutionalisierten Gewohnheiten hin und wieder überprüfen, um festzustellen, ob sie uns nützen oder schaden.

Der Mensch ist ein Gewohnheitstier

Dinosaurier sind Gewohnheitstiere und neigen dazu, ihre Angewohnheiten zu Wahrheiten zu erheben. Ein Reptil tut immer alles aus demselben Grund und auf dieselbe Art und Weise – so lange, bis es gar keine andere Möglichkeit mehr sieht. Wenn Sie mir nicht glauben, erinnern Sie sich doch einmal daran, wie Ihnen zumute war, als Sie neulich mit Ihrem Kollegen von der Fahrgemeinschaft zur Arbeit fuhren und er eine etwas andere Strecke wählte als die, an die Sie gewöhnt sind!

Als Sie dann wieder mit dem Fahren dran waren, haben Sie sich wahrscheinlich nach wie vor an Ihre gewohnte Strecke gehalten, selbst wenn die andere kürzer und nicht mit so vielen Verkehrsampeln gespickt war. Sobald uns etwas einmal zur Gewohnheit geworden ist, stellen wir es nicht mehr in Frage. Unsere Gewohnheiten sind für uns eine Art Heiligtum.

Erst wenn Sie es sich bewußtmachen, merken Sie, wie viele Dinge Sie rein mechanisch tun. Sobald Ihnen ein Handlungsablauf – zum Beispiel Fahrradfahren oder das Bedienen eines Gerätes – in Fleisch und Blut übergegangen ist, denken Sie gar nicht mehr darüber nach.

Solche routinemäßigen Abläufe sind viel effizienter, als wenn man immer wieder über ein und denselben Bewegungsprozeß nachdenken würde. Doch wenn man sich zu sehr auf solche Gewohnheiten verläßt, verfällt man leicht in einen langweiligen, eingefahrenen Trott und wird unflexibel.

Nicht nur Individuen sind »Gewohnheitstiere«. Auch Gruppen können in eingefahrene Geleise verfallen. Denken Sie beispielsweise einmal an die Abteilungskonferenzen in Ihrer Firma. Verlaufen sie nicht immer nach dem gleichen Schema? Können Sie nicht jedesmal schon voraussagen, wer wo sitzen und wer was sagen wird, welche Themen zur Sprache kommen werden, wer gegen alles etwas einzuwenden hat und wer immer allem zustimmt?

Oder denken Sie an bestimmte Arbeitsabläufe in Ihrem Büro. Wie werden neue Geräte bestellt? Wie werden Mitarbeiter bewertet? Wie erfolgt die Entscheidung, wer was für ein Gehalt bekommt?

Wenn sich bestimmte Verfahrensweisen erst einmal eingebürgert haben, ändert sich in der Regel nicht mehr viel daran. Wenn Sie beschlossen haben, daß es höchste Zeit ist, mit einer bestimmten Gewohnheit am Arbeitsplatz zu brechen, denken Sie daran: Ihr Dinosaurierhirn wird Sie mit Engelszungen davon zu überzeugen versuchen, daß die gewohnte Art, etwas zu tun, die einzig richtige ist. Was kann Ihr Großhirn dagegen unternehmen?

Sie können sich zum Beispiel der empirischen Methode bedienen: Überprüfen Sie, ob Ihre Hypothesen auch wirklich stimmen, statt sich blindlings auf Ihre Überzeugungen zu verlassen. Diese empirische Methode entspringt unserem Großhirn und ist die Grundlage der Wissenschaft. Das Dinosaurierhirn dagegen hat eine starke Neigung, in blindem Glauben zu handeln. Glaube kann etwas Wunderbares sein; aber manchmal ist er einfach nicht praktisch.

Bei der empirischen Methode setzt man sich Ziele, überprüft seine Hypothesen und richtet sich dann nach den Ergebnissen. Das Dinosaurierhirn hingegen wird Sie drängen, etwas »einfach zu tun«, weil es Ihnen richtig erscheint und in Ihr bisheriges Wissen hineinpaßt. Wenn Sie sich nach Ihrem Dinosaurierhirn richten, können Sie aus keiner Situation etwas Neues lernen. So fällt man empirische geschäftliche Entscheidungen

1. *Setzen Sie sich ein Ziel.* Was möchten Sie erreichen?

2. *Stellen Sie Kriterien auf.* Wie können Sie herausfinden, ob das, was Sie erreichen wollen, auch tatsächlich eingetreten ist?

3. *Überlegen Sie sich mehrere Alternativen zur Erreichung Ihres Ziels.* Wenn Sie Alternativen sehen, ist das ein Zeichen dafür, daß Ihr Großhirn arbeitet. Das Dinosauriergehirn kennt keine Alternativen!

4. *Probieren Sie mehrere Alternativen aus.*

5. *Bewerten Sie Ihre Ergebnisse* und vergleichen Sie sie mit Ihren Kriterien, um festzustellen, welche der Alternativen am besten funktioniert hat.

6. *Nun entscheiden Sie sich für die beste Lösung und führen Sie sie durch.*

Sehen Sie, was ich hier getan habe? Ich habe ein festes, gewohnheitsmäßiges Ritual für die Denkprozesse des Großhirns geschaffen und mir dabei die Tendenz des Dinosaurierhirns zunutze gemacht, in Schritt-für-Schritt-Denkabläufen zu arbeiten. Aber bei jedem dieser Schritte sind Sie gezwungen, Ihr Großhirn zu aktivieren! Das Dinosauriergehirn denkt grundsätzlich Schritt für Schritt, und deshalb verwende ich diese Methode in meinem Buch auch so häufig. Das Dinosauriergehirn will, daß man ihm sagt, was es tun soll. Ich bräuchte Ihnen im Grunde genommen nichts anderes zu sagen, als daß Sie denken sollen, ehe sie handeln – aber das würde kein Buch füllen!

Und nun möchte ich anhand eines Beispiels veranschaulichen, wie Ihr Dinosaurierhirn eine berufliche Entscheidung treffen würde:

1. *Übernehmen Sie irgendeine Idee von einer Autoritätsperson,* beispielsweise von Ihrem Chef, einem Psychologen oder dem Autor eines bekannten Buches.

2. *Sagen Sie Ihren Mitarbeitern, daß diese Idee die Basis für alle Ihre Entscheidungen darstellen wird.*

3. *Machen Sie immer alles so, wie Sie es bisher gemacht haben.*

4. *Wenn sich irgend etwas Positives ereignet, nehmen Sie das Verdienst für sich in Anspruch.* Wenn etwas Unangenehmes passiert, sagen Sie: »Das zeigt wieder einmal, daß die alten Verfahrensweisen eben doch die besten waren!«

Die Macht des Rituals

Die Religion hat auch im Berufsleben ihren Platz. Damit will ich nicht sagen, daß man vor Fusionskonferenzen beten sollte, sondern auf die Macht fester Gewohnheiten oder Rituale im geschäftlichen Bereich hinweisen. Diese Rituale deuten auf einen Zusammenhang zwischen den Ereignissen des täglichen Lebens und etwas Größerem hin – mit anderen Worten: auf die Tatsache, daß alle Mitarbeiter der Firma dieselben Dinge aus denselben Gründen tun.

Die ersten Rituale des Menschen waren Symbole für den Übergang von einem Stadium in ein anderes – Durchgangsriten, die die Geburt, das Erwachsenwerden, die Eingliederung in den Stamm, Hochzeit und Tod markierten. Die Menschen, die an diesen Ritualen teilnahmen, hatten das Gefühl, ein Teil eines größeren Zusammenhangs und dadurch mächtiger zu sein.

Auch in Firmen finden Rituale statt, wenn sich bei einem Mitarbeiter etwas verändert – zum Beispiel, wenn er eingestellt, befördert oder in eine andere Abteilung versetzt wird. Rituale haben eine große Macht. Die Art, wie Veränderungen in einem Unternehmen ablaufen, sagt sehr viel über die Bindung zwischen Mitarbeiter und Firma aus.

Hitler und die Nazis setzten Rituale besonders geschickt ein. Mit ihren Uniformen und Zeremonien, ihrem Pomp und Prunk brachten sie eine ganze Nation dazu, ihr Großhirn auszuschalten und nur noch mit dem Dinosaurierhirn zu denken. Daran können Sie ermessen, was für eine ungeheure Macht Rituale haben. Man kann diese Macht zu positiven, aber auch zu negativen Zwecken einsetzen.

Ich will hier nicht dafür eintreten, daß man Hüte tragen oder Festzüge veranstalten soll. Aber ein paar Zeremonien sind durchaus sinnvoll. Alle Firmen entwickeln automatisch gewisse Rituale; doch in den meisten haben sie eher beiläufigen Charakter – der Übergangsritus für eine Beförderung besteht zum Beispiel darin, daß man in die Personalabteilung geht, um die entsprechenden Papiere zu unterschreiben. Das Wort »Beförderung« wird dabei selten in den Mund genommen, obwohl dieses Ereignis für den Betroffenen sehr wichtig ist. Man könnte solche Anlässe zum Beispiel nutzen, um dem Mitarbeiter neue Informationen mit auf den Weg zu geben und ein stärkeres Gefühl der Dazugehörigkeit in ihm zu wecken.

Das Dinosauriergehirn trägt sehr stark zu diesem Gefühl der Loyalität und Zugehörigkeit zur Herde bei. Man muß es nur in die richtige

Richtung lenken. Wir wollen uns nun einmal ein paar typische Firmenrituale ansehen und untersuchen, was sie aussagen und wie man sie sinnvoll einsetzen könnte.

Der Eintritt in die Firma. Wenn jemand in eine Firma eintritt, ist das eine ausgezeichnete Gelegenheit, ihm sofort das Gefühl zu vermitteln, daß er zu ihr gehört. Doch in vielen Firmen läuft der Einstellungsprozeß so ab, als sei man eher bestrebt, wichtige Vorgänge vor dem neuen Mitarbeiter geheimzuhalten.

Es beginnt mit dem Einstellungsgespräch. Dieses Ritual läuft nach ähnlichen Gesetzmäßigkeiten ab wie ein Kaufvertrag. Ihr Partner beim Einstellungsgespräch versichert Ihnen, wie großartig die zu vergebende Stellung ist; und Sie versichern ihm, wie großartig *Sie* sind. Hier gilt die Regel, daß man gewisse Informationen verschweigen muß, weil sie einen negativen Eindruck erwecken könnten, und daß es gang und gäbe ist, um eines guten Zwecks willen zu lügen.

In den meisten Firmen lernen neue Angestellte nur aus Tratsch und Gerüchten, was wirklich vor sich geht; die offiziellen Kommunikationskanäle dagegen versichern ihnen: »Hier werden alle gleich behandelt; die Regeln gelten für jeden.« Erst durchs Hörensagen erfahren Sie, daß manche Mitarbeiter weniger gleich behandelt werden als andere!

Es ist kennzeichnend für Firmen mit schlechten oder unfairen Arbeitsbedingungen, daß Sie die wahren Spielregeln dort nicht erfahren, weil die Wahrheit keinen allzu guten Eindruck machen würde. Man redet über Scheingesetze, richtet sich aber nach den wirklichen Gesetzen.

In einer Gruppe entwickeln sich nicht nur sinnvolle Regeln, sondern auch willkürliche und zum Teil ziemlich eigenartige. Das wäre an sich noch gar kein Problem. Das Problem entsteht erst, wenn man die wahren Vorgänge zu verschleiern versucht. Die meisten von uns sind in Familien aufgewachsen, in denen eine ähnliche Heuchelei herrschte, also finden wir uns leicht mit der Tatsache ab, daß es in unserer Firma gewisse Dinge gibt, über die nie gesprochen wird. Ist das wirklich ein sinnvolles Vorgehen?

Sicher werden in Ihrer Firma bestimmte Verhaltensweisen belohnt und andere bestraft. Wäre es nicht schön, wenn Ihnen das schon an Ihrem ersten Arbeitstag jemand gesagt hätte?

Manche Firmen ermuntern ihre Angestellten dazu, neue oder potentielle Mitarbeiter schon vom ersten Tag an darüber aufzuklären, was für Arbeitsbedingungen *wirklich* dort herrschen. Auf diese Weise kann man ehrliche Kommunikation fördern und ein Vertrauensverhältnis zwischen Vorgesetzten und Mitarbeitern aufbauen. Ein Mitarbeiter erhält von vornherein das Gefühl, so sehr zur Herde zu gehören, daß man ihm ehrlich sagt, was für Zustände dort herrschen.

Ich brauche wohl nicht zu erwähnen, daß das Dinosauriergehirn von einem solchen Verfahren nichts hält. Dieser Teil unseres Gehirns hält es eher mit der Schikane – einem weiteren Ritual, das beim Eintritt eines neuen Mitarbeiters in eine Firma leider häufig praktiziert wird. Dahinter steckt die Überzeugung, daß neue Herdenmitglieder so weit unten stehen, daß sie noch gar nicht richtig dazugehören. Man muß sie erst einmal auf die Probe stellen und sehen, ob sie sich bewähren.

Zu diesem Ritual gehört, daß man ausprobiert, wie weit man bei dem Neuankömmling gehen kann: wieviel er sich gefallen läßt, wie sehr man ihn reizen muß, ehe er in Wut gerät, ob er einen Instinkt für Firmenpolitik hat, ob er Humor besitzt und ob er sich devot verhält. All das kann eine Gruppe sehr rasch herausfinden, indem sie dem Neuen das Leben schwermacht und beobachtet, wie er damit fertig wird. In einer Fabrik wird diese Strategie ein wenig anders aussehen als in der Chefetage; aber sie dient überall demselben Zweck. Dieses Verhalten ist weit verbreitet und könnte im Berufsleben auch positiv eingesetzt werden. Zum Beispiel könnte man einem neuen Mitarbeiter eine bestimmte Aufgabe geben und ihm von vornherein klarmachen, daß man dadurch feststellen möchte, was für einen Arbeitsstil er hat.

An Universitäten wird das bereits praktiziert: Eine Magisterarbeit oder Dissertation beweist nicht nur, daß man gelernt hat, wie man auf seinem Spezialgebiet Forschungen betreibt, sondern auch, daß man sich in dem akademischen System gut genug auskennt, um ein Teil davon zu sein, und das nötige strategische Geschick besitzt, um in diesem System aufzusteigen.

Statussymbole. Ohne Statussymbole wäre diese Aufzählung typischer Firmenrituale unvollständig. Das Dinosaurierhirn ist immer auf der Suche nach Hinweisen darauf, wer an der Spitze steht. Solche Anhaltspunkte findet man praktisch überall. Wie ein Mitarbeiter sich kleidet, was für einen Wagen er fährt, welche Restaurants er besucht, auf welche Toilette er geht, wie groß sein Büro ist und wie er es eingerichtet hat – all das sind Statussymbole.

Wer solche Symbole bewußt zur Schau stellt, der kann die Dinosauriergehirne anderer Mitarbeiter überlisten und ihnen den Eindruck vermitteln, als besitze er einen viel höheren Status, als das in Wirklichkeit der Fall ist. Ein großer Teil der Managementliteratur befaßt sich mit der Frage, wie man einen solchen Eindruck erweckt. Deshalb tragen viele Geschäftsleute graue Anzüge, fahren einen BMW und essen in eleganten Restaurants. Aber ganz so dumm ist das Dinosauriergehirn auch nicht. Wenn alle Mitarbeiter das gleiche Imponiergehabe an den Tag legen, orientiert es sich an subtileren, aussagekräftigeren Statussymbolen. Dann muß man weitere Managementbücher zu Rate ziehen, um seine Mitarbeiter zu überlisten!

Firmenuniformen. In manchen Firmen herrschen so starre, ungeschriebene Kleidungsvorschriften, daß die Kleidung fast schon an eine Uniform grenzt. Meist beziehen sich diese Vorschriften nicht auf die ganze Kleidung, sondern nur auf Jacketts, Krawatten oder Hemden. Uniformen dienen dem Ziel, Loyalität und das Gefühl der Zugehörigkeit zu fördern; doch manchmal wird damit genau das Gegenteil erreicht. Wenn der Generaldirektor beispielsweise keine Uniform trägt, dann ist sie eindeutig ein Symbol der Zugehörigkeit zu den Untergebenen und nicht zur Firma. Ebenso verfehlt ist das Ritual, wenn die Uniform kein freiwilliger Loyalitätsbeweis ist, sondern man sie tragen muß, um nicht in Schwierigkeiten zu geraten. Die Uniform sollte von den Angestellten als Privileg betrachtet werden und nicht als Verpflichtung!

Das Ritual zur Einführung eines neuen Verfahrens. Nur wenige Firmen haben ein solches Ritual, doch das Dinosaurierhirn hätte gern eine Zeremonie, bei der das Alte symbolisch verbrannt wird: zum Beispiel ein feierliches letztes Telefonat mit den alten Geräten oder die letzte Bestellung auf den alten Formularen. Hinter diesem Ritual steckt die Idee, daß ein neues Verfahren – das anfangs zwangsläufig mühevoll und schwierig ist – von der ganzen Gruppe unterstützt und gemeinsam gemeistert wird.

Das Anerkennungsritual. Die meisten Menschen sind bereit, sehr hart zu arbeiten, wenn sie eine Chance sehen, dafür irgendeine Anerkennung zu erhalten – zum Beispiel zum »Mitarbeiter des Monats« ernannt zu werden oder so etwas Ähnliches. Es ist aber wichtig, daß die Firmenleitung die Anforderungen, die man erfüllen muß, um eine solche Belohnung zu erringen, klar und eindeutig festlegt. Häufig sind sich die Angestellten über die Kriterien nicht im klaren und nehmen an, solche Vergünstigungen seien denjenigen vorbehalten, die es verstehen, sich beim Chef einzuschmeicheln.

Ehe Sie also solche Zeremonien bei sich einführen, müssen Sie sich zuerst einmal darüber klarwerden, was für Verhaltensweisen oder Leistungen Sie damit belohnen möchten. Es sollten Verhaltensweisen sein, die Sie in Ihrer Firma gern häufiger sehen würden: zum Beispiel Teamgeist, Beherztheit in mißlichen Lagen usw.

An dieser Stelle möchte ich auch ein paar Worte über »Belohnungen« verlieren, die nicht von Leistungen abhängig sind, beispielsweise Geburtstagskuchen oder eine Weihnachtskarte vom Chef. Wenn man solche Rituale einmal eingeführt hat, muß man bei ihnen bleiben, sonst kränkt man seine Mitarbeiter. Daher sollte man von Anfang an darauf achten, daß sie nicht zu aufwendig sind: also lieber eine Geburtstagskarte oder ein kleines Glückwunschschild an der Tür des Geburtstagskindes als ein Kuchen.

Gruppen»belohnungen« wie zum Beispiel Betriebsfeiern, -ausflüge oder -picknicks können zu Ritualen der Knechtschaft werden, wenn die Firma sich nicht die Mühe macht, herauszufinden, was diese Rituale für die Organisatoren und Beteiligten bedeuten. Ein Firmenausflug kann für die Mitarbeiter zum Beispiel eine Pflichtveranstaltung sein, bei der man lächeln und tun muß, als amüsiere man sich, weil man sonst Schwierigkeiten mit dem Chef bekommt!

Das Jubiläumsritual. Ein Ritual hat nur dann einen Wert, wenn es auf etwas wirklich Vorhandenes verweist. Wenn eine Firma jemanden, der seit zwanzig Jahren bei ihr arbeitet, nicht tatsächlich ehrt oder ihm Dankbarkeit entgegenbringt, ist das Jubiläumsritual hohl und sinnlos. Manchmal versucht eine Firma, langjährige Mitarbeiter mit Ritualen abzuspeisen, statt ihnen wirkliche Anerkennung oder Vergünstigungen zu gewähren – beispielsweise größere Verantwortung, ein höheres Gehalt, größere berufliche Sicherheit und mehr Respekt.

Rituale können ein sehr wichtiger und positiver Bestandteil des Berufslebens sein. Um eine positive Wirkung zu haben, müssen sie allerdings die Realität widerspiegeln, statt ihr im Weg zu stehen.

33. Können Sie Gedanken lesen?

Ein Leiter eines Großraumbüros fragte mich einmal, was man mit einer Mitarbeiterin anfangen solle, die eine negative Arbeitseinstellung hat.

»Worin besteht denn ihre Aufgabe?« fragte ich ihn.

»Tja«, sagte er, »sie nimmt Schreibaufträge von drei Managern entgegen. Wenn sie überlastet ist, soll sie die Aufträge trotzdem annehmen und anschließend mit mir sprechen. Ich verhandle dann mit den Leuten, die ihr die Arbeit gegeben haben.«

»Und tut sie das?« fragte ich.

»Ja, schon.«

»Wie kommen Sie dann darauf, daß sie eine negative Arbeitseinstellung hat?«

Der Chef dachte einen Augenblick nach und antwortete dann: »Es ist nur so ein Gefühl, das man hat, wenn sie in der Nähe ist. Wenn sie sich für überlastet hält, merkt man es ihr sofort an.«

»Woran erkennt man das denn?«

Wenn jemand der Sekretärin ihrer Meinung nach zuviel Arbeit aufbürdete, pflegte sie die Augen zum Himmel zu verdrehen und einen tiefen, hörbaren Seufzer auszustoßen.

Nun, da wir auf den Kern des Problems gekommen waren, war es nicht schwierig, ihre negative Arbeitseinstellung zu korrigieren. »Sagen Sie ihr, wenn ihr das nächstemal jemand einen Auftrag gibt, soll sie (1) geradeaus schauen und (2) einatmen.«

Natürlich kann man nicht alle Probleme, die etwas mit der Arbeitseinstellung eines Mitarbeiters zu tun haben, so leicht lösen wie dieses; aber die Geschichte veranschaulicht doch, daß man ein »Einstellungsproblem« viel leichter in den Griff bekommt, wenn man sich weniger auf die Einstellung seines Mitarbeiters und statt dessen mehr auf spezifische Verhaltensweisen konzentriert.

Eine Einstellung ist per definitionem etwas Innerliches. Wenn man nicht Gedanken lesen kann, muß man die Einstellung eines Menschen von äußerlichen oder objektiven Merkmalen herleiten: von seinen Worten oder seinem Verhalten.

Natürlich gibt es objektive Anzeichen für eine negative Einstellung – die zum Himmel verdrehten Augen und der tiefe Seufzer der Sekretärin zum Beispiel, oder die Angewohnheit, seine Nase in die Angelegenheiten anderer Leute zu stecken, oder Hörner auf der Stirn und gefletschte Zähne – doch meistens basiert die Annahme, daß ein Mitarbeiter eine negative Arbeitseinstellung hat, größtenteils auf puren Vermutungen.

Wenn Sie die Einstellung eines Menschen beurteilen, ziehen Sie im Grunde genommen eine Schlußfolgerung aus seinem Verhalten. Dabei gibt es drei Fehlerquellen:

1. Vielleicht ist Ihre Schlußfolgerung falsch, weil Sie sein Verhalten nicht richtig interpretiert haben. Das kommt gar nicht so selten vor. Viele intelligente, begabte Menschen gehen davon aus, daß ihre Mitarbeiter ihre Arbeit ebenso gut und rasch erledigen können wie sie selbst. Wenn das nicht der Fall ist, unterstellen sie ihnen häufig eine böse Absicht, statt anzunehmen, daß es sich um ein Mißverständnis oder schlichtweg um Unfähigkeit handelt.

Um sich vor solchen Fehlern zu schützen, sollten Sie die anderen Leute bitten, Ihnen ihre Gedankenabläufe Schritt für Schritt zu erläutern, damit Sie wissen, wie weit Ihr Verständnis reicht.

2. Vielleicht haben Sie mit Ihrer Annahme recht; aber Ihr Mitarbeiter will das nicht zugeben. Dann kann es leicht passieren, daß er auf Dinosaurierdenken umschaltet und es zu einem der unproduktivsten Streitgespräche kommt, die es gibt: dem »Doch-nein-doch«-Dialog.

3. Selbst wenn Sie mit Ihrer Vermutung recht haben und der andere Ihnen zustimmt, haben Sie ihm damit immer noch keine konkreten Informationen gegeben, was für eine Verhaltens- oder Denkweise Sie von ihm erwarten. Sie haben ihm nicht einmal die Möglichkeit gegeben, über die Situation zu sprechen, ohne zuzugeben, daß er etwas falsch gemacht hat.

Die meisten Berufe sind schon anstrengend und streßträchtig genug; daher sollte man nicht auch noch unnötige Konflikte heraufbeschwören. Wenn Sie aus dem Verhalten eines Menschen Schlußfolgerungen ziehen, gehen Sie das Risiko ein, ihn zu verärgern. Wenn Sie jemandem genau sagen können, was er tun oder künftig nicht mehr tun soll – oder noch besser: wenn Sie ihm eine Möglichkeit geben, mit Ihnen in Dialog zu treten –, ist Ihre Chance, das zu erreichen, was Sie wollen, viel größer, als wenn Sie sich auf Ihre Fähigkeit verlassen, Gedanken zu lesen.

Natürlich ist es viel leichter, vage zu sagen: »Sie sollten sich um eine positivere Arbeitseinstellung bemühen«, als einem Mitarbeiter zu erklären: »Seit ich Ihre Schicht überwache, sind Sie dreimal so oft krank wie früher. Sie trommeln mit den Fingern auf dem Schreibtisch herum, wenn ich mit Ihnen rede. Und wenn ich Ihre Arbeit kritisiere, zucken Sie mit den Schultern und sagen: ›Na ja, wenn Sie meinen . . .‹ Ich fühle mich durch Ihr Verhalten kritisiert – als ob Sie der Meinung seien, ich hätte keine Ahnung, wovon ich spreche. Vermitteln Sie mir diesen Eindruck absichtlich?«

Mit dem letzten Satz schaffen Sie eine Möglichkeit, herauszufinden, was Ihr Mitarbeiter Ihnen gegenüber empfindet, über seine Unzufriedenheit zu diskutieren oder ihm konkrete Verhaltensänderungen vorzuschlagen. Solche Gespräche laufen immer nach dem folgenden Schema ab:

»Als Sie . . .« (charakterisieren Sie das Verhalten Ihres Gesprächspartners so genau wie möglich), ». . . hatte ich das Gefühl, daß . . .« (Daß *Sie* ein bestimmtes Gefühl hatten, kann Ihr Gesprächspartner Ihnen nicht so leicht ausreden, wie wenn Sie ihm unterstellen, daß *er* ein bestimmtes Gefühl hatte.) »War das Ihre Absicht?« (Damit lassen Sie Ihrem Gesprächspartner ein Hintertürchen offen – eine Möglichkeit, sein Verhalten zu ändern, ohne sein Gesicht zu verlieren.) »Ich würde mich freuen, wenn Sie . . .« (Beschreiben Sie das gewünschte Verhalten möglichst genau!«)

Dieser Gedankenaustausch dauert zwar ein bißchen länger als eine Minute, kann Ihnen aber auf die Dauer viele Schwierigkeiten ersparen.

34. Wie man seine Kollegen zur Weißglut bringt

Mit leuchtenden Augen und schuppigem Schwanz eilt Herr Dinosaurus zur Arbeit, begierig darauf, den neuen Tag zu beginnen. Es gibt viel zu tun und keine Zeit zu verlieren. Er schaut in seinen Terminkalender und stellt wutschnaubend fest, daß seine Sekretärin vergessen hat, seine Verabredung zum Mittagessen mit dem großen Brontosaurus – dem Generaldirektor – einzutragen.

Wütend stürmt er ins Vorzimmer, schwingt den Kalender über dem Kopf seiner ängstlich zusammengezuckten Sekretärin und schreit: »Wenn Sie nicht einmal daran denken, meine Verabredungen in den Terminkalender einzutragen, wofür bezahle ich Sie dann eigentlich? Solche Flaschen wie Sie kann ich in meinem Büro nicht gebrauchen!« Die anderen Mitarbeiter betrachten die Sekretärin mitfühlend, während Herr Dinosaurus sie mit weiteren Beschimpfungen überhäuft.

Die nächste Station unseres Helden ist das Büro des Chefbuchhalters. Er knallt ihm einen Stapel Papiere auf den Schreibtisch und schlägt mit der Faust darauf, um seiner Begrüßung Nachdruck zu verleihen: »Diese Kostenanalysen brauche ich pünktlich um halb zwölf, und zwar nach Abteilungen spezifiziert. Keine faulen Ausreden! Um elf Uhr dreißig müssen sie auf meinem Schreibtisch liegen. Ich treffe mich nämlich heute mittag mit dem Chef, und er braucht sie. Alles klar?« Und schon ist er wieder draußen und knallt die Tür hinter sich zu. Der feindselige Blick des Buchhalters ist ihm gar nicht aufgefallen.

Dann stürmt Herr Dinosaurus fröhlich vor sich hin pfeifend wieder in seine eigene Höhle zurück. O ja, in der Firma werden jetzt die Köpfe rollen! Er hat einen Plan ausgearbeitet, wie man dieses Unternehmen noch bedeutender und erfolgreicher machen könnte, und heute nachmittag will er ihn dem Generaldirektor vortragen und um seine Zustimmung werben. Es hat keinen Zweck, die Idee zuerst mit seinem Vorgesetzten zu besprechen. Der ignoriert seine Vorschläge sowieso immer. Nein – er wird sich mit seinem Geistesblitz gleich an den Generaldirektor wenden.

Bis zur Kaffeepause ist es ihm bereits gelungen, die Hälfte seiner Belegschaft in Wut zu bringen. Am zeitigen Nachmittag ist sein Plan bis zu seinem Vorgesetzten durchgesickert, und ihm steht eine unangenehme Auseinandersetzung bevor.

Wir alle kennen solche Leute wie Herrn Dinosaurus. Häufig geben wir ihnen den Namen einer ganz bestimmten Körperöffnung und gehen davon aus, daß dieser Name alles über sein Verhalten aussagt. Sie bringen uns in Wut; aber wir denken selten darüber nach, was uns an ihnen eigentlich so wütend macht. Für den Umgang mit solchen Menschen gibt es bis jetzt noch keine Selbsthilfebücher.

Dieser Mann verhält sich wie ein dominierender Obersaurier: Er zeigt seinen Mitarbeitern offen seine Aggressionen. Mit seinem aggressiven Benehmen gibt er ihnen zu verstehen, daß er meint, ihnen so haushoch überlegen zu sein, daß keiner es mit ihm aufnehmen kann. Damit reizt er das Dinosauriergehirn der anderen Menschen dazu, ihn zu bekämpfen. Die meisten werden das jedoch nicht tun – entweder, weil sie in der Firmenhierarchie unter ihm stehen, oder weil ihre gute Erziehung sie davon abhält.

Unser Dinosaurierhirn redet uns ein, daß wir zugeben, daß Herr Dinosaurus im Recht ist, wenn wir ihm sein Verhalten nicht mit gleicher Münze heimzahlen. Unser Großhirn dagegen warnt uns, daß uns Unannehmlichkeiten drohen, wenn wir uns gegen ihn wehren. Dieser innere Konflikt bringt uns so in Rage.

Mit der harschen Formulierung seines Auftrags gab Herr Dinosaurus dem Chefbuchhalter zu verstehen, daß er über ihm stand. Gleichzeitig vermittelte er ihm damit das Gefühl, eine höfliche Bitte würde nicht genügen, um ihn dazu zu bringen, daß er seine Arbeit richtig und pünktlich erledigte. Hätte er auf die Reaktion des Buchhalters geachtet, so wäre ihm sein empörter Blick aufgefallen, aus dem der Impuls seines Dinosaurierhirns sprach: »Bereite dich auf den Angriff vor! Wehre dich!«

Höchstwahrscheinlich wird der Buchhalter jedoch eher mit passiver Aggression auf Herrn Dinosaurus' herrisches Verhalten reagieren: Er wird die Kostenanalyse unter einen großen Stapel unerledigter Arbeiten schieben. Wenn Herr Dinosaurus Glück hat, bekommt er die Analyse an Weihnachten! Es gibt eben doch keine Aggression ohne Gegenaggression.

Nicht alle Menschen sind so unverblümt aggressiv wie Herr Dinosaurus. Doch selbst wenn Sie zu den zurückhaltenderen Typen gehören sollten, können Sie Ihre Mitarbeiter genauso in Wut bringen, wenn Sie eines der folgenden altbewährten Rezepte befolgen. Ihre Kollegen werden sie dann mit derselben anatomischen Bezeichnung belegen wie Herrn Dinosaurus.

Wie man es sich mit seinen Mitarbeitern verdirbt

Reden Sie hinter ihrem Rücken über sie. Sie können das gleiche sagen wie Herr Dinosaurus. Nur sagen Sie es zu jemand anderem. Wenn Sie in einer Firma etwas hinter jemandes Rücken sagen, können Sie sicher sein, daß er früher oder später davon erfährt. Er wird doppelt so wütend sein, wenn er es von jemand anderem hört als von Ihnen selbst! Und wenn Sie dann auch noch leugnen, es gesagt zu haben, wird er dreimal so wütend werden.

Machen Sie einen Mitarbeiter auf Gerüchte aufmerksam, die ihn betreffen. Eine Variante des oben beschriebenen Verhaltens ist die altbekannte »Die Leute sagen . . .«-Strategie. Ein Beispiel: Sie machen einen Kollegen darauf aufmerksam, daß die anderen Mitarbeiter ihn für einen Idioten halten. In diesem Fall wissen Sie beide, wer ihn *in Wirklichkeit* für einen Idioten hält. Ihr Kollege wird diese hilfreiche Information ganz und gar nicht zu schätzen wissen und Sie so behandeln, als hätten *Sie* dieses Gerücht in Umlauf gebracht – ganz gleichgültig, ob das nun stimmt oder nicht. Denken Sie daran: Die alten Griechen pflegten den Überbringer einer schlechten Botschaft umzubringen.

Machen Sie Bemerkungen, die mit »Sie sind . . .« oder »Sie haben . . .« beginnen. Wenn jemand etwas tut, was Ihnen nicht gefällt, gibt es viele Möglichkeiten, ihn zu einer Veränderung seines Verhaltens zu bewegen. Wenn Sie sagen: »Sie sind inkompetent«, »Sie sind dumm«, »Mit Ihnen kann man nicht zusammenarbeiten« usw., statt Ihrem Mitarbeiter genau zu erklären, was er falsch gemacht hat, werden Sie ihn mit unfehlbarer Sicherheit in Wut bringen.

Die extremste Form solcher Bemerkungen sind Schimpfworte – aber die sollten Sie sich für besondere Gelegenheiten aufheben. Normalerweise genügt es, Ihren Mitarbeiter auf subtilere Art darauf hinzuweisen, daß er an dem Mißgeschick schuld ist, das sich in der Firma gerade ereignet hat. Seien Sie so direkt oder indirekt, wie Sie möchten. Versuchen Sie es doch einmal mit einer der folgenden Formulierungen:

»Jemand hat . . .« (Und dann schildern Sie das Unrecht, das Ihr Mitarbeiter begangen hat.)

»Ihre Abteilung scheint immer Terminprobleme zu haben.«

»Sie haben nicht die richtige Einstellung zu Ihrer Arbeit.«

»Sie hören mir nie zu.« (Mit solchen Sätzen, die die Wörtchen »immer« oder »nie« enthalten, kann man den wahren Sachverhalt wunderbar verschleiern und seinen Gesprächspartner angreifen, statt sachliche Argumente vorzubringen.)

Jeden Satz, der mit »Sie sind« beginnt und nicht mit »wunderbar« endet, werden Ihre Mitarbeiter als Beschimpfung auffassen.

Wenn Sie jemanden zu einer Veränderung seines Verhaltens bewegen möchten, ist es viel besser, ihm das gewünschte Verhalten zu beschreiben, als ihm zu sagen, was er ist oder was er falsch gemacht hat. Es ist immer am sinnvollsten, den Leuten klarzumachen, was man von ihnen erwartet:

»Könnten Sie die Sache auf diese Art und Weise erledigen?« (Sie werden erstaunt sein, wie selten an einen Mitarbeiter ausdrücklich auf einen Fehler hinweisen muß, um ihn dazu zu bringen, daß er sein Verhalten ändert. Wenn Sie doch einmal einen Fehler zur Sprache bringen müssen und unter allen Umständen verhindern möchten, daß Ihr Gegenüber wütend auf Sie wird, können Sie ja sagen, daß *Sie* den Fehler begangen haben.)

»Kann ich den Bericht bis zum Dienstag haben?«

»Ich würde mich freuen, wenn Sie jeden Tag um halb neun hier sein könnten.«

»Wir wollen uns in zwei Wochen wieder treffen, um zu sehen, wie weit wir in dieser Angelegenheit gekommen sind.«

Demütigen Sie Ihre Mitarbeiter in aller Öffentlichkeit. Alle bisher beschriebenen Strategien sind in Gegenwart anderer Kollegen ganz besonders wirkungsvoll. Aber es sollten nur ein paar Kollegen sein; denn wenn die Gruppe zu groß ist, besteht die Gefahr, daß sie mit dem gepeinigten Kollegen sympathisiert und sich gegen Sie wendet. Ludwig XVI. hat das auf sehr schmerzliche Weise erfahren müssen!

Vieles, was Ihr Gegenüber bei einem Gespräch unter vier Augen einfach übergehen würde, wirkt in der Öffentlichkeit gleich viel beleidigender: zum Beispiel, wenn Sie Ihren Gesprächspartner unterbrechen, korrigieren oder seine Leistungen und Verdienste absichtlich unter den Tisch fallenlassen. Damit können Sie Ihre Mitarbeiter mit hundertprozentiger Sicherheit zur Weißglut bringen.

Rufen Sie jemanden in Ihr Büro. Diese Taktik ist nur dann sinnvoll, wenn alle wissen, daß Sie Mitarbeiter nur dann in Ihr Büro kommen lassen, wenn Sie ein Hühnchen mit ihnen zu rupfen haben.

Wie man sich den Zorn seines Chefs zuzieht

Die Ausbeutungstaktik. Geben Sie Ihrem Chef zu verstehen, daß er Sie ausbeutet oder Ihnen irgend etwas vorenthält, was Ihnen rechtmäßig zusteht – zum Beispiel eine faire Bezahlung.

Versuchen Sie es doch einmal mit folgendem Trick: Lesen Sie die Arbeitsplatzbeschreibung Ihres Chefs. Dann gehen Sie zu ihm und machen Sie ihm klar, daß diese Beschreibung eigentlich viel eher auf *Ihre* Arbeit zutrifft als auf seine und daß Sie ein höheres Gehalt verdienten. Es muß übrigens nicht unbedingt die Arbeitsplatzbeschreibung Ihres Chefs sein. Sie können auch einen anderen Arbeitsplatz wählen, der besser bezahlt wird als Ihrer. Ich kann Ihnen zwar nicht versprechen, daß diese Strategie Ihnen eine Gehaltserhöhung einbringen wird; aber Sie können sicher sein, daß Sie sich damit Feinde machen.

Pedantisch auf alle Ihre Rechte zu pochen und bei jeder tatsächlichen oder eingebildeten Benachteiligung mit einer Beschwerde beim Vorgesetzten zu drohen, ist in vielen Situationen ebenso wirkungsvoll.

Übergehen Sie Ihren Chef! Herrn Dinosaurus' Mittagessen mit dem Generealdirektor ist ein gutes Beispiel dafür. Er hat seinen Chef übergangen und das darüber hinaus auch noch an die große Glocke gehängt. Mit Sicherheit erfährt es der Chef von seinen Mitarbeitern – oder vom Generaldirektor selbst. In beiden Fällen verliert er sein Gesicht.

Diese Strategie funktioniert folgendermaßen: Wenn Ihr Chef Ihnen eine Bitte nicht erfüllt oder einem Ihrer Vorschläge nicht nachkommt, wenden Sie sich damit an *seinen* Chef. Dann haben Sie mit Sicherheit Unannehmlichkeiten zu erwarten. Kein Raubtier im Firmendschungel ist gefährlicher als ein übergangener Vorgesetzter! Sie haben ihn in aller Öffentlichkeit so behandelt, als existiere er gar nicht.

Arbeitsverweigerung. Wenn sie Ihren Chef so sehr in Wut bringen möchten, daß er nicht mehr weiß, was er tut, gibt es eine sehr einfache Methode. Wenn er Sie bittet, etwas zu tun, antworten Sie: »Das gehört nicht zu meinen Aufgaben!«

Plötzliche Taubheit. Sie können Ihren alten Sklaventreiber auch in Rage bringen, indem Sie einfach so tun, als hätten Sie seine Anweisung nicht gehört. Das ist am einfachsten und funktioniert immer.

Wie man seine Untergebenen auf die Palme bringt

Kommandieren Sie sie herum. Niemand mag direkte Anweisungen. Sie zeigen zu deutlich, wer der Obersaurier ist. Je mehr solche Anweisungen Sie geben, um so wütender werden Ihre Mitarbeiter auf Sie sein. Besonders provozierend wirkt es, wenn jemand einen Fehler gemacht hat und Sie daraufhin eine Mitteilung in Umlauf bringen, in der Sie diesen Fehler anprangern. Herr Dinosaurus wird wahrscheinlich ein Memo ans Schwarze Brett der Abteilung hängen, in dem es heißt: »BITTE BEACHTEN: Alle Sekretärinnen, die vergessen, die Verabredungen ihres Chefs in seinen Terminkalender einzutragen, müssen 17mal um den Parkplatz joggen, und ihr Urlaub wird für den Rest des Jahres gestrichen.« Warum soll man nur einen einzigen Mitarbeiter in Wut bringen, wenn man die ganze Abteilung in Raserei versetzen kann?

Äußern Sie sich abfällig über ihre berufliche Erfahrung. Ihre Untergebenen tun ihre Arbeit wahrscheinlich schon seit etlichen Jahren. Wenn Sie ihnen mit Ihren Worten oder Ihrem Verhalten zu verstehen geben, daß Sie mehr über ihr Fachgebiet wissen als sie selbst, werden sie mit Sicherheit empört reagieren. Hilfreiche Anregungen und Vorschläge sind in Wirklichkeit selten hilfreich – es sei denn, man formuliert sie sehr vorsichtig. Von oben diktierte Verbesserungen oder Veränderungen werden meist als Kritik aufgefaßt. Damit geben Sie Ihren Mitarbeitern zu verstehen, daß sie zu dumm sind, um ihre Arbeit richtig zu erledigen.

Unterstellen Sie ihnen Unehrlichkeit oder unmoralisches Verhalten. Die meisten Menschen, die für Sie arbeiten, sind ehrlich und fleißig. Wenn Sie Kontrollverfahren einführen, mit denen Sie Ihre unzuverlässigsten Angestellten zu überwachen versuchen, werden Sie damit unweigerlich

Ihre besten Mitarbeiter verärgern. Sie müssen erst einmal einen begründeten Verdacht haben, daß Ihre Mitarbeiter etwas nicht richtig machen, ehe Sie sie deutlich erkennbar überwachen. Sonst vermitteln Sie ihnen das Gefühl, daß Sie ihnen mißtrauen, und das wird gerade Ihre vertrauenswürdigsten Mitarbeiter am meisten kränken.

Seien Sie vergeßlich. Die einfachsten Strategien sind immer die besten. Wenn Sie etwas vergessen, geben Sie Ihren Mitarbeitern damit das Gefühl, daß Sie es nicht für wichtig genug halten – vor allem, wenn Ihnen so etwas immer wieder passiert.

Das Dinosauriergehirn ist sehr empfindlich gegen aggressives Verhalten – vor allem gegen Verhaltensweisen, mit denen Sie den anderen das Gefühl geben, »Untersaurier« oder nicht der Beachtung wert zu sein. Es gibt unzählige Varianten dieser Strategie. Mit allen erreichen Sie das gleiche Ergebnis. Denken sie daran: Ihre Mitarbeiter könnten dann auch *Ihnen* den wenig schmeichelhaften Namen einer ganz bestimmten Körperöffnung geben . . .

Nachwort

Behaglich lehnt sich der große Dinosaurier zurück und gönnt sich ein paar Minuten Ruhe, um den Inhalt dieses Buches zu verdauen. Ein Kollege unterbricht ihn bei seinen Tagträumereien.

»Was liest du denn da?«

»Ach, nichts Besonderes«, sagt der Dinosaurier. »Nur ein Buch über solche Leute wie diesen unmöglichen neuen Kollegen, der letzten Monat bei uns angefangen hat.«

Unser Dinosauriergehirn kann mit neuen Informationen nicht gut umgehen. Es glaubt, alle wichtigen Dinge bereits zu wissen, und in gewisser Weise stimmt das auch – es kennt alle Informationen, die man braucht, um im Dschungel überleben zu können.

Unser Dinosaurierhirn ist sehr mächtig; aber ohne Großhirn kann es auch sehr dumm sein. Ich habe in diesem Buch versucht, Ihnen zu zeigen, daß die unbewußten Denk- und Verhaltensmuster unseres Dinosaurierhirns Ihr Leben völlig bestimmen können, wenn Sie nicht aufpassen.

Geschäftliche Dinge sind zu wichtig, als daß man sie unbewußt oder mechanisch erledigen sollte. Dinosaurier-Verhaltensmuster, die nicht durch den gesunden Menschenverstand unseres Großhirns gemildert werden, sind ineffizient und haben Zeit- und Energieverschwendung und vor allem Streß zur Folge. Ihr Beruf bringt sicherlich schon genug Streß mit sich – da brauchen Sie sich nicht auch noch zusätzliche innere Spannungen und nervliche Belastungen aufzubürden!

Ich habe Ihnen in diesem Buch verschiedene bewußte und unbewußte Verhaltensweisen vorgestellt und Ihnen Verhaltensstrategien für die verschiedensten Situationen an die Hand gegeben. Nun sind wir am Ende angelangt, und es ist an der Zeit, alles noch einmal zusammenzufassen.

Wenn Sie motiviert, freudig erregt und enthusiastisch sind, können Sie sicher sein, daß Ihr Dinosaurierhirn sich in Aktion befindet. Vielleicht beschließen Sie, sich einfach von diesen Gefühlen tragen zu lassen und Sie sich nicht zu verderben, indem Sie sie analysieren. Oder Sie versuchen mit Hilfe Ihres Großhirns herauszufinden, wie Ihre Motivation und Ihr Enthusiasmus zustande gekommen sind, damit Sie sich jederzeit wieder in diesen Zustand versetzen können.

Wenn sie gereizt, frustriert oder gestreßt sind, können Sie ebenfalls sicher sein, daß Ihr Dinosauriergehirn und Ihre Reptilienlogik dahinterstecken.

Was tun Sie in einer solchen Situation? Zuerst einmal sollten Sie versuchen, die großen Zusammenhänge zu erkennen. Das Dinosaurierhirn sieht die Dinge nie im richtigen Verhältnis. Also schalten Sie auf Ihr Großhirn um! Fragen Sie sich: »Was erwarte ich? Was soll jetzt geschehen?« Und dann unternehmen Sie Schritte, die zu diesem Ziel führen. Denken Sie darüber nach, wie Sie es erreichen können. Fragen Sie sich ständig: »Komme ich meinem Ziel näher, oder entferne ich mich von ihm?«

Sie brauchen im Grunde genommen nichts anderes zu tun, als innezuhalten und nachzudenken. Wenn Sie das tun, können Sie eine mächtige urzeitliche Kraft in Ihrem Inneren unter Kontrolle bringen und für positive Zwecke einsetzen, statt sich von dieser Kraft beherrschen zu lassen.

Wenn Sie sich morgen früh wieder in den Firmendschungel stürzen, setzen Sie Ihr Großhirn in Gang! Vielleicht sind Sie nicht der größte, skrupelloseste und mächtigste Dinosaurier – aber Sie können mit Leichtigkeit der intelligenteste sein. Und der Intelligenteste trägt letzten Endes meistens den Sieg davon.